엄마군인이 전하는 사랑의 백신

※ 간호병과 캐릭터(출처-육군 간호병과)

엄마군인이 전하는 사랑의 백신

초판 1쇄 인쇄 | 2020년 07월 20일
지은이 | 양은숙
펴낸이 | 이승훈
펴낸곳 | 해드림출판사
주 소 | 서울 영등포구 경인로82길 3-4(문래동1가 39)
        센터플러스빌딩 1004호(우편07371)
전 화 | 02-2612-5552
팩 스 | 02-2688-5568
E-mail | jlee5059@hanmail.net

등록번호 제2013-000076
등록일자 2008년 9월 29일

ISBN   979-11-5634-416-2

매일 이렇게 얼굴 볼 수 있으니 참 다행이야.
나는 '엄마 군인'이랑 같이 살아서.
'군인엄마'가 창밖으로 손을 흔드네.
저기 군인삼촌은 엄마랑 헤어져서 자주 못 만나면 정말 보고 싶겠다.
"우리는 며칠만 엄마를 못 봐도 슬펐는데.'

엄마 군인이 전하는 사랑의 백신

양은숙 지음

해드림출판사

글을 시작하며

따뜻한 사랑의 여정

저는 요즘 시간 부자로 살고 있습니다. 짧은 군 생활 30년을 마치고 퇴직했거든요. 커피 마시며 글 쓰는 시간을 좋아하고, 아직 철들지 못한 50대 초보 전업주부예요. 하루하루 '제 나이'를 잘 익어가고 싶습니다.

4년의 생도 시절과 간호장교로 26년, 그중 22년 동안 '엄마군인'으로 살았습니다. 전국으로 이사와 전학이 잦은 군인 가족의 삶. 포천에 있는 국군일동병원에 근무할 때, 우리 딸 유쾌한걸은 중학교 1학년, 아들 멋지군은 6학년이었습니다.

그해 가을에, 남·북 군사적 긴장이 고조되어 병원에 대기하느라 집에 못 갔어요. 다행히 상황이 차츰 나아져, 며칠 만에 퇴근해서 아이들과 마트에 갔었습니다.

터미널 근처에서 서울행 버스를 타는 면회객을 보며 딸아이가 말했습니다.

"우리는 며칠 만 엄마를 못 봐도 슬펐는데, 저기 군인삼촌은 엄마랑 헤어져서 자주 못 만나면 정말 보고 싶겠다. '군인엄마'가 창밖으로 손을 흔드네. 나는 '엄마군인'이랑 같이 살아서, 매일 이렇게 얼굴 볼 수 있으니 참 다행이야."

그날, 딸에게 처음으로 '엄마군인'과 '군인엄마'의 차이(정의)를 들었습니다.

그 후에도 엄마군인을 따라 유쾌한걸과 멋지군은 일동에서 대전으로, 다시 서울로 중학교를 해마다 옮겼고, 고등학교는 스스로 기숙사 있는 곳으로 찾아갔습니다.

이제, 아들 멋지군이 군 복무를 시작했고, 저는 전역을 했고, 군인엄마가 되었습니다.

더 이상 새벽 2시에 '응급환자 후송 간다.'는 문자가 오지 않습니다. 저녁 설거지를 하다가 응급수술이 있다는 연락도 받지 않고요. 휴일에 비상대기소집도, 번개통신도 없습니다. 그러나 저는 여전히 샤워할 때 핸드폰을 비닐 팩에 싸서 들고 들어가고, 머리맡에는 충전기를 꽂아 두고 있습니다.

직업이 곧 나였던 삶을 오래 살았으므로, 군복을 벗는 것은 마치, 제 피부 살갗을 저며 내는 것처럼 쓰라린 과정이었어요. 마음에 피가 스몄습니다. 길을 걷다 바람만 불어도 그냥 후드득 눈물이 떨어져 당황스러울 때도 있었습니다. 사람들과 만나지 않고, 혼자 산책하는 시간이 길었습니다. 자발적인 고독이었지만 외로웠어요.

다행히 어느 날, 나에게 힘들 때면 에너지를 채우고 쉴 수 있는 동굴이 있다는 걸 깨달았습니다. 책이었지요. 간신히 힘을 내어 매일 도서관으로 출근했습니다.

천천히 서가를 걸으며 그냥 책을 구경했어요. '사람들 속에 혼자 있는 이 기분'을 느끼는 게 생각보다 나쁘지 않았습니다. 그렇게 심심하고 외롭게 세종도서관에서 책 냄새로 숨 쉬며, 호수공원을 느릿느릿 걸었습니다.

햇살 좋은 어느 날, 정혜신 박사의 『당신이 옳다』를 읽었습니다. 자신이 지향하는 삶의 방향과 살아가는 방식이 일치되는 다정한 전사인 그녀의 말과 글은 온전한 울림이었습니다.

'그랬구나, 그런 마음이었구나, 그렇구나.' 하는 오롯한 공감과 '자기 존재가 집중 받고 주목받은 사람은 설명할 수 없는 안정감을 확보한다. 그 안정감 속에서야 비로소 사람은 합리적인 사고가 가능하다'는 문장이 제 마음과 몸에 새새틈틈 스몄습니다. 작은 진료실이나 찻집에 치유자와 마주 앉는 기분으로 그녀의 책을 찬찬히 한 장씩 넘겼습니다.

설거지를 하면서 유튜브로 '정혜신 TV'를 듣다가 혼자 킥킥 흐흐 웃기도 했어요.

'남들에게는 쉽고, 남편과 가까운 가족에게는 어려운 공감(당신이 옳다는 말). 제가 이중적인 걸까요?' 하는 질문 쪽지 내용이 저의 고민과 같았기 때문입니다.

'가까운 사람한테 잘 안되시지요. 가장 사랑하는 사람, 가장 아끼는 사람, 가장 공감을 잘 해줘야 마땅한 사람에게 제일 안 되죠. 그게 우리가 이중적인 사람이라서 그런 게 아니고 누구나 다 그래요. 모든 사람이 다 그래요. 멀리 있는 사람한테는 공감하기가 쉬운데 정작 가까운 사람한테는 가장 어렵죠. (중략) 그래서 가까운 사람을 공감하는 것이 제일 어렵습니다. 심리적인 부채가 서로 받을 것이 있다고 생각하는 관계구조여서 그렇습니다.'

듣기 쉽고 편하면서도, 정확하고 예리하게 핵심을 찌르는 그녀의 말. 전문가의 치유의 힘에 기대어, 가장 어려운 '나에 대한 공감'을 시작했습니다. 차츰 제 마음의 에너지도 충전되기 시작했어요. 도서관 구내식당에서 점심도 먹고, 공원에서 커피 한잔 즐길 만큼 심리적 여유가 찾아졌습니다.

20대에 시작했던 군 생활 30년. 제 삶을 따뜻한 시선으로 찬찬히 돌아보았습니다.

타임머신을 타듯, 시공간을 넘나드는 생각을 흘려보내며, 아주 게으르게 이삿짐을 풀었습니다. 사진 한 장이 툭 나오면 또 그때를 회상했지요. 짐을 정리하는 것인지 어지르는지 구분이 안 가는 여러 날이 지났습니다. 엄마군인에게도 누구보다 엄마가 필요했던 많은 순간들이 떠올라 어느 새벽에는 펑펑 울기도 했습니다.

아름답고 고단하며, 보람되었던 '간호장교'의 길은 따뜻한 사랑의 여정이었지요.

제가 경험했던 따뜻하고 눈물겹고, 아프고 행복했던 그 사랑의 기억을 책으로 묶어 전해드립니다. 이 글을 쓰는 동안 날마다 그윽하게 행복하고, 감사했습니다.

엄마군인과 함께 전국으로 이사와 전학을 다니며 여행하듯 살면서도, 잘 자라준 나의 딸 유쾌한걸과 아들 멋지군에게 고마움을 전합니다. 그리고 언제나 늘 내 편이 되어준, 사랑하고 존경하는 남편에게 감사하지요. 마음이 겨울이었던 저에게 봄꽃 그림을 선물해주며 책 제목을 함께 만든 막냇동생 양성숙도 고맙습니다.

울퉁불퉁한 럭비공 같았던 저를 포용하고 기다려 줬던 선배님들이 새삼 고맙고, 덜 성숙했던 저의 서툰 시행착오로 인해 때로 상처받았을 후배와 동료들께 못다 한 사과를 올립니다. 애정 넘치는 추천 글로 응원과 용기 주신 네 분 스승님 고맙습니다.

흩어진 글을 모아 다듬고, 책으로 펴내 주신 해드림출판사의 이승훈 대표님과 임영숙 편집장님, 박미소 디자이너님, 박인정

디자이너께 감사드립니다. 장인정신과 예술정신으로 환하게 빛나는 소망과 꿈을 가진 멋진 분들의 도움 덕분에 '엄마군인'의 이야기가 아침 햇살을 받아 세상의 빛을 봅니다.

이 책은, '엄마군인'의 오늘을 사는 후배들에게 전하는 사랑과 응원입니다.

앞으로 제 삶의 방향을 다양한 이웃과 연대하고 따뜻한 공감으로 한층 성장 시켜 줄 사랑의 백신이기도 합니다. 그리고 자식을 군에 두고 있는 이 땅의 '군인엄마들'께 드리는 감사 인사입니다.

자식을 군에 두고 있는
부모의 마음은 같은 것.
먼 곳에서 더 가까운 소리….
그건 아마도
사랑이어라.

※ 사진 : 2004년 국군광주병원 역사자료 CD - 회복실 정순이 대위

자식을 군에 두고 있는 부모의 마음은 같은 것.
먼 곳에서 더 가까운 소리……
그건 아마도 사랑이어라.

                2020년 여름, 바람 시원한 오봉산을 걸으며,
                                      양은숙

추천글

1.

   군인이라는 특수한 환경을 넘어 동시대를 사는 일하는 여성, 아내, 엄마들이라면 공감할 수 있는 굽이진 삶의 성장통을 시종일관 이처럼 따뜻한 시선으로 그릴 수 있을까? 치열하게 헤쳐 온 그 삶의 구석구석에서 무한한 긍정의 힘이 느껴지는 이 이야기의 전반에는 인생을 함께해 온, 함께하고 있는 이들과의 아리고, 슬프고, 아름다운 소통의 일렁임이 있다. 사람이 얻을 수 있는 여러 가지 기쁨 중에서도 사람과 사람 사이 교감하면서 얻는 기쁨이 최고라고 항변하는 것처럼 필자는 '지금 함께하고 있는 이들과의 사랑, 교감- 그것이 인생의 의미 곧 행복'임을 일깨우고 있다.

제25대 국군간호사관학교장 (예비역) 육군 준장 윤원숙

2.

　내 기억 속의 그녀는 끊임없이 변화하고 도전하는 사람이었다. 군인이자 간호사였으며, 누군가의 선배이자 후배였고, 사랑받는 아내이자 엄마이고 딸이었다. 그녀는 거친 파도에 휩쓸리기도 하고 예상하지 못했던 폭풍우를 만나기도 하며 30년의 군 생활에 대해 멋진 항해일지를 완성했다.

　이제 막 첫발을 내딛는 사람들이나 자신만의 항로를 완성한 사람들에게 기꺼이 이 책을 추천하고 싶다. 그들도 나처럼 이 책을 통해 울고, 웃고, 감동하며, 사랑의 에너지를 충전하시기를 바란다.

경북과학대학교 군사학과 교수, (전)국군대구병원장 홍성휘

추천글

3.

　엄마군인의 첫인상은 오미자 맛 같은 유쾌함이었다. '군인'이 주는 긴장감과 딱딱한 느낌의 단어와 '엄마'가 주는 봄 햇살 같은 푸근한 단어의 조합에서 결코 쉽지만은 않았을 삶이었을 거라고 짐작은 했지만 치열했던 흔적들을 되돌아보는 뿌듯함과 여유, 익숙함에서 벗어난 공허함, 새롭게 맞이할 삶에 대한 두려움과 기대감이 섞인 복합적인 감정의 표현으로 느껴졌다.

　이 글은 담담하지만, 현실감 있게 기록한 30년 간호장교로서의 희로애락이 감동적이고 경이롭다. '행복 한 줌 사랑 한 스푼' 엄마군인의 삶을 견디게 해준 힘의 원천이자 백신이 아니었을지…. 부모님들과 장병들에게는 위로가, 부부군인과 엄마군인에게는 삶의 지침서와 함께 희망의 백신이 될 것이라 확신하며 이 책을 추천 드린다.

한국이고그램연구소 소장 상담학박사 면경 김종호

4.

　'엄마'로서 살아가는 것이 결코 쉽지 않다. '군인'으로서 살아가는 것도 절대 녹록치 않다. 나이팅게일의 순수한 열정으로 응급환자 헬기후송, GOP 순회진료, 메르스 군의료지원단 근무까지 국민 생존 전투의 최전선에서 헌신해 온 생생한 이야기에 눈시울이 뜨거워진다. '엄마군인'이라는 표현은 따뜻한 돌봄과 사랑의 리더십에 빛나는 고유명사 '간호장교'의 또 다른 설명으로 느껴진다. 많은 사람들에게 삶에 대한 희망과 따뜻한 용기를 전할 수 있는, 아름답고 소중한 책이 출간되어 독자의 한 사람으로 참으로 기쁘고, 감사하다.

한국인재인증센터 대표, 『내 상처의 크기가 내 사명의 크기다』 저자 송수용

목차

004　　글을 시작하며　　따뜻한 사랑의 여정
012　　추천 글

추억이 새록새록 마음이 몽글몽글

22　　소위를 기다리며
30　　우리의 일상이 환자에게는 역사적 사건이다
38　　멀리서도 가까운 소리, 그것은 사랑이어라
47　　친정인 듯 친정 아닌 시댁 같은 국군수도병원
55　　위기의 간호과장
64　　나는 그대가 아프다
70　　마마너스(mama nurse)

쌉쓰레한 아린 도라지꽃 같은

77   갈대인지 억새인지
88   보헤미안 랩소디
98   어머니께 청하오니
103 줄탁동시(啐啄同時)
110 양구, 가칠봉과 펀치볼
116 그리움만 쌓이네

그녀들의 이야기, 우리들의 이야기

127 금사빠와 똘이 엄마
135 밥버거와 '이쁘자 댓님'
143 나이팅게일을 다시 읽다
151 이웃집 유나
158 잘 가라, 내 작은 아픔들아

자그락자그락 하며

169 내 편 감사
178 아빠 아빠, 아빠는 멋있어요
183 우리 어머니, 김금선 여사
191 내 아버지는 광부셨다
198 울 엄마 권춘매 여사
206 안개 낀 대관령을 넘다
214 달은 크지 않아요, 내 손톱만 해요
221 거룩한 장아찌

특별한 임무

231 신(神)이 그대에게 성숙의 기회를 주셨으니
239 웰컴 투 오사드 쉐라톤 호텔
248 야간비행, 그리고 비 내리는 사막
255 알제리 땅 틴두프에서

261	메르스, 단편명령을 수행하다
271	난중일기
286	총성 없는 전쟁, 병원은 전투 중
291	여수밤바다

토닥토닥, 따뜻한 눈빛으로

301	통금 시간 11시
308	아드님 아들놈 나의 님, 멋지군
319	유쾌한걸, 엄마의 만행을 꼬지르다
332	먼 그날 같은 오늘

341	글을 마치며	따뜻한 사랑의 여정

추억이 새록새록 마음이 몽글몽글

소위를 기다리며

우리의 일상이 환자에게는 역사적 사건이다

멀리서도 가까운 소리, 그것은 사랑이어라

친정인 듯 친정 아닌 시댁 같은 국군수도병원

위기의 간호과장

나는 그대가 아프다

마마너스(mama nurse)

소위를 기다리며

앨범을 넘기다가, 사진 사이에 끼워진 중위진급 축전을 보았다. 문화재급 보물을 발견한 기분이었다.

> 320-830 충남 논산군 연무읍 안심리 사서함 16.
> NOQ 소위들께.
>
> "아무리 해도 다 할 수 없는 의무가 한 가지 있습니다.
> 그것은 사랑의 의무입니다. 우리들의 진급을 축하하자."

춘천에 근무하는 동기회장 은희가 보냈던 카드를 소리 내어 읽어본다.

'그것은 사랑의 의무입니다.'

1992년, 연무대를 누볐던 세 명의 소위가 있었으니, 우리는 참으로 패기 넘쳤었다.

오전 9시 30분. 밤번 근무를 마치고 숙소로 내려와 세수하고, 등을 펴고 누웠다. 라디오로 김미숙의 음악살롱을 들으며 가물가물 잠이 오려는 시간이면, 어김없이 방문을 두드리는 강 여사님 목소리가 들렸다.

"양 소위님 밥 먹고 자요. 얼른 나와서 밥 먹어유. 아침 먹어요."

'밥보다 잠이 더 좋은데…….' 잠시 돌아누웠다가 부스스 일어난다.

"아침 거르지 말구 날마다 꼭꼭 밥 좀 먹구 잠자요. 콩나물국부터 한 모금, 목부터 적시구요. 소위님들은 자기들이 을메나 소중하고 중요한 사람들인지 아직 잘 모르쟈? 후배들도 맞이 혀고 세월을 좀 살아보면 알게 될 거여."

계란프라이 반숙에 다시마간장 한 숟가락 넣고, 들기름을 주르륵 부어 밥을 비벼 주시며, 식당 강 여사님 잔소리가 고명으로 올려 진다. NOQ(독신간호장교숙소) 식당을 따로 운영하던 시절이었다.

초임지인 논산병원은 간호 근무 스케줄이 상당했었다. 한 달에, 밤번(N) 근무를 7일 연속으로 하고 2박 3일을 쉬었다. 그리고 다시 14일 연속 초번(E) 근무를 하고 3박 4일을 쉬고 나면, 주말 일직이 기다리고 있었다. 쉬는 날에는 리듬이 깨진 잠을 보충하느라 요일 감각 무(無), 읍내에서만 맴도느라 방향감각

무(無), 시간 감각도 당연히 무(無)였다. 하여 3월 임관 후, 소위 때 연무대의 봄은 3무(無)의 시간이었다.

　주말 일직 때에는, 논산훈련소가 가까운 까닭으로 어김없이 응급실 벨이 울렸고, 한여름에도 폐렴 환자가 많았다. 용감한 소위였지만, 혼자 근무하기 벅찼다. 병동에 고열 환자가 서너 명씩 늘 있었고, 수술환자는 계속 아프다고 하고, 입원환자 면담기록과 식이감독일지까지 행정서류도 쌓여서 두루 난감했다. 온종일 뛰어다니며 일을 해도 끝이 없을 때에는 NOQ 군전화로 동기를 불렀다.

　"점심도 못 먹었다. 도와줘라. 커피랑 우유도 좀 사갖고 빨리 병동으로 와주라."

　화창한 봄날에 양 소위는 일직, 고 소위는 밤번 휴식, 천 소위는 밤번 근무 후 잠자고 있었다. 소위 셋이 모여 후다닥 휴일 오후의 병동을 평정했다. 초번(E) 선배에게 인계하기 전에 간신히 일을 마쳤다. 한 달, 21일간 야간근무수당 2만 1천 원을 털어, 쉬는 날 일을 도와준 동기들과 치킨파티를 했다.

　"치킨은 역시 초과근무 마치고, 선배들을 안주 삼으며 먹어야 더 맛있어."

　"야, 너는 맥주 안 돼, 환타(응급환자 많이 받는 사람) 안 돼, 사이다 마셔."

　"오늘 근무자 읊어 볼게. 본근대 김 중위님, 당직 군의관 박 대위님, 응급실 이 병장, 거의 환자몰이 하는 팀입니다요. 거기에

너까지 끼었으니 당연히 환타!"

구박인지 위로인지 그렇게 떠들고 웃으며 퇴근 후 친구와 함께 먹는 치킨 맛이란!

첫 근무지에서의 모든 경험은 힘든 일도 좋은 일도, 모두 선명하게 각인되었다.

가을 지나 겨울을 나고 다시 봄이 되었을 때, 우리는 혼자서도 응급실을 너끈히 지켜내는 중위로 진급을 했다. 드디어 소위에서 중위 계급장을 다는 첫날, 이만큼 신나는 진급이 또 있을까? 20여 년 전의 그때 우리들처럼, 매년 지켜보는 후배들의 중위 진급도 변함없이 밝고 즐거운 모습이었다.

해마다 2월 28일 아침은 분주하다. 중위 진급 신고와 대위들의 전역신고, 두 가지 행사가 같은 날 이루어질 때가 많았다. 응급실과 병동 일을 아침 일찍 정리하고, 병원장실에서 진급 신고자들 계급장을 달아주었다. 대견하고 독립적인 주체로 당당한 중위들 모습이 의젓하다. 전역 신고는 여러 가지 아쉬운 마음이 교차되어 차분하다. 기념 다과회를 함께 하는 후배들 바라보는 대위들 표정에는 '저 때가 좋았지' 하는 시원섭섭함이 아련하게 담겨 있다. 짧게는 3년에서 5년, 혹은 길게는 6년에서 10여 년의 간호장교 생활을 마치고, 사회생활 첫출발하는 동료이자 후배들.

앞날을 축복하는 기쁨과 헤어지는 아쉬움을 팥시루떡과 작은 꽃다발에 담아 정을 나누는 다과회는, 해마다 반복해도 매번 가슴 찡한 일이었다.

행사로 분주했던 시간이 지나고, 진급 신고를 한 '갓(God) 중위들'과 차를 마셨다.

"축하해. 오늘 다들 정복이랑 헤어스타일이 멋있네. 최 중위는 초번 마치고 아침에 일찍 일어나기 힘들었을 텐데 애썼다. 소감들이 어떠신가?"

"일 년 만에 정복을 입으니까 새롭고…… 저희 좀 멋있지 않습니까? 이번 주에 시간 맞춰 스튜디오에 가서 동기들끼리 진급 기념사진도 찍기로 했습니다."

"아까 병동에 가서, 그냥 한 바퀴 스윽 돌아다녔는데, 기분 좋았습니다."

"아직 전화 받으면 김 소위 아니 김 중위입니다. 이렇게 대답하는데, 빨리 김 중위에 익숙해지면 좋겠습니다."

"다른 부대 간부님들이 병동으로 전화했을 때, '내과병동 권 소위입니다' 하면, '소위 말고 다른 간호장교 바꿔주세요' 그랬는데, 이제는 안 그러실 것 같습니다."

"맞아요. '소위 말고 다른 간호장교 바꿔주세요' 하는 말, 엄청 속상했습니다."

"좋기도 한데, 정말 더 잘해야 할 것 같은 책임감이 듭니다."

"지난주에 퇴원 약 설명해 드리고 부대로 잘 가시라고 인사했을 때, '김 소위님 덕분에 잘 나았습니다.' 하실 때, 뿌듯했습니다. 제 일을 했을 뿐인데, 감사하다고 그러니까 앞으로 환자들에게 좀 더 따뜻하고 친절해야지 하는 생각이 들었습니다."

간호장교 소위 1년은, 마치 갓 태어난 아기가 돌이 되어 스스로 걸을 수 있을 때까지의 시간처럼, 다양한 경험과 성장의 기간이다. 학교에서 배운 교육과 임상 현장 간의 격차를 온전히 겪어내는 시간이다. 실무에 필요한 지식과 기술을 익히고, 차츰 상황 판단력을 키울 만큼의 경험을 누적하기까지 숱한 경험을 쌓아야 한다. 면허의료인에게 임상경험은 그 자체가 곧 전문성이자 자산이기 때문이다.

갓(God)중위들은 곧 맞이할 초임 소위들에 대한 프리셉터로서 마음 준비도 함께 해야 한다. 초임 소위가 오면, 첫 한 달은 병원의 근무자들이 모두 교육자의 역할을 하게 되지만, 가까이에 함께 근무하는 중위들이 가장 영향력 있는 사람이다.

중위 진급하면 가장 기다려지는 것이 후배 소위를 맞이하는 일이다. 가장 어려운 일이기도 하다.

"벌써 3월이라지만, 아직은 새벽에 춥지? 예전에 나도 밤번 근무하고 아침에 주사 놓으려면 손이 차가워서 환자들 놀랄까봐 핫팩 들고 다녔었는데……."

"부장님. 저희는 그때…… 안 태어났었는데요."

'허걱, 그렇구나!' 난감하여 애꿎은 커피만 한 잔 더 마신다.

"그래, 오늘 모두 애썼다. 밤번은 아침 거르지 말고 밥 잘 먹고 잠자라."

3월, 중위들의 근무스케줄은 '초초밤밤밤' 혹은 '밤밤초초초'의 연속이다.

1993년에 중위였던 나는, 1994년생(生) 중위들과 함께 소위를 기다리고 있었다.

소위 임관선서

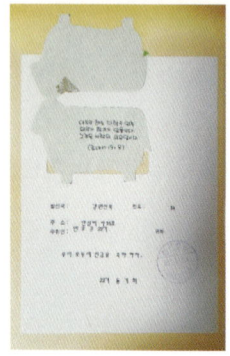

1993. 2. 28 중위 진급 축전

진급과 전역. 인생에 기억될 날들을 함께 하는 2월 28일과 5월 31일, 2016년.

우리의 일상이 환자에게는 역사적 사건이다

　　수술간호(Scrub) 주특기 수련을 받고, 처음으로 근무한 곳이 광주병원이었다. 수술룸(Room)이 3개였던 작은 수술실이라, 과장님과 수술간호장교 4명, 마취군의관 2명, 마취간호장교 1명, 간호군무원 1명, 의무병 3명으로, 총원 12명이었다. 빨리 아침이 되어 출근하고 싶을 만큼, 일터가 놀이터처럼 재미있었다. 수술 준비를 하며 기구와 장비를 세팅하면서도 동기 정숙이와 종알종알 수다를 떨었다. 소모품 재산대장을 관리하는 법과 예산집행은 선배 간호장교에게 배우고, 수술환자가 궁금하면 복도 옆에 붙어 있는 집중 관찰실로 쪼르르 가서 보고 왔다.

　수술대기(Call)가 아닌 주말에는, 스케줄이 맞는 동기들과 삼삼오오 함께 바다로 산으로 여행을 다녔다. 무등산 입석대, 지리산 피아골, 목포에서 흑산도와 홍도까지. 남도는 계절마다 놀러 다닐 곳이 참 많았다.

독신숙소(NOQ) 복도에 군 전화가 한 대 있었다. 통화가 조금이라도 길어지면, 중간에 '통화 중?'하는 교환병의 목소리가 들렸다. 초밤번 근무로 전화를 못 받을 때에는, 누군가 대신 받고 복도에 있는 화이트보드에 메모를 남겨 주었다.

"양 중위 일요일 약속 시각 변경, 오후 1시에서 오후 3시로. 친구분 전화 옴."

"김 중위, 노 중위 가든백화점 정문 앞으로 모임 장소 변경, 토요일 시간은 동일."

데이트나 소개팅 일정이 모두 공개되는 메모였지만 누구도 기분 나빠하지 않았다. 남도는 음식도 맛있고, 사람들도 정이 많았다. 병원에 함께 근무하는 군의관들이 대부분 광주가 고향인 사람들이라, 사투리도 재미있었다. 나는 광주에서 처음 '리얼한 남도 사투리'를 듣고 너무 웃다가, 잊지 못할 실수도 했다.

정형외과 발목골절(Ankle Fracture)환자 수술이었다. 평소대로 수술기구와 소독 드릴과 멸균품들을 세트(Tray)에 담고, 소독포와 받침대를 준비했다. 보통 척추마취 수술로 이루어지고, 1시간 남짓 걸리는 짧은 수술이었다. 그런데 그날 환자는 작은 뼈 조각을 제거하고, 고정하느라 오래 걸렸다. 골이식(Bone Graft)도 이루어졌다.

군의관이 수술을 진행하면서 환자에게 설명을 했다.

"오메, 축구를 엄청 쎄게 해부렀네. 아야, 강 일병아 내 말 들리제? X-ray에서 봤던 아주 쩨간하게 부서진 조각은 못쓰것다. 걷어 내뿌야것다. 거 뭐시냐, 마저 장골, 아 한국말이 더 어렵다니까. 하여간 아까 떼어 놓은 그 뼈를 꼭꼭 눌러 채워 줄 테니 걱정하들 마라, 잉.?"

수술방(Room) 안에 있던 다른 사람들은 별 반응이 없는데, 나만 자꾸 웃음이 났다. 마스크를 쓰고 있어, 간신히 웃음을 참으며 고정판(Plate)와 나사(Screw)를 건넸다.

"오메, 우째쓰까…… 안쪽이 쪼까 비네, 아까 그 남은 뼈(Bone)마저 주소."

작은 소독 볼(Bowl)에 젖은 거즈로 싸서 소중하게 보관했던 뼈(Bone)를 집도의에게 넘겨줬다. '이분은 수술을 반은 말로 다 하시는구나.'하고 잠깐 딴생각을 하다가 겹쳐져 있던 거즈를 한 장 떨어뜨렸다. 순간 머릿속이 하얘졌다. 대형 사고였다.

"정 대위님, 어떻게 하죠? 제가 거즈 안에 쌓여 있던, 남은 Bone을 떨어뜨렸어요."

순회간호(Circulating)를 하던 선배가 급하게 수술대 가까이로 다가왔으나, 달리 방법이 없었다.

"뭣이오? 어허 큰일 나부렸네. 우리 양 중위가 사고 쳤네. 아가, 강 일병아 들었제? 나는 엄청 잘해줄라고 넉넉하게 뗐는디, 우짜냐 니가 꼼짝 않고 누워 있어야것다."

봉합하기 전에, 이동형 X-ray를 불러 수술 부위 고정 상태를 촬영했다. 필름이 걸리고, 군의관이 확인하는 동안 마음이 조마

조마했다.

"뭐, 이 정도면 꼼짝은 해도 쓰겄다. 우리 양 중위는 사골이라도 사다 줘야 하것네."

오후 결산 시간에 과장님께 오늘 실수를 말씀드렸다. 병동에도 인계하고, 휠체어에 옮겨 앉을 때나 체중부하 때 조심해달라고 부탁했다.

"다행히 젊은 친구들은 가골 형성이 잘되니 지켜보자. 우리가 일상적으로 행하는 간단한 수술도 환자에게는 일생일대의 역사적인 사건으로 속속들이 기억된다. 특히 수술방에서는 좀 더 집중하고 침착하면 좋겠네."

나는 며칠이나 마음 졸였다. 사골은 아니지만, 정형외과 병동에 있는 강 일병에게 두유와 주스를 사줬다.

"엄니가 사골국 만들어 오셔서 먹고 있습니다. 과일을 나눠드리라고 했습니다."

환자와 보호자에게 미안하고 부끄러웠다. 어깨너머로 배운 사투리를 총동원했다.

"어째야쓰까, 그라면 내가 너무 거시기하지."

따라하기 초보자라, 그다음엔 어떤 말을 해야 할지 잘 몰랐다. 그 환자가 재활과 물리치료를 무사히 마치고, 건강하게 걸어서 부대로 퇴원할 때, 정말 고마웠다.

과장이 되어 다시 온 광주 수술실, "우리의 일상이 환자에게는 역사적 사건이다." 이렇게 써서, 수술마취 간호과장실 문에 붙여놓고 근무했다. 후배 장교들은 예전의 내 모습과 달리 뭐든 훨씬 잘했다. 수술하는 동안, 환자가 불필요한 소음에 불안감이 생길까 봐 헤드폰으로 음악도 들려줬다. 수술 후 환자 방문을 하며 발열은 없는지, 상처 부위는 잘 나았는지도 확인했다. 대견하고 멋있었다. 무엇보다, 10년 만에 우리 홍 주무관님을 다시 만나니 반가웠다.

"오메, 오메 방가운거. 또랑또랑 학생 같았던 양 중위님이 어느새 소령 계급을 달고, 애기엄마가 되부렸네. 우리 과장님, 오지게 방갑소. 같이 재미지게 살아봅시다아."

아침마다 수술 전에, 근무자들과 짧게라도 커피와 간식타임을 했다.

"우리 과는 이렇게 확 몰아쳐서 일할 때 하구, 또 요로코롬 쉴 때는 쉬고. 맺고 끊는 맛이 있어야제. 안그라요?"

남도 사투리 따라 하기 중급자라, 괜스레 억양만 과도하게 오르락내리락 했다.

"그라제, 그라제…… 맞네요. 참말로 그라제."

감염관리 간사를 맡아, 병원 구석구석을 돌아다니느라 얼굴 보기 힘든 어린 과장을 우리 홍 여사님은 늘 '그 말이 옳소, 맞소.' 하며 응원해주셨다.

어느 날, 수술환자 모니터링과 항생제 내성균 감시 자료를 액

셀로 만들고 있었다. 필터 기능이 익숙지 않아 고민했는데, 홍 여사님이 5분 만에 해결해주셨다.

"오메, 멋져부러. 우짜고 이리 잘하실까, 우리 홍주무관님 완전 신세대여. 신세대."

감탄 반, 농담 반이 섞인 칭찬에 기분이 좋으셨던가, 잘 안 하는 자랑도 하셨다.

"나가 디키도 하나 샀어요. 놀러 다닐 때도 찍고, 우리도 좀 찍고…… 그라고, 외래 의무병들이 맨 날 기구 이름을 가르쳐줘도 잊어부러. 이참에 사진을 찍어갖고 기구 이름도 넣고, 재고번호까지 담아서 카탈로그 하나씩 만들어 줄라고요."

틈나는 대로 작업을 하겠다더니, 점심시간마다 일일이 세트 목록에 있는 기구들 사진을 찍고, 자료를 만들어 며칠 만에 홈페이지에 자료파일을 올리셨다.

"오메, 좋은 거…… 우리 홍 여사님은 천재여, 천재. 옆에 부대에서 사람들이 엄청나 접속해서 참말로 잘 쓰겠네요. 멋져부러요."

큰마음 먹고 장만하신 개인 디카의 첫 용도가, 병원과 주변 부대 사람들이 편하게 찾아볼 수 있는 기구 카탈로그 작성이라니, 그 마음이 감사하고 감동적이었다.

일이 많고 바빠 힘들다고 생각할 때도 있었지만, 내게 일복을 주실 때는 사람복도 함께였다. 쌈닭처럼 떼도 쓰고 고집도 많았던 동료 과장을 넉넉히 받아주시던 군수과장님, 입원환자들에게 다도를 가르쳐 주시고 향 좋은 연잎차를 만들어 주시던 봉사실장님…… 고맙고 소중한 사람들과의 기억뿐이다. 내 삶을 기록하는 자그마한 역사에 당당히 자리 잡고 계신, 나의 귀인(貴人)들이다. 빛고을 광주는 늘 내 기억을 따뜻한 추억으로 비춰준다.

수술실 근무자들과 무등산. 호시탐탐 병원을 벗어나고,
또 늘 병원 안을 맴돌던 김 중위와 양 중위.
SET 준비 하는 중앙공급과 홍 주무관님(우리 홍 여사님)

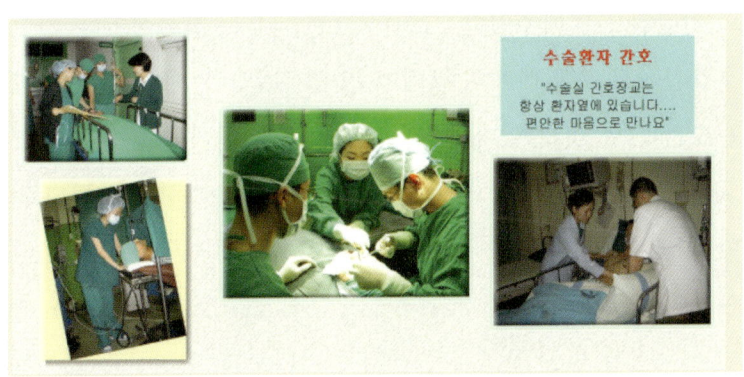

과장이 되어 다시 온 광주 2004년 수술실,
"우리의 일상이 환자에게는 역사적 사건이다."

멀리서도 가까운 소리,
그것은 사랑이어라

2004년 3월, 국군광주병원에 두 번째 전입신고를 했다. 오래된 소나무와 독신숙소(NOQ)의 밤나무도 그대로였다. 풍경이 주는 위안과 반가움이, 처음 시작하는 과장 직책의 긴장감을 덜어주었다. 그러나 그런 여유는 잠깐이었다. 간호부장실에서 차를 마시며 부대 이전 업무를 듣는데, 머릿속이 뜨끈뜨끈 익을 것 같았다. 다음날부터, 책상 위에 두툼한 책으로 묶어진 병원 설계도를 놓고 공부를 했다. 시설과장을 붙들고 날마다 설계도 그림의 여러 기호를 물어보고 배웠다. 미닫이문과 여닫이문을 구분하고, 창과 벽을 구분할 정도로는 부족했다. 층별 사무실과 병동 구조를 꼼꼼히 들여다보며, 환자들과 근무자들의 동선을 그려보았다. 보병들은 훈련할 때 지도를 보면, 새소리 물소리가 들린다고 하듯이, 설계도를 보면 수술실에서 회복실로 오고 가는 사람들의 움직임을 떠올려보았다. 수정할 디테일들이 차츰 보였다.

할 일이 많고 마음이 바쁘니, 불광불급(不狂不及)의 몰입을 할 수밖에 달리 방법이 없었다. 설계도를 들고 넓은 빈 곳에 서서 혼자 눈을 감고 중얼거리기도 했다.

"로비에 서 있다고 가정을 하면, 설계도 그림대로이면 천정이 너무 높아 휑하지 않을까? 2층에서 시작되는 로비 천정에 뭔가 조명이 필요하지 않을까요? 로비 벽이 넓으니, 그곳에도 큰 그림을 걸어두려면 조명효과를 넣을 전기배선도 있어야 할 것 같고, 접수처와 약국 사이에 정수기 옆에 손 씻는 부스도 하나 있으면 좋을 텐데……."

설계도면을 들고 쉴 새 없이 중얼대는 나를 보고, 군수과장이 접신 중이냐고 놀렸다.

외래 진료를 위해 부대에서 일찍 출발해 온 용사들이 우리병원에서 좀 더 편하게 쉬었다 가면 좋겠다는 고민은 모두가 같았다.

층마다 구조와 색상을 고민하고, 과별 진료실 위치를 조정하느라 마라톤 회의가 매일 계속되었다. 광주에서 서울로, 양주로, 잘 지어진 병원 견학도 다녔다. 최근에 지어진 군병원과 민간병원을 살펴보고, 다음날에는 보고 온 것들을 토의했다. 신발 사러 가는 날에는 신발이 유독 눈에 들어오는 것처럼, 고속도로 휴게소의 화장실 안내표지도 새롭게 보였다. 어떤 색상과 글씨체가 눈에 띠면서도 깔끔할까 고민을 하면서 보니, 평소와 다르게 많은 것들이 보였다. 바닥공사와 벽체가 만들어지고, 전기

배선과 수도 배관이 위치하는 것을 확인하고, 장비와 비품 위치를 조정하니 또 다른 입체감이 그려졌다. 한 층씩 올라갈 때마다, 시멘트 냄새가 그득한 그 공간을 군수 과장 오 소령과 천천히 걸으며 고민에 고민을 거듭했다.

'건축은 종합예술이 맞구나' 하고 실감했다.

병원 건물 외곽에 가로등 위치를 잡고, 점등을 하던 날에는 부대에서 저녁을 먹고 깜깜해질 때까지 기다렸다가 가로등 아래를 직접 걸어보기로 했다. 퇴근 시간에 집에 있는 아이들에게 전화를 했다.

"엄마가 오늘 저녁 챙겨 줄 시간이 안 될 것 같아, 냉장고에 있는 카레 데워 먹고 학원 다녀올래? 아니면, 치킨이라도 시켜줄까?"

전화를 받는 딸아이가 작은 목소리로 대답했다.

"엄마, 어제 볶음밥 먹었고, 카레는 아침에 먹었고, 짜장면 치킨은 지난주에 배달시켜 주셨는데요. 그냥 미역국에 하얀 쌀밥 먹고 싶어요."

아차! 싶었다. 일찍 출근하고, 저녁 늦게 퇴근하느라 아이들 밥을 제대로 못 챙겼다.

"부장님, 저는 퇴근해서 애들 밥 좀 챙겨주고, 점등식 때 오겠습니다. 배달시켜 주려 했더니, 미역국에 쌀밥이 먹고 싶다고 하네요."

"어서 가서 밥해주고 쉬어라. 요즘 우리가 정신없긴 했어. 다른 사람들도 많으니 점등식에는 꼭 안 와도 돼. 애들이 힘들었겠다."

힘들고 지칠 때 누군가의 따뜻한 한마디는 마음을 따뜻하게 해준다. '너도 좀 쉬어라'하는 부장님 말씀에 울컥 눈물이 나려고 했다. 아이들은 갓 지은 밥을 미역국에 말아 김치를 찢어 하나씩 올려주니, 참새처럼 받아먹었다. 부대 이전이 곧 시작이라, 야근을 대비해야 했다. 락앤락에 미역국을 차곡차곡 담아 냉동실에 그득 얼려두었다.

함평병원 건물이 차츰 완성되어 갈수록, 광주병원 살림을 정리하고 부대 이전 준비계획을 일자별로 꼼꼼히 작성했다. 이사 적재물품 목록을 위해 병원 곳곳을 둘러보았다. 병동과 중앙공급과는 목공실에서 나무로 만들어 오래된 기구장들이 있었다. 새로 구입하는 비품들은 스테인리스로 된 기구장과 규격품으로 모두 교체했다. 정리할 것들이 많았다. 사람들의 관심과 마음이 새로 지어지는 병원에 쏠리면서, 한편으로는 광주병원을 떠나는 아쉬움이 많았다. 오래된 나무들과 일상의 풍경이 모두 추억이고 역사였다. 우리들의 모습을 사진으로, 기록으로 모아보자는 의견에 힘을 실어, '2004년 간호부 역사자료'라는 타이틀로 앨범 CD를 만들었다.

"문득 선배님의 사진 한 장에서 찡하게 다가오는 것이 있었다. 또한, 우리들의 일상 활동이 먼 훗날 후배들에게 뭔가 전달되지 않을까 해서 곧 떠날 우리 병원에서 이 일을 시작하게 되었다."

이렇게 추진 배경을 적고 나니, 매일 하던 병동의 간호업무와 수술실과 중환자실의 환자간호가 다르게 비춰졌다. 무심코 행하던 일상이 특별한 기록이 되는 순간이었으며, 스스로 우리들이 존재 이유에 대한 의미를 되새기는 계기가 되었다. 매월 하던 간호학술집담회나 의무지원은 사진 자료가 많았지만, 일상의 간호 활동을 사진으로 남긴 적이 없어서, 어떤 사진은 환자에게 양해를 구하고 촬영해서 모으기도 했다. 그리고 그 사진을 함께 보면서, 더욱 정성과 사랑을 깃들여야겠다는 다짐이 되었다.

광주를 떠나며, 일상을 기록하며, 우리는 간호를 배웠다.
자식을 군에 두고 있는 부모의 마음은 같은 것… 먼 곳에서 더 가까운 소리, 그건 아마도 사랑이어라.

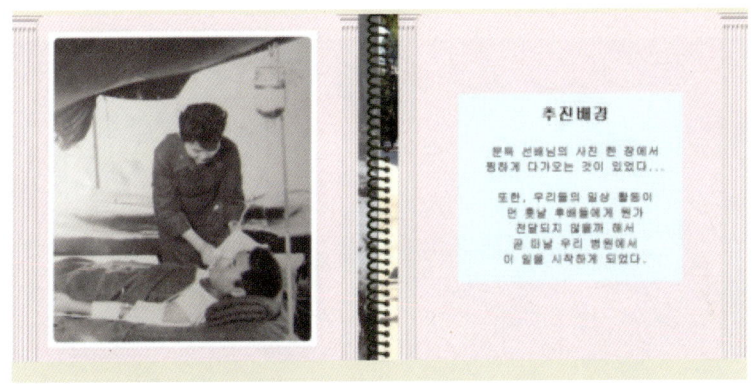

"문득 선배님의 사진 한 장에서 찡하게 다가오는 것이 있었다.
또한, 우리들의 일상 활동이 먼 훗날 후배들에게 뭔가 전달되지 않을까 해서
곧 떠날 우리 병원에서 이 일을 시작하게 되었다."

국군광주병원 이름을 마지막으로 사용했던 의료의질 향상(QI)경진대회
우리들의 오늘이라는 시간이, 세월에 덮여 발효가 되면,
또 어느 날 문득 돌아보면, 추억이고 역사가 되어 있겠지요.

이제는 사진으로만 남은, 그래서 마음에 더 오래 새겨지는 풍경.
502-240 광주시 서구 화정동 사서함 31호. NOQ(간호장교숙소)

작은 대문을 열고 눈을 맞으며, 무슨 이야기를 나누었을까?
"추운데 다시 병동으로 올라가는 거야?"
"잠깐 갔다 올게. 회복실 책장 열쇠가 주머니에 그대로 들어 있어서."
"떡라면 끓인다, 금방 와. 미끄러운 데 조심하고."

눈이 오거나 손이 시리게 추운 날엔 가끔,
동기가 계란을 톡 넣어 끓여주던 따뜻한 국물이 떠오르고
낡은 시멘트 담장 위로 조심히 쌓이던 눈도 생각났다.
국군광주병원이 있던 그 자리에, 지금은 아파트가 빼곡히 들어섰다.

2007년 5월 30일, 국군함평병원 개원식.
광주를 마감하고 새로 함평 시대가 열렸다.

부대 마크
- 국군광주병원에서 국군함평병원으로 바뀌었다.

한 역사를 다시 시작하는 그 시기에,
나는 따뜻하고 고마운 동료들과 함께였다.

친정인 듯 친정 아닌 시댁 같은, 국군수도병원

생도 3학년 때 등촌동 국군수도병원에서 실습을 했고, 중위 때 수술주특기간호 교육을 수도에서 받았다. 그 후 광주병원 수술실, 양구의 208MASH(이동외과병원) 근무를 마치고, 다시 수도 수술실로 왔었다. 결혼하고 첫아이를 임신했을 때, 나날이 불러오는 배에 복대를 감고 수술간호와 순회간호를 번갈아 하며, 등촌동 수술실 복도를 종종종 걸어 다녔다. 선배들이 내 뒷모습이 아기공룡 둘리 같다고 놀리면서도, 임산부라 짧은 수술로 스케줄을 배려해주었다. 오전 수술을 마치고 준비실 테이블에 앉아, 조물조물 멸균품을 만들며 잠깐 쉬다가, 오후에는 일과 중에 생기는 응급수술 스크럽(수술간호)을 들어갔었다.

응급실에서 혈복강(Hemoperitoneum) 환자가 온다고 연락이 왔다. 외과(GS)는 가끔 연락과 동시에 바로 밀고 들어오는 응급수술이 많았었다.

"훈련 중 차량 안전 유도를 하던 병장이 트럭과 벽 사이에 끼어 후송 왔는데, 비장파열(Spleen Rupture)입니다. 헬기요."

길게 설명하고 물어볼 시간도 없이, 헬기로 후송을 왔다는 것만 짧게 말하는 것을 보니, 응급처치와 검사가 진행 중이다. 마취과에서는 수혈을 준비했다. 수술침대를 알코올로 닦고, 소독포와 소독 가운과 개복수술 기구세트와 봉합사(Suture)를 종류별로 풀었다. 보온장(Warm Cabinet)에 생리식염수를 채우고, 소독볼(Bowl)도 큰 것과 작은 것을 모두 준비했다. 흡인기 배액통(Suction Bottle)을 확인하고, 눈금을 보려는데 배가 불러서 몸이 잘 안 숙어졌다. 같이 수술방(Room)을 준비하던 의무병이 웃음을 참으며 도와줬다. 바닥에 소독비닐을 깔아 거즈계수(Gauze Count) 준비도 하고, 손을 닦고(Scrub), 소독가운을 입고, 글로브(Glove)를 꼈다.

"양대위님, 백가운(Back Gown)을 입어야 되겠는데요."

제일 큰 소독가운을 입었는데, 배가 불러서 느슨하게 묶었더니, 등 뒤쪽이 덜 여며졌다. 날렵(?)하게 소독백가운을 입고, 바늘계수(Needle Count)를 마쳤을 때, 집도의(Operator)와 보조의(Assist)가 환자와 함께 동시에 들어왔다. 두 사람이 손을 닦으러(Scrub) 간 사이에, 수술침대에 누워 있는 환자에게 작게 말해줬다.

"김 병장, 오늘 우리 병원에서 수술을 가장 잘하는 군의관이

외과 당직이었는데, 저분들이야. 너무 걱정 안 해도 돼. 한잠 푹 자고 나면 수술이 잘 끝나 있을 거야."

다행히 환자 바이털(Vital Sign : 활력징후, 호흡 체온 심장박동 측정치)은 안정적으로 시작했지만, 개복과 동시에 혈압이 떨어졌다. 작은 볼(Bowl)로 뱃속에 고였던 혈액을 카운트하며 걷어 내고, 소독패드를 하나씩 세며 밀어 넣고 눌렀다. 마취과는 수혈기로 혈액을 계속 짜 넣었다. 조용하고 긴장된 움직임의 시간이 지났다.

손상된 조직을 소독클립으로 집고, 봉합하고, 지혈하고, 다시 겸자로 집고 자르고 봉합하는 외과의(Surgeon)의 손놀림이 빠르게 반복되었다. 수술 진행에 맞춰, 작은 바늘에 봉합사를 끼우고, 자른 실을 받아 모으고, 집도의 손에 다시 기구를 주며, 나의 손놀림도 빠르게 반복되었다. 파열된 비장(Spleen)이 절제되었다. 출혈이 멈추었고, 배액통과 젖은 거즈를 세어, 실혈량을 계산했다. 중요한 고비를 넘고 있었다.

"세척(Irrigation)합시다. 웜셀라인(Warm Saline), 석션(Suction)!"

소독커튼 너머 마취과의 표정이 괜찮았다. 마스크를 쓰고 눈으로 하는 소통이었다.

수액을 조절하며 고개를 작게 끄덕여주는 그 신호가 반갑고 안심되었다. 앞방에서 정형외과 수술을 마치고, 순회간호를 해주던 선배가 귓속말로 물었다.

"괜찮니? 손 바꿔 줄까?"

고개를 살짝 두 번 저었다.

"아니요, 괜찮아요."

계수(Count : Gauze와 Needle 등 수술기구 개수)를 잘 마치고, 봉합이 시작되었다. 수술 절개선이 길어 피부봉합까지는 시간이 꽤 걸렸다. 마취과에서 환자를 깨우고, 중환자실에 연락을 한 뒤에, 기구세트(Tray)를 챙겨 수술방(Room)을 나왔다.

수술준비실에서 기구세척을 하는데, 다른 수술을 마친 후배가 얼른 자기 수술세트(Tray)를 정리하고, 내 수술세트를 가져가서 정리를 해줬다. 걱정하며 물었다.

"선배님, 배 괜찮아요? 오래 서 있었는데……."

두 시간을 훌쩍 넘는 수술하는 동안 집중하느라 몰랐는데, 배가 뭉쳐있었다. 아이도 함께 긴장했던지 태동도 조용했다. 장의자에 앉아 두 다리를 올리고 쉬었다. 단단하게 뭉친 배를 살살 문지르고 있는데, 순회간호(Circulating)를 했던 선배가 중환자실 환자 수술인계를 마치고 돌아왔다.

"3번방 GS 수술, 그 환자가 글쎄, 다음 달에 전역 예정이었대. 휴가를 하루 앞두고 저렇게 다쳐서 어쩌냐, 부모님이 부산에서 올라오셨더라. 잘 나아야 할 텐데."

선배는 무거운 마음을 털어내며, 또 농담을 걸었다.

"아까 수술 마치고, 바닥에 떨어진 실을 줍는 데, 양 대위 몸이 앞으로 안 굽혀지더라. 냉장고에서 우유도 꺼내기도 힘들지? 언니가 갖다 줄게, 천천히 많이 드셩."

우유 먹는 둘리라고 놀리며, 다들 한바탕 웃었다. 휴게 공간도 따로 없었던, 좁고 낡은 등촌동 수술실은 긴박하기도 했지만, 따뜻하고 행복했던 추억이 가득하다.

1999년 10월, 수도병원이 분당으로 이전할 때, 수술실의 의료장비와 비품과 약품을 밤늦게 포장했다. 그리고 새벽까지 다시 물품을 풀고 수술 룸(Room)을 세팅했었다.

정형외과 수술을 담당했었는데, 어깨관절경 수술은 시간이 오래 걸렸다. 다음날에 큰 수술이 잡히면, 전날 저녁부터 물을 줄이고, 아침밥을 든든히 먹었다. 초코바도 하나 먹고, 하루 종일 스크럽(수술간호)을 하기도 했다. 오전 여덟 시에 시작한 수술을 오후 세 시에 마치고 나오면, 동료들이 도시락과 전자레인지에 끓인 뜨거운 라면을 챙겨줬다.

율동공원에 소복이 눈 쌓인 새벽길을 산책했고, 벚꽃 피고 단풍 지는 계절을 두 번 더 지나고 나는 다시 전방으로 전출을 갔다. 그 후로 가끔 출장길에 들러도, 수도는 늘 친정 같은 포근함과 뭔지 모를 애달픈 마음이 들었다.

2014년 2월, 수도병원 간호교육 장교로 다시 근무했다. 병동과 외래를 리모델링해서 건물이 환하고 밝아 좋았지만, 사람들 사이의 다양한 소통은 더 복잡하고 어렵게 느껴졌다. 책임운영기관이라 부서의 주요 지표들도 정기적으로 공유해야 했고, 국가지정 입원치료병상 운영도 하고 있었다. 해외유입 신종 감염병과 생물테러 등 감염(의심)환자 격리병동 근무자들의 훈련과 교육도 정기적으로 했다. 또 한편으로는, 국군외상센터 설립이 추진되고 있었다. 과다 출혈, 다발성 골절, 장기 손상 등 중증외상환자를 간호할 인력에 대한 교육과 준비계획을 세웠다.

후배 간호장교들의 주특기 교육과 간호군무원들의 전입교육, 간호협회 보수교육도 중요한 업무였다. 국군수도병원은 '군 최상위 의료기관'으로서의 위상에 맞게 변해가고 있었다. 환자 안전과 의료 질 향상을 위해 진료시스템을 개선하고, 민간이 주도할 수 없는 영역에서 우리만의 경쟁력을 확보하는 노력을 아끼지 않았다. 그러나 나는 오랜만에 다시 근무하게 된 수도에서, 문화적으로 낯설고 어려운 시댁에 적응하는 것처럼 마음이 불편했다. 시골 풍경을 잃어버리고 개발되는 친정 동네를 보는 듯 무언가 아쉬운 기분도 들었다. 가끔 옛사람들의 '정'이 그리웠다.

등촌동 일기 (I)

1993. 5. 23, 일요일 22:30

  스물다섯 개(큰 거 둘, 작은 거 다섯)의 의미를 담은 촛불을 켜며 김은숙이가 놀란다.
"이거 내꺼가? 내 벌써 스물다섯이란 말이제?"
  급할 때면 사투리가 심해지는 친구의 모습은 참 귀엽다. 그래서 내가 말했다.
"그래, 너 이제 일곱 살이다."
  생일을 축하하러 방에 모였던 동기들 웃음이 NOQ(독신 숙소) 복도에 퍼졌다.

등촌동 일기 (Ⅱ)

1993. 5. 27, 목요일 20:00

　Appendectomy(충수절제술, 흔히 말하는 맹장 수술) 외과수술의 알파요 오메가. 즉 처음이자 끝이라는 가장 기본적인 수술간호(Scrub Nursing)로 배웠는데, 오늘 처음 혼자 손을 닦고 가운을 입고 수술간호를 했다.
　수술 절차(Procedure) 노트에 적힌 준비물을 모두 잘 챙겼는데, 스크럽하는 동안 바쁘고 정신없었다. 집도의와 환자에게 미안했다.
　수술을 마치고, 소독테이블(Main Tray) 위에 수북이 쌓인 기구들이 나의 서툰 모습을 있는 그대로 알려주었다.

　소나무야 소나무야
　언제나 푸른 네 빛
　나, 기죽는다
　우리 같이 낙엽지자.
　(부끄러운 시, 박희준)

　나도 빨리 익혀서, 차분하고 능숙한 폼 나는 스크럽(수술간호)을 하고 싶다.

위기의 간호과장

소령으로 진급을 하고 육군대학에서 교육을 받을 때, 병원을 떠나 오랜만에 다른 병과의 장교들과 의견을 나눌 기회가 많았다. 군조직의 중간관리자로서 리더십과 팔로워십을 잘 발휘해야 하는 점은 여느 전투병과 영관장교들과 같았지만, 앞으로 '군간호'라는 특성에 맞는 나만의 리더십에 대해 생각해보는 좋은 기회가 되었다. 군간호(군진간호)는 수행하는 업무의 대상과 폭은 지역사회(주변 부대) 보건간호와 예방의학까지 포함한 넓은 범위였으나, 간호 인력은 병원의 입원과 외래, 수술환자를 기준으로 산정되어 늘 부족했다. 그나마 의료법 기준에는 턱없이 모자라는 간호사 인력이었다. 보수교육과 임신, 출산으로 인한 대체 인원이 없이, 매년 바뀌는 근무자들이 환자안전과 의료의 질 향상이라는 목표를 이루는 과정은 협업과 소통을 더욱 절실하게 했다.

군에서 10년 남짓한 연차로 간호과장을 시작할 때, 비슷한 경력의 대학병원급의 수간호사들은 업무 중점을, 어떤 직책은 관리에 더 초점을 맞추고, 어떤 직책은 임상 치료에 더 집중한다. 그러나 군병원의 젊은 간호과장은 간호관리와 임상 두 가지를 동시에 잘 해내야 했다. 간호부 인원은 임상 경력이 쌓인 대위들이 부족했고, 대부분이 중·소위들로, 연차 어린 후배들이었다. 군병원에 근무하는 간호장교는 임상(병원) 환자간호만 하는 게 아니었다. 특히 전방의 군단지원병원은 훈련의무지원과 보건교육, 계절별 감염병 예방, 순회 진료 등 일 년 내내 빠른 템포로 움직였다.

연초에는 가장 추울 때, 병원도 다른 부대와 마찬가지로 혹한기 훈련을 했다. 상급 부대의 작전에 맞추어 야전의무시설 개소, 대량전상자 처치와 환자후송, 합동훈련이 이루어졌다. 훈련을 마치면, 토의를 하고 사후검토 과제를 정해서 부서마다 개선했는데, 간호과장은 주책임자로 혹은 협조부서로, 거의 모든 과제에 연관이 있었다.

3, 4월은 초임 소위들의 전입 교육이 이루어지는 동시에 중위들의 전출이 있는 기간이라, 특히 환자안전에 더욱 신경이 쓰이고 긴장되는 시간이었다. 초여름에는 열사병 환자와 계절성 전염병 질환들이 발생하기 쉬워, 예방교육 자료를 만들어 주변 부대로 보내주고, 응급상황에 대비하여 헬기후송을 포함한 자

체훈련을 반복했다. 정기적으로 하도록 되어 있는 고객만족 접점 모니터링과 각종 지표들도 월별, 분기별로 분석하고, 결과를 병원의 해당 근무자들과 공유하고 의무사령부로 정기보고를 했다.

크고 작은 QI(의료의 질 향상)팀 활동도 꾸준히 있었으며, 부대별로 찾아가는 의무지원(훈련, 사격, 각종 캠프 등)과 신검지원에도 간호 인력이 필요했다. 유행성 질환에 대한 내원환자와 주변부대의 상황을 살피고, 이슈가 생기면 또 선제적인 대응이 필요했다. 한 곳에 에너지를 모아 집중하면, '비는 곳이 어디일까' 늘 고민하고 살펴야 했다. 간호 인력이 늘 부족했다. 환자안전을 위한 안정적인 간호 근무 스케줄 조정이 어려웠다. 후반기 초임 소위들이 전입해 올 즈음인 8월은, 간호부 업무에 대한 중간평가로 한창 바쁜 기간이었다. 병원인증 항목 점검과 건강증진 캠페인도 해야 했다.

가을바람이 불고, 추석연휴에 쉬는 날이 많으면, 간호과장의 가장 큰 고민은 근무 스케줄이었다. 초·밤번 근무와 당직과 비상대기 조를 포함하면, 실상은 연휴에 쉬는 사람이 거의 없게 되었다. 나쁜 과장이 된 것 같았다. 매년 11월은 군진학술대회와 민간 협회의 '의료의 질 향상' 세미나도 있었다. 연구자로 발표도 하고, 새로운 흐름도 살필 수 있도록, 많은 후배들과 함께 참석하고 싶었다. 그러나 야속한 근무계획표는, 병동을 비워 놓고 갈 수는 없었다. 연간 사업 분석과 새해의 사업계획을 세우다 보면 금세 한 해가 지나갔다. 전·후방을 옮겨 다니며, 병동과 수술실, 외래와 중앙공급과장을 했다. 광주(함평), 일동, 분당, 고양, 화천…… 부대마다 참 다양하면서도 비슷한 고민으로 몇 해를 정신없이 보내고, 간호부장이 되었다.

간호부장을 하면서 한해를 돌아보며 정리를 할 때는, '평정심과 통찰력으로 올 한 해를 살았는가.' 하는 반성과 함께, 항상 마음이 복잡했다. 취약한 인력 구조의 의료 환경에서 의료사고 없이 하루하루가 지나가는 것은 초능력적이었다. 진료부는 전국에서 각각 다른 소통 문화에서 수련을 받고 이제 막 전문의가 된 의사들이 대부분이고, 간호부는 임상 경력이 부족한 중·소위들이 치료적인 의사소통 기술과 임상을 배워가는 과정에서 어려움을 안고 있었다. 행정부는 '병원'과 '부대'의 양쪽을 모두 소화하기 위한 '병원부대'의 일들로, 여러 가지 지원할 업무들이 복잡하고 많았다.

의료사고의 발생 기전을 보면, 개인의 부주의보다도, 많은 부분 시스템적인 오류를 안고 있었다. 사람이 바뀌어도 업무의 질이 계속 유지 되는 것이 아니라, 누구라도 그 사고 현장의 당사자가 될 수 있는 취약한 간호인력 구조였다. 연말에, 퇴사하는 간호군무원들과 면담을 해보면, 혼자 60명 이상을 간호하며 짊어지는 책임과 의료사고에 대한 부담감, 그리고 3교대 근무의 생활패턴 불안정이 이직의 큰 사유였다.

관리자는, 리더는 따뜻한 마음이 필수 덕목이었지만, 마음만 가지고 조직이 성과를 내기는 어려웠다. 일을 할 수 있도록 구조화된 최소한의 인원이 늘 절실했다. 매번, 환자의 안전과 건강증진 활동을 기초로 자료를 만들어 적정 간호 인원을 요구했었다. 그러나 개선되는 속도는 현실에 비해 턱없이 더디게만 느껴졌다. 해마다 연말에 사업성과분석과 다음 해의 사업계획을 만들 때면, 무엇을 줄여야 할까 고민되었다.

'내년에는 나의 조급함과 욕심을 덜어내야 근무자들이 소진(Burn- Out)되지 않겠구나.' 하는 생각을 하며, 간호과장과 사업별 우선순위 목록을 정리했다. 에너지를 집중하며 함께 얼굴을 맞대고 고민을 했더니 목이 말랐다.

"커피 한잔하고 잠깐 쉬었다가 마저 합시다. 참, 주말에 이사는 잘했니? 아이들 전학했을 텐데, 학교에 적응하는 건 좀 어때?"

머리도 시킬 겸 가볍게 툭 던진 질문이었는데, 간호과장의 눈시울이 붉어졌다.

"중2가 무섭다고들 하는데, 초5도 참 어렵습니다. 둘째가 새로 전학한 학교에서, 반 친구들과 어울리기 힘든가 봐요. 전부터 친하게 지냈던 아이들이 그룹으로 있어, 약간 텃세 같은 걸 겪는 것 같습니다. 겨울방학 지나고 새 학기가 되면 좀 나아지겠지요."

곧 6학년이 되고 졸업을 하면, 엄마를 따라 계속 전학을 다녀야 할지, 아니면 중학교부터는 한곳에 정착을 해야 할지도 고민이었고, 작은 아이도 3학년이었다. 부대에서 중간관리자로 동분서주하는 간호과장은, 그녀는 가정적으로도 '보살핌'이 한창 필요한 시기를 '엄마'로 살고 있었던 것이다.

아이들…… 그녀가 엄마라는 사실이 문득 다시 깨달아졌다. 일을 하는 동안, 때때로 나는 간호과장이 초등학교에 다니는 아이들의 학부모라는 사실을 잊고 있었다. 나 또한 그 시간들을 바쁘고 힘들게 보냈으면서, 아이들이 커서 엄마를 덜 찾으니 그렇게 잊고 지냈다. '일과 가정의 양립'은, 엄마군인에게 오히려 부담을 주는 말이었다. 부대 업무도 집중도 높여 성과를 내야하고, 아이들도 따뜻이 정성으로 돌봐야한다는 심리적 압박감이 이중으로 힘들었다.

"그랬구나, 고학년이 되면 아이들이 서너 명씩 친한 또래 그룹으로 놀다가, 또 그 친구들과 크고 작은 갈등도 겪고, 그러면서 아이들은 크는 것 같아."

따뜻하고 연한 커피가 마음을 좀 풀어줬는지, 간호과장 표정에 잠시 여유가 비쳤다.

"우선, 학교에서도 수업 진도와 친구들에게 적응하는 게 중요한 것 같아요. 그래서 태권도와 영어학원은 좀 천천히 알아보려고 해요."

"학교 마치면, 아이들이 집에 일찍 오겠구나. 오늘은 그만하고 제시간에 일찍 퇴근하자. 우리도 예비 에너지가 있어야지. 집으로 출근!"

우리에게도 쉬고 충전할 시간이 필요했다. 사업계획에도 여백이 필요한 법, 해마다 시시때때로 예상치 못한 일이 늘 새로 생겼다. 엄마군인은, 간호과장은 일터에서도 집에서도 시간이 늘 고프다. 특히, '나를 위한 시간'은 더욱 허기졌다.

소아정신과 전문의이자 작가인 서천석은 『하루 10분 내 아이를 생각하다』에서 이런 위안을 워킹맘들에게 준다.

'아이는 선생님에게 야단맞고, 냉장고는 엉망이고, 시어머니 생신은 다가오고, 직장 후배는 말을 듣지 않는다. 무슨 계 타듯이 일이 묘하게 겹쳐서 몰려온다. 일하는 엄마의 적은 일이 아니다. 완벽함에 대한 헛된 기대이다. 일이 몰릴 때는 중요하거나 잘할 수 있는 것 한두 개에 집중하자. 나머지는 그냥 포기하고 그런 대담한 자신을 칭찬하자. 골고루 조금씩 잘하려는 것이 탈진의 원인이다. 그럼 안 풀린 것은 어떻게? 그냥 둔다. 중요한 문제라면 결국 해결할 기회가 또 온다.'

옳은 말씀이다. 초등 아이와 엄마가 나누는 소소한 행복감과 즐거움은 그때에만 누릴 수 있는 소중한 시간이다. 그리고 그 시간은 정말 빨리 지나갔다.

회의실과 병동으로, 응급실로, 외래로,
간호과장이 종종걸음으로 오르내렸던
계단.

3월과 7월 소위들이 병원전입교육을 마칠 때, 1년에 딱 2번 있는 간호부 워크숍

나는 그대가 아프다

모든 병원이 '환자제일주의'를 외치지만 불쾌한 기분으로 병원을 나서는 환자들이 여전히 많은 이유는 무엇일까? 의료의 패러다임이 환자 중심으로 무게추가 이동함에 따라, 군에서도 2000년부터 의료의 질 향상과 환자안전, 특히 근무 부서별 접점(MOT : Moment of Truth) 관리를 강조해 왔었다. 최근에는, 의료서비스의 '변화'를 넘어 '혁신'으로, 환자가 의료서비스와 관련해 경험하는 모든 부분을 관리하고자 하는데, 그게 바로 환자경험관리(PEM : Patient Experience Management)이다.

폴 슈피겔만(Paul Spiegelman)의 『환자는 두 번째다』에 의하면, 미국 베릴 연구소(Beryl Institute)에서 정의한 '환자경험'은 '한 조직의 문화에 의해 형성되는 것으로, 일련의 진료 과정을 통틀어 환자의 심리와 감정에 영향을 끼치는 모든 상호작용'이다. 예를 들어, 병원에 다녀온 사람이 자신의 친구나, 배우자 등 주변 사람들에게 이야기하는 내용 모두를 환자경험으로 보면 된다.

우리나라도 2017년 7월부터 건강보험심사평가원(심평원) 주관으로 '환자경험조사'를 실시했다. 의료진이 존중과 예의를 갖추고 환자의 이야기를 경청하는가? 의료진이 환자의 불편 사항을 해결하려는 노력을 보였는가? 투약/검사/처치 전에 관련 내용을 충분히 설명하고, 부작용을 설명했는가? 의료진이 질환에 대한 위로와 공감을 보였는가? 환자를 공평하게 대했는가? 등 서비스와 관련성이 있는 내용을 포함한 설문 조사이다. 조사 결과를 바탕으로 각 의료기관을 평가하고, 국가보조금 등을 차등 지원할 가능성으로, 각 의료기관이 환자경험관리에 촉각을 곤두세워야 하는 이유로 충분했다. 국가에서 환자경험관리 중요성을 인식했다는 것은 중요한 사실이다.

환자가 두 번째인 까닭은, 환자가 병원에서 겪는 '환자경험'이 첫 번째가 되고, 이러한 경험을 실행하는 직원이 중요하기 때문이다. 환자의 만족감과 충성도를 유지 할 수 있는 핵심 요소는, 바로 직원의 몰입도(employee engagement)다.

의료진의 작은 말 한마디, 행동하나, 이런 사소한 관심의 표현으로 환자들의 삶의 질이 향상될 수 있다는 다양한 사례들이 있다. 이러한 연구를 통해서 조직문화의 중요성이 강조되었다. 최근

많은 병원에서는, 직원 행복이 곧 긍정적인 환자경험의 지름길이라고 외치며 직원 행복을 이루기 위해 관심을 기울이고 있다.

 간호부장을 할 때, 근무자들의 만족도와 행복감에 대한 고민을 많이 했었다. 특히, 병동 선임간호장교들이 중요했다. 근무경력 5년 차 정도인 후배들이 병동을 책임지며 힘들어하는 경우가 많았다. 일에 대한 지식과 만족도가 높아져 주인의식과 긍정적인 에너지를 가질 수 있는 8~10년 차 근무자들은 환자간호 이외에도, '의료혁신 팀 활동' 등 추가되는 업무로 부담감이 컸다.

 '환자에게 다가서기' 운동을 하면서도, 선임간호장교들의 두 손에는 이미 진행되는 일이 그득했다. 미안하고 안타까웠다. 근무자가 마음의 여유와 에너지가 있을 때, 고객인 환자에게 따뜻한 경험을 제공할 수 있는 법인데, 선임간호장교에게 초능력을 발휘하라고 요구하는 제반 상황들로 인하여 늘 마음 아팠다.

 나는 환자에게 어떤 경험을 주는 근무자가 되고 싶나? 이 질문에 대한 답을 찾아가는 과정에서, 내가 만난 경험을 떠올려 보았다. 집중관찰실에 골반골절로 입원한 환자가 있었다. 다행히 수술이 필요할 만큼 심하게 다친 상태는 아니라, 침상안정(ABR : Absolute Bed Rest)을 여러 날 하며 치료했던 분이었다. 하루 종일 병실에 누워있는 환자를 위해, 라디오 주파수를 맞춰

주고, TV 채널도 함께 찾고, 식사 때는 때때로 마주 앉아 함께 밥을 먹는 의무병 오 상병을 보았다. 너무 기특하고 고마웠다.

"화장실 갈 때랑, 밥 먹을 때만 잠깐 앉아 있을 수 있는데, 혼자 밥 드시기 심심해 보여서, 저도 식판에 밥을 담아 와 그냥 함께 먹었습니다."

"오 상병의 마음 쓰는 법이 참 대견하고, 멋있구나."

칭찬을 해주었더니, 선임간호장교를 보며 배웠노라고 대답했다.

아침에 출근하면, 바로 응급환자 진료 현황을 파악한 뒤, 환자가 잘 잤는지, 세면은 했는지 살펴주고 따뜻한 차를 건네는 신 대위의 모습을 옆에서 보며 배운다고 했다. 그냥 가볍게 함께 밥을 먹을 줄 아는, 그런 마음이 환자들에게 따뜻한 경험을 선물한다. 후배인 신 대위도, 의무병 오 상병도 모두 존경스러웠다.

'사람들은 당신이 했던 말이나 행동은 잘 기억하지 못하겠지만, 당신에게서 받은 느낌은 결코 잊지 못할 것입니다. 환자의 경험이 의료혁신입니다.'는 문구를 보면, 강원도 사창리 215 MASH(이동외과병원)에서 함께 근무했던 신혜영이가 생각난다.

훈련장에서 바로 오느라 땀에 젖은 얼굴에 위장크림이 그대로인 환자가 많았다. 우선 상처 부위를 소독하고 응급실에서 이런저런 검사와 주사 처치로 바쁜 와중에도, 신 대위는 물수건으로 환자들 얼굴부터 닦아줬다.

'놀랐지? 엄청 심각한 거 아니니까 겁먹지 말고, 며칠 입원 치료하면 나을 거야.'하는 따뜻한 말이, 말을 안 해도 고스란히 전해졌다.

멀리 대구나 부산에서 오시는 보호자들께 우선 물 한 잔부터 건네던 그녀. 나는 가끔 뜬금없이 '문득' 혜영이에게 전화를 한다. 뭔가 딱히 고민거리가 없어도 이상하게 힘든 날에 '그냥' 그녀의 목소리를 들으면 마음이 편해진다.

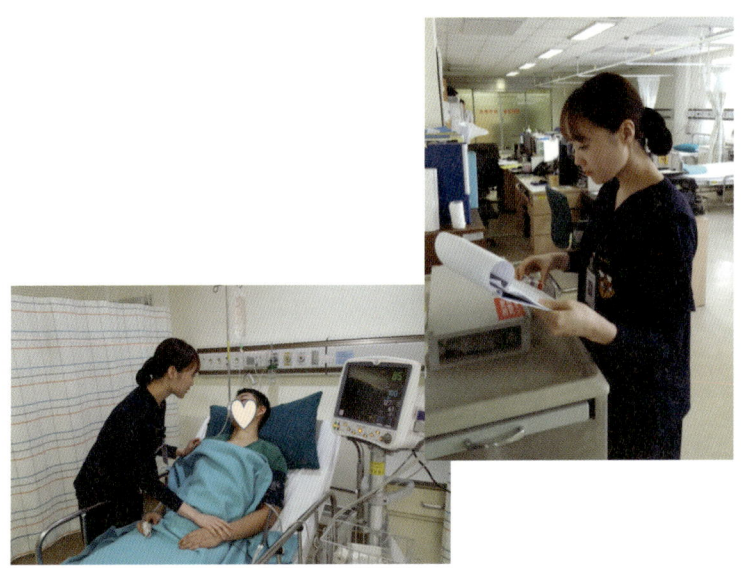

집중관찰실, 수술전후회복실, 중환자실, 격리실.
이 복합 공간의 주인은 신 대위였다.

눈 내린 어느 날, 215 MASH(2001년 강원도 화천)
아름다운 후배 또 다른 신 대위와 함께.

마마너스(mama nurse)

　　　　　어느 상황에서도 '사랑이 펼쳐지는 방향'으로, 그리고 '일이 되어가는 방법'으로!

　　나침반의 N극과 S극 같은 이 두 가지 지침은, 간호장교 생활과 내 삶의 멘토이신 심 대령님께 배웠다. 가까운 사람들 중에서 나이팅게일을 찾으라 한다면, 나는 가장 먼저 심 대령님을 꼽겠다. 내 삶의 마마너스(mama nurse)인 그녀와는 서부사하라 의료지원단 10진 간호반장으로 처음 함께 근무했었다. 네버랜드 인연법처럼 나이 차이는 8살밖에 안 났지만, 딸과 엄마 같은 사이가 되었다. 사막에서의 생활은 때로 마음이 모래바람처럼 서걱서걱해 질 때도 많았고, 더운 열기로 근무자들과 스트레스가 쌓일 때도 있었다. 한국군도 외국군도, KMU(한국의료지원단)의 간호반장을 어느 순간부터 마마너스(mama nurse)라고 불렀다. 애칭으로도 알 수 있듯이, 그녀들은 사하라 사막의 뜨거운 일상을 '엄마성 있는 존재'로 살아냈다. 두 번째 근무는 국군수도병원 교육장교와 수술간호장교로 만났고, 부서는 달랐지만, 1999년 등촌동에서 분당으로 부대 이전을 함께 했다. 세 번째는 mammy가 간호사관학교 생도대장으로, 나는 4학년 훈육관으로 근무했다.

정예간호장교 육성이라는 학교 목표에 따라, 교수진은 최대한 많은 것을 가르치려 애쓰고 훈육진은 있는 힘을 다해 기다리는 균형을 갖자고 하셨다.

"우리 서두르지 맙시다. 대어(大漁)를 낚는 낚시꾼일수록 기다림이 친숙하고, 먼 길을 떠나는 나그네일수록 서둘러 신발 끈을 매지 않는다고 합니다. 생도들에게 스스로 경험하고 시행착오를 거칠 기회를 충분히 보장합시다. 생도 생활 4년은 간호장교로서 한 가지 모습으로 완성되어 나가는 것만이 목표가 아닙니다. 그릇을 빚을 때 흙을 반죽하듯, 오래 공을 들여 스스로를 가다듬으며, 나는 어떤 그릇으로 쓰일지 정체성과 방향을 정하는 기간이기도 합니다. 앞으로 의료현장에서 부딪혀야 할 상황들과 사람들과의 관계 맺기에 따라, 우리 아이들의 모습은 더욱 다양해질 것입니다. 따뜻한 시각으로 상황을 해석하는 법을 배우고, 자신과 상대에 대해 통찰할 수 있는 삶의 기초체력을 키우는 시기가 바로 생도 시절입니다."

생도들의 자치활동이 특히 강조되었다. 그러나 군사훈련과 전공수업과 간호실습, 학년별 국토순례와 해외탐방, 각종 행사까지 바쁜 일정을 소화하는 학사일정은 변함이 없었다. 기다림보다는 '~까지'하는 시한을 정해놓고 해야 하는 일들이 많았다. 특히, 2011년은 생도대에 지원과가 처음 생긴 해라, 훈육장교들의 이중고충이 컸다. 발랄한 젊은이들은, 학교 심벌인 KAFNA(Korea Armed Forces Nursing Academy)를 패러디하여, '아프나(AFNA), 크~ 나도 아프다(K~AFNA)' 하는 유행어를 창조했다.

"맹자가 제자들에게 들려준 얘기인데, 송나라에 어리석은 농부가 있었대. 모내기를 한 이후 벼가 어느 정도 자랐는지 궁금해서 논에 가보니, 다른 사람의 벼보다 덜 자란 것 같았대. 궁리 끝에 벼의 순을 잡아 빼보니 약간 더 자란 것 같았다네. 이튿날 아들이 논에 가보니 벼는 이미 하얗게 말라 죽어버린 거야. 발묘조장(拔苗助長)이라는 말이란다."

마치 구연동화를 듣는 학동처럼, 훈육진들은 때때로 생도대장실에서 차를 마시며 놀았다. 무겁지 않고 담담하고 즐겁게 그녀는 늘 기다려주셨다.

훈육관을 마치고 다음 임지로 떠나는 내게 mammy는 손편지를 주셨다.

"혼란이 올 때 사랑의 중심에 서서 다시 좌표지점을 잡으세요. 다음 교차점이 언제일지는 모르지만, 삶이 어떤 현상으로 나타나든지 간에 우리 영혼의 목적은 자신을 재인식하는 것이라는 것을 기억하렴."

사랑이 펼쳐지는 방향으로, 그리고 일이 되어가는 방법으로. 나는 관계와 상황이 어려울 때면 'mammy라면 이럴 때 어떻게 하실까?'하고 궁리해본다.

따뜻한 봄 햇살 같았던 나의 많은 마마너스(mama nurse)들.
천방지축 중위 때 집밥이 먹고 싶으면 자주 갔었던 장 대위님 집, 고등어구이에 김치찌개를 해주던 광주의 장유경 선배는 그때 갓 서른이었다.
'엄마, 아침에 부장님 이모 만났어요. 민석아, 학교 가니, 재밌게 놀다 와라 하면서 손 흔들어줬어요.'하고 우리 아이들이 저녁에 신나서 얘기했던 분은 임정년 선배다. 그녀는 그때 고3과 중3 아들은 서울에 살고, 남편은 대전에 있는 3산 가족이었다.
엄마아빠가 아닌 다른 어른들이 보여주는 따뜻한 웃음과 온기 덕분에 힘든 전학을 잘 적응했던 아들은 지금도 가끔 일동 승진아파트 그 이모 얘기를 한다.
살아보니, 그 나이를 지나 보니, 내 앞에 걸었던 '엄마성 있는' 선배들께 감사하다.

"난 이럴 때면 마미가 이야기 한 감자꽃을 생각하지.
이번 감자꽃(상황) 아래 숨어 있는 감자(메시지)는 무엇일까?"

생도대장을 마치고 교수부장으로 영전하시던 날,
"mammy, 너무 멀리 가십니다!"

쌉쓰레한 아린 도라지꽃 같은

갈대인지 억새인지

보헤미안 랩소디

어머니께 청하오니

줄탁동시

양구, 가칠봉과 펀치 볼

그리움만 쌓이네

갈대인지 억새인지

훈육관이 되어 4학년들과 보내는 일 년은 참 바쁘면서도 행복했다. 아이들이 소화해 내는 학사일정을 따라 크고 작은 행사들과 군사훈련을 함께 하다 보면 사계절이 정신없이 빠르게 지나갔다. 5월에, 생도들의 축제계획을 종합하면서 훈육장교들은 벌써 여름 훈련 걱정이 컸었다. 정 대위와 김 소령이 모니터를 보며 소곤소곤한다.

"이번 여름 군사학기 훈련은 임관종합평가에 반영된다고 하니, 3사관학교에서 하는 종합전술훈련과 개인화기 사격 연습을 미리 집중해야겠습니다."

"요즘 아이들 너무 바빠요. 영어 해야지요, 체력측정 특급 해야지요, 컴퓨터 활용에, 수영도 해야 하고, 해양간호, 항공간호, 재난간호 실습까지요. 또 종합전술훈련이랑 국가고시도 준비해야 하고요. 저보고 다시 생도 생활 하라고 하면 정말 졸업하기 힘들어서 못할 것 같아요."

우리 때는 백합제를 10월에 했었는데, 5월에 축제를 하는 생도들을 보니, 과외활동 부서별로 전시작품 준비할 시간이 부족하고 바빠 보였다. 좋은 작품들 전시보다는 생도들이 즐기는 행사가 되었으면 하는 바람이었다.

"그래도 아이들이 체육대회 응원전을 중대마다 치열하게 몰래 준비하고 있습니다."

"혼합 중대하니까 정말 재미있어요. 같은 학년끼리 중대별로 비밀작전이라고 그래요. 다른 학년한테 물어보면 또 다 말해주는데, 우리 아이들 너무 귀엽죠?"

저녁을 먹고 다시 사무실로 출근해 야근을 하면서도, 정 대위와 김 소령은 매번 웃는 얼굴로 일했다. 스무 살 넘은 후배들이 '아이들'로 보여질 만큼 사랑하는 까닭이다. "오늘은 여기까지, 우리도 그만 퇴근합시다. 대강 철저히, 오늘 일은 내일로 미루고, 오늘 휴식은 꼭 오늘 쉬어 봅시다."

퇴근길에 불 켜진 강의실을 둘러보니, 연극부가 늦게까지 대사연습을 하고 있었다.

연극부 – Dialogue, 백합문학 – 사림(思林). 내게도 있었던 그 시간들이 생각났다.

4학년 10월에 했던 축제는, 백합제인데 백합이 없었다. 낙엽제로 이름을 좀 바꿔야 하는 거 아닌가 하는 의견도 있었다. 그래도 사진부와 서예부, 꽃꽂이부의 전시회 작품은 알찼고, 태권도부 시범과 민예부 사물놀이 공연도 호응이 좋았다. 연극부 회장인 청주 이미영의 연기는 대학로 소극장에 올려도 손색이 없어 보였으며, 방송부는 식당 한쪽에 모니터를 모아 고급스럽게 방송제를 했다. 생도대 소연병장에는 가요제 무대가 설치되었다. 정해진 공연장이 따로 없었지만, 곳곳마다 우리들의 손길이 닿으면 축제 장소로 변신했었다. 백합문학 사림(思林)은 시화전을 겸한 일일 카페를 체육관에 차렸다. 학교 앞 찻집에서 아이스크림 장식과 커피 만드는 법을 배우고, 테이블 세팅까지 우리 손으로 했다. 시화전 액자를 벽마다 걸었어도 넓은 체육관이 썰렁해 보여, 여수 이미영과 둘이 시내버스를 타고 영남대 농대 호숫가로 갈대를 꺾으러 갔었다. 미영이가 이렇게 말했다.

"우리 나중에, 백합제하면 갈대를 떠올리겠다 그치?"

"바람이랑 햇살도 생각나겠다. 좋다 좋아. 근데, 이거 갈대냐? 억새냐?"

"응? 잘 모르겠다. 물가에 있으니, 갈대인가? 반쯤 숙였으니 억새 같기도 하고"

해마다 가을이면, 시를 쓰던 사림(思林) 멤버들이 가끔 생각났다. 바람에 흔들리는 은빛 풀들이 갈대인지 억새인지 구분을 못 해도, 시인(詩人)의 그 마음을 잃지 않고, 시인의 눈으로 세상을 보는 것, 그것은 곧 '나다움'을 지키며 살아가는 노력이었다.

오와 열을 맞추며, 같은 유니폼을 입고, 같은 시간 장소에서 우리는 서로 닮아가고 있었지만, 또한 매일 매 순간 서로 다르고자 소망하고 노력했으리라.

　나는 차츰 역할적인 삶에 익숙하고 충실했으며, 시(詩) 쓰기를 접었으나 시는 나를 떠나지 못하고 내 곁에 맴돌았다. 어쩌면 깊이 묻어두고 사는 '나'를 잊지 않으려는 하나의 작은 신호처럼, 때때로 그저 시집을 꺼내 읽었다. 훈육관의 직책으로 학교에 근무하게 되었을 때, 오랜만에 만나는 후배가 이렇게 물어왔다.
　"선배는 요즘도 시 쓰세요?"
　순간, 나의 마음 한 곳이 콕콕 찔린 듯 아렸다.
　"글쎄, 사는 게 날마다 시(詩)가 아닐까 싶어. 서사시 정도라고 해둘까…… 저 친구들 좀 봐, 어쩌면 시간이 흘렀어도, 우리 젊던 그때랑 참 많이 닮지 않았니?"
　백합강당에서 20년 만에 다시 만나는 생도축제, 애틋하고 아름다운 52기 후배들의 사하라 밴드 공연은 뜨거운 열정이었다.

백합문학(思林) 일일 카페.

강의실에서,
기쁜 우리 젊은 날
(오른쪽).

1991년 가요제,
사라하(밴드) 공연(위쪽)

1990년, 동기들과
국토순례(제주)(왼쪽)

2011년, 52기 후배들과
해외문화 탐방(중국)
(위쪽, 오른쪽)

풀

이영수

왜였을까
돌섬 벼랑 끝
시든 들풀 하나
웃고 있었다.

구멍 난 가슴으로 바람을 일우고
허기진 광기로 별을 삼켜도
태양은 날마다 야위어가고
담은 늘 키를 넘고 있었다.

지친 나래 말아 쥐고
먼 기억으로 도망쳐 왔는데
돌섬 벼랑 끝
시든 들풀 하나
희미하게 웃고 있었다
왜였을까

마음

이미영

오노라
비 오는 새벽
창호지 얼룩 따라 배어드는
어머니의 긴 한숨이 그리워
숨 가쁘게 뛰어오노라.

오노라
뜨거운 대낮
그늘 찾아 나서다가
담장 아래 숨겨 놓은
내 친구 못 찾던 그 풀 주우러
숨 가쁘게 뛰어오노라.

오노라
석양이 물들면
꼴 먹이러 간 우리 오래비
누렁이 등 두들기며 돌아오고
가재 잡아 고무신에 담고 달리던 길 걸으러

숨 가쁘게 뛰어오노라.

가노라
살아 있던 모든 것
나 보고 싶어 그 자리에 그대로 있을 텐데
나 죽지 않고 있음 노래 부르며
오늘은 진정 숨 가쁘게 뛰어가노라.

성모성월(聖母聖月)

양은숙

수단(繡緞) 가득 드리운
당신의 그림자

선혈 같은 장미 잎으로
가시관 만들어
당신께 드리는
두 손이
떨며 울었더이다

어머니,
가슴 가득 메어오는
그
한마디 말만으로도
그렁그렁
흐려진 시야
눈물 고여 오더이다

아린 가슴

미열로 들떠 아파올 때
소리 없이 내려지던
까끌한
마음손이더이다

구도의
회색이었더이다

보헤미안 랩소디

　　　　　50대 아줌마의 감성으로 Queen의 노래를 만나는 것은, 아련함이다. 아들과 한번 보고, 남편과 다시 보는 영화 '보헤미안 랩소디'는 감동이었다. 시간을 건너뛰어, 그 시절의 공간과 사람과 사연을 떠올리며, 노래의 울림에 빠졌다.
　"We will We will rock you ~"
　1학년 때인가, 체육대회 때 대연병장을 가득 채웠던 이 노래에 맞춰, 우리는 손뼉을 치고, 발을 구르며 천천히, 그러나 웅장하게 입장했었다.
　'아, 생각난다. 이 노래 체육대회 줄다리기 전에 엄청나게 크게 틀었었는데.'
　영화관에서 가까운 마트에서 시장을 보는데, '쿵쿵 딱' 하며 걸을 수도 없고, 노래는 계속 흥얼거려졌다.

　가을무를 굵게 채쳐서 들기름과 죽염 넣고 찌듯이 볶고, 굴전을 만들어 저녁밥을 먹고, 설거지를 한 뒤에도 영화의 여운이 남아, 졸업앨범을 꺼내어 보다가 동기들 카톡 방에 사진을 몇 장 올렸다.

"모두의 심장을 훔친 전설의 귀환, 보헤미안 랩소디를 보고 왔다네. 옛날에 우리들 체육대회와 백합제 사하라 밴드공연 사진을 앨범에서 핸펀으로 찍어 올려본다."

"와~ 다들 그립다. 나도 그 노래 나올 때마다, 우리 대연병장에서 응원하던 생각난다. ㅎㅎ. 선곡은 안숙인가? 내 기억 속엔 은아였던 것 같다."

"와, 옛날 사진은 감동이다. 그 시절 친구들 다들 어디에 뭘 하고 있으려나, 그립다."

"나름 열심히 살고 있다. 영희야 안녕?"

"사진 속에서 숨은그림찾기 하듯 동기들 얼굴 찾는 것도 재미있네."

"소위들 모여 찍은 사진을 울 아들에게 보여줬는데, 자기 엄마 못 찾더라. ㅋㅋ"

"나는 안숙이의 선곡인 줄 알았었는데, 은아였구나. 재밌다. 내후년 30주년 기념에 적어도 1박 2일로 모여, 수다로 기억을 맞춰볼 게 많을 것 같다."

"아름답고 젊은 시절이네. 사하라 밴드 경림이 노래하는 건 지금 봐도 멋지다"

"지난주에 나도 봤는데, Love of my life가 새삼 나를 울리더라."

"근데, 실습복 사진 진짜 귀여웠구나, 우리."

"오늘 추억 사진 대방출이야? 옛날이 새록새록 하구먼. 아프지 말고 건강들 해라."

노안 오는 50살의 겨울에, 다시 보는 스무 살은 새로웠다. 역시 퀸은 어마무시하게 Heart를 쿠쿵 울리는 전설이다.

반응이 뜨겁던 카톡 방도 잠잠해진 늦은 밤 시간에, 멀리 미국에 있는 동기가 톡을 올렸다.

"그래도 역시, 뭐니 뭐니 해도 군사학기 때가 제일 재미있었지."

"그중에 제일 생각나는 건 유격 아닌가? 영천…… 화산은 8월에도 추웠었잖아"

"유격은 PT지. 첫날 오전에 앞으로 뒤로 취침 그러면서, 흙먼지 잔뜩 뒤집어쓰고, 점심 먹고 오후에, 우리 전부 새 군복으로 갈아입고 나갔다가 엄청나게 혼났잖아."

"군사 학기에는 수양록도 매일 썼었네."

"ㅎ, 다른 사람들이 들으면, 성직자인 줄 알겠다. '수양록' 까정 생각해 내다니.

게시판에 그날 주제 나오면 일기처럼 매일 쓰고 검사도 했잖아."

"아즈메들, 잠옷으로 갈아입고 고만 주무십시다. 맘대로 취침, 굳나잇들 해서."

'책 박스 속, 어디엔가 수양록이 있을 건데…….'

판도라의 상자도 아니건만, 열어볼까 그만둘까 고민하다가, 못 다 푼 이삿짐에서, 기어이 나는 그 노트를 찾아냈다.

친정오빠 덕분에, 오래된 글을 읽으며 웃어본다. 둘째를 낳고 화천 215 MASH에 근무할 때, 둘째오빠가 전화를 했다.

"광천골로 이사 들어간다. 지하 창고에 있던 짐 정리하는데, 책 박스가 몇 개 있던데 자네 것 같으이."

"아직 책이 남아 있었나? 전공 책은 필요한 건 갖고 다녔고, 별로 쓸 만한 게 없을 텐데. 읽을 만 한 건 도서관에 기부하고, 젖거나 상한 건 정리해주세요."

전화로 말해 놓고 또 잊어버렸는데, 가을에 김장 택배에 노트 몇 권이 같이 담겨 왔다. 습기 때문에 몇 장씩 뭉치고 붙어버린 일기장과 틈틈이 끄적끄적 썼던 노트는 글씨가 번져서 읽을 수가 없었다. 그 속에 김칫국물이 묻은 수양록이 있었다.

인생 지기 30년 친구들과 함께, 그리고 다시 혼자 하는 타임머신 여행이다.

…여름과 가을, 군사학기 중에 '비상 훈련'은 필수로 포함되었다. 보통 첫 금요일이 유력한 날짜였지만, 가끔은 월요일 새벽일 때도 있었다. 독도법을 익히느라, 온종일 영천 일대 산과 들을 소풍처럼 돌아다닌 저녁에는 온몸이 노곤해졌다.

'에라, 비상 걸리면 하면 되지 뭐'하고 깊은 잠을 푹 자기도 했다. 어느 날에 비상벨이 울릴지 가능성 높은 날짜를 동기들끼리 삼삼오오 수다 떨며 점쳐 보던 일이, 이제는 기억이 가물가물한 추억이 되었다.

밤 12시 즈음, 복도 비상벨이 '삐 삐 삐' 세 번 길게 울리면, 모든 불이 꺼졌다. 어둠 속에서, 날렵한 움직임으로 전투복을 갈아입고, 군장을 챙겨 어깨에 메고 연병장으로 집합했다. 각 호실별로 인원을 확인하면 중대장 생도가 보고 준비를 했다.

"누구네 호실이 아직 안나왔노?"

"***화장실에 있다."

"계단에서 발 삐었던데 괜찮아?"

오와 열을 맞추며 소곤대다 보면, 훈육장교님이 와서 상황 메시지를 전달했다.

군사 학기 외에, 일반 학기에도 분기별로 한 번씩 불시에 비상훈련이 있었다. 어느 계절이었던가? 비상훈련 마무리는 보통 단체 구보였는데, 그날은 군장을 내려놓고 운동화를 갈아 신고 행군을 했다. 대구병원과 의무학교를 빙 둘러싼 A, B, C 코스를 산책하듯 걷던 그 밤에, 달이 참 밝았었다. 자박자박 동기들과 걷던 그 밤길…….

밤공기가 몸에 스며들 듯, 생도 시절은 그렇게 '군'에 스며드는 시간이었다.

군사훈련

수양록

유·격, 유격!, 유. 격. 대

이 엄청난 귀여움들의 근원은 생도 실습복? 응8 덕선이 헤어스타일?

수양록
(1990. 2. 23. 금, 군사 학기 中)

주제 : 군사 학기를 통하여 얻은 것이 있다면

꽃상여(Ⅲ)

아무리 신의 전지전능하신
품으로 돌아간다 해도
헤어짐은 슬픈 것인가.

아들아,
대학생이 되어서도
어미 손잡고 치과에 가야
덜 아파하던 네가
어찌 이리
차디찬 시멘트 바닥에 누워 있느냐.

비 온 뒤 봄날은
싱그런 매운 공기로 충만한데
유리문 속의 네 의식은 얼어만 가는구나.

우리를 싣고 온 버스가
우리를 데려가듯
언젠가 떠날 길이지만,
60년 어미 가슴 고랑에 자식을 묻다니.
창문을 부여잡은
통곡이 들리거든 대답하여라.

새벽에 숙소 창문 너머로 영현실 울음소리를 가끔 들었습니다. 짐을 쌌다가 다시 풀었지요. 앞으로, 나의 업(業)에서 종종 마주 칠 텐데 어떻게 할 것인가? 고민입니다.
…군사 학기에는 몸이 바쁘니, 곤하게 깊은 잠을 잤습니다.

수양록

(1991. 8. 29. 목, 군사 학기 中)

주제 : 무제(유격장에서)

47번 올빼미
태양이 딛고 간 더운 호흡
그 자리,
까칠한 침투복 사이로
스며드는 풀벌레 울음으로
비처럼 적셔 드는
안개가 가리키는 곳.
보름달이 웃고 있다
울고 있다.

수양록

(1992. 2. 11. 화, 군사 학기 中)

주제 : 졸업을 앞두고, 후배들에게(시로 대신합니다.)

너에게

신동엽

나 돌아가는 날 너는 와서 살아라
두고 가지 못할 차마 소중한 사람.
나 돌아가는 날 너는 와서 살아라
묵은 순 터 새 순 돋듯
허구 많은 자연 중 너는 이 근처와 살아라

육군에서 기다릴게. 〈장교의 책무〉 열심히 외우고 오세요. 후배님들~ 장교는 군대의 기간이다. 그러므로 장교는 그 책임의 중대성을 자각하여 직무수행에 필요한 전문지식과 기술을 습득하고 건전한 인격의 도야와 심신의 수련에 힘쓸 것이며 처사를 공명정대히 하고 법규를 준수하며 솔선수범함으로써 부하로부터 존경과 신뢰를 받아 역경에 처하여도 올바른 판단과 조치를 할 수 있는 통찰력과 권위를 갖추어야 한다.

(쉼표는 일부러 안 넣습니다. 쉬다가 잊어버릴까 봐요.ㅎㅎ)

어머니께 청하오니

　　　　　등꽃 향기가 좋은 5월이었다. 라일락과 장미보다 조금 일찍 피는 등나무꽃.
　연보라색과 흰색이 섞인 조그마한 꽃망울이 포도송이처럼 올망졸망 매달려 있었다. 수도병원에서 후문을 따라 걸어오면, 생도 숙소와 성당으로 나누어지는 얕은 오르막 삼거리에 달달한 꽃향기가 가득했다. 봄 햇살도 바람도 찬란하게 맑은 날이었다. 수요일은 수업을 마치고 저녁 외출이 되는 날이라, 가까운 목동에서 밥도 먹고, 필요한 물건도 사고, 저녁 미사를 갔었다. 성당 쪽으로 휠체어를 거꾸로 밀고 올라가느라 힘들어 보이는 아주머니를 만났다.
　"안녕하세요? 신경외과 최 상병 어머니시네요. 같이 밀어드릴까요?"
　"외출 갔다 오는 길인가 보네요. 학생, 고마워요."
　"어머니, 저녁은 드셨어요?"

"병동에서 애랑 같이 먹고, 바람 쐬자고 졸라서 나왔어요."

얕은 언덕길이지만, 건장한 청년을 태운 휠체어 무게는 같이 밀어도 힘들었다. 평일 저녁 미사에는 병동 환우들이 많았는데, 최 상병과 어머니는 늘 커플처럼 휠체어를 탄 아들과 함께 참석했다.

중환자실 실습 때, 환자 병력을 보았었다. 전방 부대에서, 3월 초에 눈이 녹으면서 낙석이 굴러 내무반을 덮쳤고, 건물 벽이 무너져, 야간 보초를 서고 잠자던 최 상병이 머리를 심하게 다쳤다고 했다. 헬기로 응급후송을 와서 수술을 받고, 뇌압 조절을 위한 혼수치료(coma-therapy)까지 받으며, 중환자실에 오래 있다가 깨어났다. 해남 땅끝 마을이 고향인데, 누나 셋에 막내아들이었다. 하루에 몇 번 안 되는 짧은 중환자실 면회 시간을 온 가족이 교대로 빠짐없이 지켰다. 튜브(Tube Feeding)로 천천히 공급해주는 미음을, 새벽에 따로 만들어 와 먹여 달라고도 하셨다. 욕창이 안 생기도록 근무자들도 시간마다 등을 마사지해 주고, 체중 눌리는 곳을 열심히 두드려 주었다. 차츰 의식이 돌아오고 죽을 먹을 수 있을 만큼 회복되었을 때, 병동으로 가던 날, 최 상병 아버님이 시루떡을 해가지고 오셨었다.

"우리 애가 콧줄 빼고, 죽을 삼킵니다. 다 선생님들 덕분이에요. 고맙습니다."

"이제 살아났습니다. 이렇게 앉아 있는 아들 얼굴 본 지가 얼마 만인지 모르겠어요."

신경외과 병동에서도 최 상병 옆에는 늘 가족 중 누군가가 함께 있었다. 누나가 잘게 썬 오렌지를 입에 넣어주거나, 어머니가 발을 주물러 주거나, 아버지가 휠체어 타고 아들과 산책하는 모습을 종종 보았다.

정신간호 시간에 배웠던 퀴블러로스(Elizabeth Kubler-Ross) 이론에 따르면, 사람들은 '시한부 인생' 통보를 받거나, 큰 사고를 겪게 되었을 때, 보통 다섯 단계의 심경 변화를 겪는다고 했다. 첫 단계는, 진단이 잘못됐을 거라는 '부정'으로, 스스로 정신적 충격을 최소화하기 위한 대처전략이기도 하다. 이어 왜 하필 나인가 하는 '분노'가 찾아온다. 가족이나 의사, 신 등에 투사된 원망과 화를 볼 수 있고, 건강하게 생활하는 사람들에 대한 부러움, 질투 등의 감정이 생긴다. 세 번째는 타협의 단계다. 이 단계에서는 자신의 사건을 인정하고 받아들이지만, 자신이 해결하지 못한 일을 이룰 수 있도록 신이나 의사, 혹은 절대적인 힘을 가지고 있다고 믿는 존재와 협상을 시도한다. 시간이 더 흐르면 자포자기 상태인 '절망과 우울'에 빠졌다가, 끝으로 상황을 받아들이는 '수용'의 상태에 이르게 된다고 한다.

수용은 포기와는 다른 '감정의 공백기'인 편안한 상태로, 삶을 되돌아보며 의미를 찾을 수 있었던 사람은 이 단계에 더 쉽게 들어선다고 했다. 예상치 못한 사고로 팔, 다리처럼 중요 신체

부위를 잃는 사람들도 동일한 반응을 보인다고 했다.

'부정-분노-협상-우울-수용'의 단계를 순차적으로, 혹은 뒤섞여 겪더라도, 최종적 수용의 단계에 이르는 성숙함이, 우리 삶의 아름다움이었다. 담담하면서도 단단한 그 가족의 사랑의 힘은 근무자들에게도 감동을 주었었다.

"하느님께 내어 맡길 일이지요. 해결 못 할 근심을 기도하고 맡기면 홀가분해요. 오늘 이렇게 내 옆에서 숨 쉬고, 밥 먹고, 저렇게 웃고 있는데, 뭘 더 바라겠어요?"

침상에서 일어나 휠체어를 타고 앉을 만큼 회복되었을 때, 가족들은 최 상병과 함께 성당까지 바깥 산책을 자주 나왔었다. 차츰 한 발짝씩 걷는 재활도 다른 환자들이 자극을 받을 정도로 열심히 했었다.

플라타너스 가로수 잎이 바람에 뒹굴 즈음, 얇은 환자복에 찬 바람 들까봐 두꺼운 패딩 외투와 모직 목도리까지 두른 최 상병은, 어머니와 손을 잡고 성당 언덕을 걸어 올라와 미사에 참석했었다. 얼핏 보아도 건장한 청년과 함께 있는 중년 어머니였다. 아이는 많이 건강해졌으나, 어머니 표정에 근심이 서린 것이 봄에 봤을 때와 다른 차이였다. 때때로 빈 성당에 미사가 없는 날, 혼자 십자가의 길을 바치며 기도하는 아주머니의 뒷모습이 눈에 띄기도 했다.

"어머니께 청하오니 내 맘속에 주의 상처 깊이 새겨 주소서."

기도를 마칠 때까지 조용히 기다렸다가, 차를 한잔 만들어 드렸는데, 눈가에 울음의 흔적이 그대로 남아 있었다.

"우리 아들은 이제 퇴원을 준비하는데, 많이 건강해졌지만, 뇌수술의 후유증은 평생 안고 살아야 한대요. 초등학생처럼 저렇게 금방 웃다가 벌컥 화내다가 그래요. 영민했던 내 아들이 다 큰 바보가 되어 버렸는데, 앞으로 어쩌면 좋을지 모르겠어요."

나는 아무 말 못 해 드리고, 그저 등을 가만히 쓸어 드렸었다. 같이 눈물이 났다.

그녀의 고통은, 부정-분노-협상-우울-수용의 단계로 설명이 안 되었다. 등촌동의 수도병원 후문 근처에는, 중환자실 입원환자 가족들이 따로 방을 얻어, 아들 면회도 하고, 그렇게 새벽에 미음을 만들어 오셨던 어머니들이 많았다. 병원 안에 있던 법당에서, 교회에서, 성당에서 그녀들은 눈물 쏟으며 근심을 내어 맡기셨을 것이다.

'누구나 삶 속에서 고난을 경험한다. 쓰라린 경험을 하면 할수록 우리는 거기에서 더 배우고 성장한다.'고 하지만, 예기치 못한 자식의 아픔은 어미에게 너무 슬펐다.

라일락이 지고 장미가 피기 시작하는 그 중간 시기에 피는, 등꽃의 계절은 마음이 아프다. 삶의 봄에서 느닷없이 겨울을 맞이했던 최 상병 가족이 떠오른다.

줄탁동시(啐啄同時)

　　2002년 2월 28일에 입교한 후배들은 국군간호사관학교 생도 34기였다. 한 달 남짓 34기였던 그들은, 36기로 바뀌었다. 존폐위기로 약 2년간의 생도를 선발하지 못했던 암흑의 시기 또한 역사이기에, 학교 개교 이래 좋았던 일, 힘들었던 일들도 모두 포함하기로 하여, 34와 35기는 입학생 0명으로 기록되었다.

　1945년 국군이 창설되고, 3년 후인 1948년에 최초 군병원이 설립되었다. 간호 전문 인력의 필요성이 대두되어, 1948년 간호장교 소위가 처음으로 임관했다. 1950년에 발발한 6·25 전쟁 기간은 간호장교들의 업무는 상상할 수 없을 만큼 많았고, 간호인력 증대가 요구되었다. 1951년, 육군군의학교에 간호사관생도 교육과정(2년)을 신설하게 된 것이 우리 학교의 효시가 되었다. 1960년부터 7년간 생도선발이 중단되었다가 1967년 8월 대구 만촌동에 육군간호학교(3년)가 설립되어 생도를 선발했다. 1980년부터는 4년제 간호대학 과정으로 변경되어 졸업생을 배출했고, 1996년 자운대로 이전했다. 36기가 2학년이 되던 2003년에, 1951년부터 1960년까지 10년 역사를 통합하여 기수를 조정했다. 36기는 다시 46기가 되었다.

졸업기수 통합기념 행사를 하던 날, 나는 장교정복을 입고 안내를 했다. 할머니가 된 선배님들이 내 옷깃을 어루만지며 감격해하시는 모습이 뭉클했다. 나의 졸업과 임관 사진에는 간호사관학교 22기로 표기 되었으나, 모든 인사기록과 학적은 32기 졸업생이 되었다.

2011년 1월, 내가 훈육관으로 전입 갔을 때, 국군간호사관학교는 개교 60주년을 앞두고 있었다. 금남(禁男)의 지대에 2011년 처음으로 남생도 선발을 시작으로, 앞으로 변해야 할 것도 준비할 것도 너무나 많은 시기였다. 그녀들의 이야기가 이제 우리들의 이야기로 성장하는 변화의 시간이 시작됐다.

찬란한 이별
_줄탁동시(啐啄同時)

2011. 5. 생도대 훈육관 양은숙

국군간호사관학교는 내년부터 남자도 입학할 수 있게 되었다. 2004년 국군간호사관학교 설치법 개정 시 '간호사관학교에 입학하게 되는 남자 생도 모집 시기는 대통령령으로 정한다'는 근거조항이 마련되었으나, 그동안 생도과정이 아닌 소수의 단기장교만을 선발해 왔다. 그러나 양성과정의 다양화를 통한 남자간호장교 인력 확보의 필요성에 따라, 지난 4월 22일 '국군간호사관학교 남자 사관생도 모집은 2011년부터 실시한다'는 조항을 담은 시행령 일부 개정안이 입법예고 됨에 따라 법제처 심사와 국무회의 등을 거쳐 6월 공포할 예정이다. 현재 군병원 임상과 야전에서 남자간호장교와 여자간호장교의 구분 없이, 함께 간호 현장에서 시너지효과를 내며 '간호장교'로 자연스럽듯이, 2012년부터는 학교 교정에서, 실습병원에서, 남·여 '정예간호장교의 후예'들의 더욱 활기찬 모습이 기대된다. '금남(禁男)의 지대, 국간사'에 이별을 고할 때가 온 것이다. 개교 60주년에 맞이하는 변화다.

생도 생활은 절제된 생활 속에서 자율과 창의성을 키워가는 과정이다. 외부규제 이전에 스스로의 목표를 설정하고 행동을 가다듬으며 군인으로서의 소명의식과 명예심을 생활 속에서 실천해 가야 한다. 4년의 이 기간은 자기 존재를 성찰하고 많은 인내와 시련으로 다져지는, 결코 녹록지 않은 시간이다. 일반 대학생들에 비해 생도들은, 아침 점호부터 시작하여 전공과목 학업, 체력단련과 군사훈련, 과외활동과 각종 행사, 저녁 취침 시간까지 그야말로 하루 24시간이 부족할 만큼 바쁜 일정의 연속이다. 수십 년이 지났어도 그 큰 패턴은 변함없이 흐르는 강물과도 같은 모습이다.

줄탁동시(啐啄同時)! 병아리가 알에서 나올 때, 안에서 쪼는 소리에 어미닭이 화답하며 밖에서 함께 쪼는 노력처럼, 간호생도들의 배움도 그러하다. 또한, 치료란 환자가 나으려는 의지를 갖고 의료진이 도와주는 합심의 과정이라는 의미이기도 하다. 어미닭이 품은 알이 20일쯤 되면, 심장이 생기고 혈관이 돌고 깃털이 자란 병아리가 '삐악삐악' 소리와 함께 밖으로 나오려는 신호를 하고, 여린 부리로 쪼아대면, 이때 잔뜩 귀를 기울이고 그 소리를 기다려온 어미닭이 쪼아 준다는 뜻이다.

에디슨 같은 발명가는 못되었어도, 병아리 생각하며 닭의 알 한 개쯤 뱃속에 품어본 기억이 한 번씩은 있을 것이다. 그 병아리처럼 껍질을 깨고 세상으로 나오고자 안간힘을 쓰는 열망의 시간 또한 겪었을 것이다. 온 힘과 정성으로 기다려주고 귀 기울여 각자 가장 필요한 타이밍에 함께 쪼아주는 어미닭 같은 관계도 있을 것이며, 때로 너무 이른 시간에 혹은 너무 늦도록 마음과 노력이 엇갈려 제자리를 못 찾아 세상 빛을 보지 못한 병아리처럼 안타까운 아픔도 한둘 지니고 살기도 한다.

줄탁(啐啄)은 어느 한쪽의 힘이 아니라, 동시(同時)에 일어나야만 세상 밖으로 나올 수 있고, 세상은 자신의 삶과 타인의 관계 속에서 형성되는 것이 우리의 모습이기 때문이다. 줄(啐)과 탁(啄)의 조율은 세상을 살아가는 데 꼭 필요한 참 매력적인 이치이나 전제조건이 있다.

첫째는 '변화를 향한 도전'이다. 머무르지 않고 골육(骨肉)을 갖춘 병아리가 되고자 하는 의지의 표명으로 안에서 쪼는 능동적인 행위가 스스로 있어야 한다는 것이다. 생도들이 젊은 열정과 에너지를 알 속에 잠재우지 않고 부단한 인내와 노력으로 간호장교가 되어 임관해 떠나는 모습이나, 군진간호가 군병원 환자에 머무르지 않고 야전 즉응력을 강화하고 변화하는 과정으로 능동적으로 골육(骨肉)을 갖추어가는 멋진 모습이다.

둘째는 '참다운 경청'이다. 어미닭은 부화할 때 아기 병아리의 신호가 있는 지점을 쪼아준다. 대상자의 소리에 귀 기울이는 안목과 지도력이 절대적으로 필요하다. 생도 생활을 통해 자율과 창의의 강물을 이루려면 수많은 지류가 흘러들 수 있도록 물꼬를 터주어야 하듯이, 금남(禁男)의 지대에 이별을 고하고 '남·여 정예간호장교 후예를 맞이하여 국군간호사관학교는 어떤 신호를 보내고, 무슨 지원이 필요한가?' 하고 귀 기울이는, 각계각층의 애정 어린 경청을 기대해본다.

셋째는 '타이밍'이다. 알을 품고 꼼짝 않던 어미닭의 눈빛을 보면 부화 일이 임박했다는 것을 알 수 있다. 결정적 순간(MOT : Monent of Truth)은 하염없는 기다림이 아닌 온 마음을 다하여 상대방의 열망을 공감할 때 진실의 순간이 되는 것이다. 학교 역사가 '60'이라는 한 주기가 끝나고 새로운 주기가 시작되는 시기이다. 남(男)과 여(女)의 구분보다는 적성과 전망으로 직업을 선택하는 사회적 변화는 더 이상 미룰 수 없는 흐름인 것이다.

마지막으로, '지속적인 성장과 변화'이다. 알에서 깨어난 아기 병아리는 축축한 깃털을 어미닭의 품에서 보송보송 말리며 일주일가량 더 지나야 한다. 낱알과 함께 잘게 썬 상춧잎 같은 풀을 먹으며, 어미닭 날개 속에 들락날락 숨어가며 열흘 정도 더 자라야 예쁜 노란병아리가 된다. 그러다가 제법 날개 깃털이 나오고, 꼬리 깃털까지 있는 못생긴 중닭의 과정을 거쳐, 어느 날 문득 꼬꼬댁 알을 낳는 어미닭이 된다.

인재를 키우는 것은 그들이 스스로 성장하는 시간 동안 통찰력 있는 감성으로 기다려야 하는 법이다. 꽃이 진 자리에 연둣빛 잎새들이 한나절 햇살에 새록새록 짙어지는 녹음(綠陰)이 푸르른 계절이다. 푸른 청년 사관들이 열정을 품고 꿈을 꾸며 새로이 도약하기 위해 이 찬란한 이별을 준비하는 그들에게 힘찬 응원이 필요하다.

교훈(진리의 탐구, 사랑의 실천, 조국의 등불)과 상징탑
※ 1992년 교훈(정숙, 근면, 봉사)

한나예 : 한국의 나이팅게일의 후예라는 뜻의 국군간호사관학교 케릭터 이름

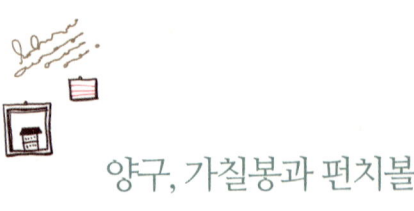

양구, 가칠봉과 펀치볼

　　　　　　양구를 떠올리면, 늦가을 아침 안개 짙은 호숫가를 걷는 듯 마음이 아련하다. 그곳의 사계절은 다른 어느 곳보다 선명하게 내 삶의 기억에 새겨져 있다.

　봄. 서울 여의도 윤중로에는 벚꽃이 한창일 4월에도, 양구에서는 가끔 눈이 내려 내복을 입었다. 심지어 응급실 복도 한쪽에는 연탄난로도 피웠다. 매캐한 응급실 공기에 머리가 아팠지만, 그때는 내무반에 페치카도 있던 시절이었다. 병원 안에 있는 NOQ(간호장교 숙소) 마당가에 상추도 심고, 테니스장 울타리 근처에서 달래를 캐다 보면, 짧았지만 금세 '봄이구나.' 했다. 아침마다 창을 열면 한 움큼씩 쑥쑥 앞산이 다가오는 기분 좋은 봄이었다. 전방 GP 순회진료도 소풍처럼 즐겁게 다녔다.
　금강산 1만 2천 봉우리가 완성되려면 가칠봉을 꼭 포함해야 한다는 해발 1,242미터 고지에 수영장도 있었다. 눈이 녹은 물을 모아 여름에 수영장을 개장한다는 전설 같은 얘기는 사실인지 확인을 못 했지만, 펀치볼 해안면의 대암샘터는 만병을 고치는 효험으로 유명했다. 방산면 쪽으로 순회진료 다녀올 때는 수타 자장면이 맛있는 작은 중국집에서 저녁을 먹었다. 군의관과 의무병, 운전병과 나까지 4명이 앉으면, 가게가 꽉 찼다. 접시 가득 담아주는 탕수육 특대에 짬뽕과 자장면에 공깃밥까지 국물에 비벼 깨끗이 싹싹 먹고 나면, 덜컹대는 앰뷸런스로 꼬불꼬불한 산길 아래 절벽을 지나갈 때에도 졸음이 쏟아졌다. 동면 팔랑리 가칠봉 순회진료를 다녀오는 길에는 광치령 막국수도 예술이었다.

여름. 개골개골 개구리 울음소리 그득한 초여름부터, 빨간 샐비어꽃이 쨍쨍한 한여름까지 부대마다 훈련을 많이 했다. 저녁이면 길마다 유격행군을 하느라 땀을 쏟았다. 바람 따라 논두렁길 옆에 잠시 쉬는 청년들의 등과 군장에 하얗게 소금꽃이 피었다. 짭조름하게 내 마음도 같이 아팠다. 비 온 뒤, 습기 많은 밤 시간은 특히 걷기에 참 힘든 날씨였다.

7월 초 어느 날, 노도부대 군의관이 열사병으로 쓰러진 환자를 데리고 응급실로 왔다. 그는 얼음을 구할 수 없어 발을 동동 구르다가, 행군로 근처의 부녀회 상점에서 쭈쭈바를 몽땅 샀다. 환자가 누워 있는 들것 아래에 그 쭈쭈바를 좌악 깔았다.

환자에게 수액을 놓고, 선풍기를 켜고 물을 뿌려 체온을 마저 떨어뜨렸다. 서둘러 수도병원으로 헬기 후송을 보냈다. 다행히 환자는 투석을 받고, 큰 후유증 없이 잘 나았다. 초기에 응급조치를 잘한 군의관 덕분이었다. 그 이름하여 JJB치료법(쭈쭈바 Therapy)의 전설이 하나 더 생겨났다.

가을. 여군독신숙소와 낮은 담장을 하나 두고 병원장 관사가 있었다. 지나다니며 사모님이 빨래를 널 때는 가끔 우유병 물고 잠자는 아가를 봐주기도 했다. 유치원 다니는 꼬맹이와 색칠 놀이도 했다. 유모차 밖으로 나온 아기의 꼬물꼬물 발가락, 통통하게 접혀 땀띠 돋은 팔뚝을 살짝 만져보면 말랑했다. 집에 있는 조카처럼 포동포동 귀여웠다. 자꾸 만지다가 잠을 깨워 으앙 울리기도 했다.

김장철에는 숙소(NOQ) 마당에 큰 통을 여러 개 모아 배추를 절였다. 한쪽에서는 고무장갑을 끼고 김장을 버무리고, 또 다른 쪽에서는 찜통에 수육을 삶았다. 다 같이 막걸리 한 잔 먹고, 김장독을 묻고 이름표를 적어 덮으면 겨울 준비를 마쳤다.

알록달록 단풍이 짙어지면, 백담사로 늦가을 산행을 갔다. 행정반식구들, 군의관과 간호장교, 의무병, 아파트와 관사에 사는 가족들도 유모차를 밀며 함께 갔다. 왁자지껄하게 사람들과 어울리고, 사방팔방 여러 가지 일로 분주하게 보냈어도, 가끔씩 울컥 외로운 날이 있었다. 그런 날에, 나는 선박중대 근처에서 춘천행 배를 탔다.

피천득의 수필 〈인연〉에 있던 '소양강 가을 경치가 아름다울 것이다'는 문구를 온몸에 바람을 쐬며 만났다. 뱃전에 물보라를 일으키는 쾌속선 뒷자리에 앉아 구름을 보면 마음에도 단풍이 들었다. '금세 눈이 오겠구나.' 양구의 전방부대 사람들에게 가을은 또 제설도구를 손보며 월동준비 하는 계절이었다.

겨울. 대암산에 하얀 눈이 덮여도 순회진료는 계속되었다. 미리 출입 신청을 하고, 통문을 지나 긴장감 속에 엄호를 받으며 도착한 GP는 북한군 초소가 가까웠다.

날씨가 맑으면 그들이 양지바른 곳에 앉아 햇살을 쐬는 모습도 보였다. 물론, 우리 쪽 군의관과 간호장교가 입고 있는 하얀 가운도 북쪽에서 지켜보고 있었다.

소초장이 '조금 있으면 북측에서 최 대위와 양 중위 어서 오시라우요.'하고 방송을 한다고 말해서 잔뜩 긴장 했는데, '위대하신~'하는 그쪽 방송보다 우리 측 노래 볼륨이 더 크게 울렸다. 그때 북쪽 스피커에서 호명을 했는지 안 했는지 지금도 잘 모르겠다. '마음 울적한 날엔 거리를 걸어보고, 향기로운 칵테일에 취해도 보고 ~'하는 마로니에의 칵테일 사랑이 상큼하게 철책선을 타고 울려 퍼졌다.

순회진료에는 약품박스 외에도 작은 박스를 하나 더 챙겼다. 양구 읍내 5일장에서 오징어젓갈, 베이커리빵집의 곰보빵, 여자친구에게 편지들 쓰라고 꽃편지 봉투, 이런 소소한 중요한 것을 가끔 사다 주었다.

길고 추운 겨울밤을 밀어내기 식으로 보초 섰던 아이들이, 어둡고 침침한 내무반에서 곤히 잠자고 있었다. 곧 제대를 앞두고 있는 남동생과 같은 또래들이었다.

방한 외피를 입은 청년이 연한 보리차 같은 믹스커피를 들고 자박자박 눈길을 걸어왔다. 사방이 겨울바람이었다. 대학로 어느 커피숍의 유명 바리스타보다 훨씬 맛있고 따뜻한 커피였다.

크리스마스에는 가칠봉의 대형 트리에 점등식을 했다. 고요한 철책을 환하게 비추었던 그 불빛은 어디까지 닿았을까.

동수리 이장님이 '우리 아들 한번 만나볼래요? 이참에 행정고시 붙어서 서울에 있는데'하고 자랑하셨는데, 그때 잘 만났더라면 지금쯤 나는 밭두렁에 유기농 야채 심고, 차 트렁크에 호미를 달강거리며 유유자적한 전원생활을 하고 있으려나.

문득 아주 조금 아쉬워지는 이 생각을, 사랑하고 존경하는 남편에게 절대 들키지 말아야겠다. 별도 달도 모두 다 주겠다며 마음 넓던 가칠봉의 그 멋진 오빠가, 꽃중년이 되더니 요즘은 사소한 일에도 한참을 잘 토라진다.

가칠봉, 금강산 1만 2천 봉우리를
완성해주는.

208MASH(이동외과병원)
가을 산행을 백담사로,
관사에 사는 가족들과 함께.(왼쪽)

병원, NOQ, 방산, 파로호, 동면과 팔랑리.
일거리가 곧 놀거리의 전부였던 그 곳. 그리운 양구

그리움만 쌓이네

이십여 년 전, 광주에서 양구로 전출 이삿짐을 챙기는 나에게 선배들은 모두 같은 말을 했었다. '어느 곳'도 중요하지만, '누구와 함께'가 더욱 중요하다고. 특히 양구는 최전방 오지라 전입 갈 때 울고, 떠나올 때 정들어서 울고, 두 번 울게 되는 근무지라고 했었다. 그 말이 맞았다. 나는 고향이 산골이라, 산과 계곡 풍경이 막막하지는 않아서, 처음 들어갈 때는 울지 않았다. 그러나 떠나올 때는 정들었던 사람들과 헤어짐이 슬퍼서 울었고, 양구에서 춘천으로 나오면서 굽이굽이 풍경을 돌아보며 울었다. 결국 선배들 말씀대로 두 번 울었다.

양구의 첫겨울, 눈이 오면 앞산의 나무며 관사의 지붕에 설탕가루를 솔솔 뿌린 것처럼 뽀송뽀송 온통 흰색으로 덮였다. 마치, 내가 그림엽서 속의 작은 사람이 되어 풍경 안에 들어있는 듯한 착각이 들 정도였다. 부지런한 누군가는 눈사람을 만들어

세워 놓기도 했었다. NOQ(간호장교 숙소) 공동 거실에는 난로에 물이 펄펄 끓었고 창밖으로 눈이 수북하게 내렸다. 딸 부잣집처럼 뜨개질 거리와 유자차, 고구마와 커피를 취향대로 들고 난로 곁에 모였다. 모처럼 영화 한 편 같이 보려고 비디오를 준비할 때, 응급환자 신호가 울렸다. '땡땡땡, 땡땡땡' 반복해서 울리는 종소리는 긴급 환자가 왔다는 뜻이었다. 위병소에서 종을 치면 영내에 있는 근무자들이 모였다.

 응급실로 뛰어가니, 벌써 마취과 군의관과 내과 군의관이 간호장교와 함께 앰뷸런스에서 환자를 내리고 있었다. 두 명은 외상이 심하고, 한 명은 의식이 없었고, 또 한 명은 병장인데 모자를 꼭 쥐고 있는 손이 부들부들 떨고 있었다. 사단 정보처 간부들과 운전병이었다. 가끔 GOP를 함께 가기도 했던 민심처 인원들이었다. 눈이 많이 와서 방송을 일찍 마치고 돌아오다가, 팔랑리 민통선 근처 커브 길에서 들고양이를 피하려다가 차가 미끄러져 굴렀다고 했다. 지원과장이 운전병을 행정실로 데려가 좀 안심시켰다가 나중에 진료를 보기로 하고, 의식이 없는 정하사는 기도삽관을 했다. 넘어진 지프에 다리가 눌려 출혈이 심한 이 대위는 양팔에 굵은 바늘로 정맥주사 라인부터 확보했다. 수혈 준비를 하는 동안 소독거즈와 붕대로 지혈을 했다. 팔을 다친 박 중사가 숨쉬기가 답답하다고 해서 흉부 촬영을 했더니, 기흉이 심해 흉관삽관을 했다. 응급실 전화통이 울려대고, 가위로 상처 부위 군복을 잘라내고, 소독을 하느라 응급실 바닥은 금세 생리식염수와 피로 흥건해졌다. 수혈백을 짜는 사람, 산소통을 옮겨 오다가 군의관 발가락을 찧기도 했다.

"혈압 떨어진다. 에피(Epinephrine)하나 더 넣어 주세요. 헬기 불러라."

"기상 때문에 될까? 춘천병원에 누가 연락 좀 해주세요."

"항공대까지 얼마나 걸리지?"

아수라장 같은 시간이 지나고, 다행히 눈이 그치고 날씨가 개어서, 마취과 군의관과 초번 간호장교가 헬기를 타고 함께 수도병원으로 환자후송을 갔다. 영하 17도의 한겨울, 찬바람 속에 추운 줄도 모르고 멀어져 가는 헬기를 한참 바라보았었다.

208MASH에서는 '땡. 땡. 땡. 땡' 이렇게 울리는 종소리는 응급환자이긴 하나, 당직 군의관과 간호장교만으로 조치가 가능한 환자라는 뜻이었다. 입원병실을 의무병에게 잘 지키고 있으라고 부탁하고 응급실로 총총히 걸어갔다. 왼쪽 손목에 붕대를 감고, 눈을 맞추지 않는 환자도, 자대 인솔 간부도 모두 조용했다. 군의관과 상처 부위를 풀어보니 다행히 깊지는 않아서 신경이나 혈관을 다치지 않아, 봉합수술이 가능했다.

사람들을 모두 내보내고 정신과 군의관이 면담을 했다. 아이는 담담히 응급수술에 동의했다. 마취와 수술 전 설명을 하고, 주사를 놓으면서 환자에게 한마디도 묻지 못했다. 환자가 수술 Cart에 누워 천천히 이동했다. '많이 힘들었나 보구나.' 그랬더니 금세 울어버리는 여린 친구가 어쩌다 그런 독한 마음을 먹었었을까. 펑펑 쏟아지는 눈을 창문 너머로 보며, 유서란 삶에 대한 처절한 연서라는 구절이 떠올랐었다.

이 젊은 청년이 왜 여기에 이런 모습으로 있어야 하는지, 나는 또 왜 그 자리에 있는지 하는 부질없는 생각들이 봉합수술을 하는 동안 계속 맴돌았다. 토요일이라 조금 일찍 출근한 동기에게 병실을 인계하고, 수술실을 정리하고 퇴근해서 몸살이 심하게 났다.

'…… 그런데 길들인다(Tame)는 것이 무슨 뜻이니? 나는 너한테 많은 여우들과 똑같은 한 마리의 여우에 불과해. 그러나 만일 네가 나를 길들인다면, 우리는 서로에게 필요한 존재가 되는 거지…… 어떻게 해야 되는 거니? …… 아주 참을성이 많아야 해…… 모든 것에는 의식이라는 게 필요하단다. 그것은 어떤 날이 다른 날과, 어떤 시간이 다른 시간과 다르다는 표현이지…… 네 장미가 너에게 소중한 것은 그 장미를 위해 소비한 시간 때문이야…….'

띄엄띄엄 어린왕자를 대충 넘겨보며 온종일 방에 있었다.

저녁때 앞방에 사는 윤 대위님이 김치찌개를 끓여서 거실에 밥상을 차렸다.

"은숙아, 밥 먹자~. 어디 볼까, 열도 별로 없는데, 괜히 아프고 싶었구나."

"맞네요. 괜히 아프고 싶은 날이었네요. 일어나 밥 먹어야겠다."

낮에 만든 파전을 데워 선배가 끓인 매운 찌개와 곁들여 먹고, 윤 대위님 차로 읍내에 나갔다. 평일에는 조용한 커피숍,「부르고 싶은 이름으로」의 주인 내외가 단골손님들이 왔다고 달달한 레몬차를 만들어줬다. 일과 생활이 동전의 양면처럼 딱 붙어, 분리가 쉽지 않던 날들. 괜히 환자의 고통에 나의 힘듦을 끼워 넣고, 엄살을 부리고 싶은 그런 겨울을 지냈다.

광치령 초여름, 야전 의무시설 개소 훈련을 1박 2일로 했었다. 낮에 선발대가 먼저 텐트를 설치해두면, 저녁을 일찍 먹고, 트럭에 짐을 실어 가서 수술실과 응급실과 병실을 꾸렸다. 발전기를 돌려 전기를 연결하고, 야전 의료장비 테스트도 했다.

버너형 야전소독기를 작동해서 수술기구를 멸균하고, 마취기에는 이동형 산소통을 연결했다. 트럭마다 의료기구와 장비를 포장한 박스를 실어 이동했다.

"사진으로 보던 한국전 때와 크게 달라진 게 없는 야전 시설은 문제가 있지 않니? 되도록 일회용으로 바꿔야 소독시간과 멸균물품 부담이 줄 것 같아."

"천막형 시설은 비 오는 날씨, 난방과 냉방 모두 제한이 많아서 개선이 필요해요."

야간에 대량 환자 응급처치 훈련을 마치고, 쉬는 시간에 자판기 커피 한잔 마시며, 고민하고 토의했던 일들이, 세월이 지나 돌아보면 많이 바뀌어 있기도 하다. 변하는 것 같은데 변함이 없고, 변하지 않은 것 같지만, 앞을 향해 뚜벅뚜벅 걸어가고 있는 일들이 있는 법이었다. 계곡에 가득 퍼지는 개구리 울음소리를 듣던 그 밤에 훈련장에는 둥그렇게 달이 떠 있었다. 그리 덥지 않던 여름이 지나고, 가을이 되면 단풍 든 미시령은 어느새 찬바람이 불었다.

다시 시작된 양구의 겨울은 길었다. 국가고시 마치고 배낭 하나 둘러메고, 여행길에 후배가 놀러 왔었다. 소양호에서 배타고 양구까지 왔던 그 친구가 주고 간 『감옥으로 부터의 사색』을 조금씩 아껴가며 읽었다.

'우리들의 생각, 우리들의 역사는 실은 겨울에 키 크는 것임을 잊어서는 안 됩니다. 갈·봄·여름의 역사(役事)가 한마디씩의 가지가 되어 키를 더하는 계절. 장(藏)이 로(露)를 키우고, 정(靜)이 동(動)을 키우는 계절이 본래의 겨울이라 생각합니다.'

수인(囚人)으로 살면서도 참 맑은 시간을 적어 낸 신영복 선생의 편지들은, 골격 튼튼한 옛 사찰 같은 느낌이 들었다. 차가운 겨울바람을 개운한 영혼의 각성으로 이을 줄 아는 사람들이,

내가 알지 못해도 어딘가에 있구나 하는 안도감이 들었다.

밤번근무 출근길에 현관을 나서며 숨을 들이쉬면 차가운 공기가 들어와 콧구멍이 얼었다. 하늘 높이 바람 찬 연을 띄우고 꽁꽁 언 손으로 얼레를 돌리며 놀던 어릴 때도 그랬었다. 신기해서 연줄을 들고 콧구멍을 벌름대며 오래 놀았었는데, 발갛게 언 손을 따끈한 아랫목에 넣으며 뛰어들면, 엄마는 '계집애가 밖으로 연 놀이 좋아해서 큰일이다'라고 걱정하셨다.

얼음 쨍쨍한 겨울 날씨를 만나면, 양구의 동그랗고 파란 하늘이 따끈한 그리움이 되어 떠오른다. 참새처럼 재잘대는 주일학교 장난꾸러기 꼬맹이들과, 맛있는 밥을 사주시며 사랑을 전해주시던 요셉 신부님도 눈 덮인 나무들처럼 차곡차곡 그리움으로 쌓여있다. 죽곡리 백두산 성당에 미사를 가면 열심히 기도했었다.

"이 사람들이 잘 낫게 해주십시오. 앞으로 운전병들이 도로에서 들고양이나 노루나 이런 동물을 만나면, 비포장이라 브레이크를 못 밟거나, 피하지 않고 치더라도 좀 봐주세요."

"환자들이 많이 아파해도 저는 병실을 나오면, 퇴근해서는 잘 먹고 자고 재미있게 놀겠습니다. 이런 건 이기적인 게 아니잖아요."

이기적이지도 이타적이지도 못하여 마음 아팠던 순수한 그 시절이 저만치 그립다.

병원 마당에서, 윤댓님, NOQ 가족들과 함께.

24인형 텐트들을 응급실과 수술실, 입원실로 설치하던 1995년 야외훈련.

백두산 성당, 요셉 신부님과 주일학교 교사들과 봄눈 내린 날에.

그녀들의 이야기, 우리들의 이야기

금사빠와 똘이 엄마

밥버거와 이쁘자 댓님

나이팅게일을 다시 읽다

이웃집 유나

잘 가라, 내 작은 아픔들아

금사빠와 똘이 엄마

　　　　최인철 교수의 『굿 라이프』를 읽다가 '소확행'과 '소확의'라는 단어를 만났다. 그는 행복에 관한 다양한 연구를 통해, 좋은 기분과 좋은 삶 두 가지의 균형을 행복으로 정의했다. 작고 확실한 행복인 '소확행(小確幸)'은 익숙했다. 하지만 일상 속에서 경험하는 지극히 개인적인 의미, 가볍고 경쾌한 작은 의미를 뜻하는 '소확의((小確意)'는 새로웠다. '굿 라이프란 의미와 쾌락을 균형 있게 추구하는 삶이다. 우리가 쾌락과 의미 사이에서 큰 갈등을 겪지 않고 의미형 인간과 재미형 인간을 오가며 균형 있는 선택을 할 수 있는 까닭은 시간의 중재가 있기 때문이다.'하는 저자의 행복에 대한 힌트를 읽으며 떠오르는 얼굴이 하나 있다. 일상에서 발견하는 작은 의미들을 무겁지 않게 즐겁고 재미있게 풀어가는 후배, 똘이 엄마와 함께했던 시간들을 되돌아보니 저절로 웃음이 지어졌다.

북악산 아래, 성북동 외교관길이 끝나는 즈음에 자리한, 아주 오래된 문화재급의 아파트 이름은 '서울아파트'였다. 집을 나와 왼쪽으로 가면 숙정문으로 올라가는 등산코스였고, 오른쪽으로 가면 길상사까지 산책길이 있었다. 낡고 좁은 집이지만, 공기 맑고, 바람 좋고, 사계절 산책길이 더없이 아름다운 곳이다. 시내버스를 타고 몇 정거장만 나가면 광화문이고, 지하철로 서울역도 가깝고, 성균관대 뒷길 와룡공원을 넘으면 삼청동이었다. 앞집에 똘이 엄마가 살았다. 참으로 행복한 우연이었다. 그 후배가 키우는 영특한 강아지 이름이 똘이였다.

삼청공원 옆 감사원 아래에 위치한 서울지구병원에서 그녀는 간호과장으로, 나는 간호부장으로 근무를 함께 했다. 특정 지역이 가까운 곳이라 늘 긴장하고 대기하는 일상이었다. 아파트에서 병원까지는 자동차로 5분 거리였다. 언제라도 간호 가운을 입고 바로 출동할 수 있게 병원에도, 집에도 옷을 준비해 두었다. 어느 일요일에 아이들과 정독도서관에 갔다가 Call을 받고, 삼청동길 총리공관 앞을 뛰어, 딱 8분 만에 병원에 도착했던 적도 있었다. 병원을 중심으로 30분 이상의 거리를 움직일 때는, 간호과장과 서로 행선지를 문자로 알렸고, 마트에 가는 시간도 겹치지 않게 했었다. 움직이는 시간과 동선이 자유롭지 못해도, 다행히 즐길 거리가 많은 곳이 삼청동이었다.
아침에 출근하면 전날 저녁에 무엇을 하고 놀았는지 자랑하는 재미가 쏠쏠했다.

오전에, 신검 명단을 체크하며 간호과장이 속사포처럼 종알종알 얘기했다.

"부장님, 어제 아이들 대위 진급 기념했어요. 후배 간호장교들이랑 창덕궁 야간개장 보고, 재동 현대사옥 뒤쪽에서 피자 먹고, 고급 진 커피까정 마시고 왔습니다. 호호호 애들이랑 엄청 재미있었어요."

어제저녁에 출발할 때부터 이미 문자로 자랑을 했었고, 다들 신나는 표정으로 찍은 인증샷도 보았지만, 처음 듣는 것처럼 리액션을 했다.

"야간에 불 밝힌 궁궐 사진 참 뻤겠다. 아이들 표정이 어찌나 밝던지 환하던데, 과장이 애썼네. 우리도 신검실 내려가기 전에 모닝커피 한잔 마시면 좋겠다."

부지런한 손놀림으로 돌돌돌 커피콩을 갈면서 그녀는 또 뉴스를 전해줬다.

"제가 어제 후배들하고 저녁 먹고, 커피 마시고 아이들과 진심토크를 했지 뭐예요. 병원 안에서 간담회 이런 거 몇 번 하는 것 보다, 백번 효과적이에요. 부대 밖에서 이렇게 한 번씩 만나는 게 훨씬 더 잘 통한다니까요."

"그치? 궁금하네. 병원에서 일이야 일과 시간에 자주 만나고 접하니까 파악되지만, 아이들 생활은 어떤 것들에 관심들이 쏠려 있을까 하는 걱정도 많았는데, 어떤 진심토크들이 있었어?"

커피가 내려지는 동안, 간호과장은 궁금증에 좀 뜸을 들이더니, 살짝 말했다.

"개인적인 것이라, 부장님은 내색하시면 안 됩니다. 그냥 듣고 모른 척해주세요. 음, 글쎄, A 대위가 요즘 목하 열애 중이랍니다. 어쩐지~ 요즘 얼굴이 참 밝더라니 까요."

"A 대위는 원래 잘 웃고 밝은 표정이잖아. 연애야 뭐 한창 사람 만날 나이니까, 좋지, 뭐. 누군지 A 대위 진가를 바로 알아볼 줄 아는 괜찮은 사람인가 보네."

커피를 한 모금 마시며 내 반응이 좀 심심했는지, 간호과장이 드라마틱한 표정으로 한 톤 올린 빠른 억양으로 빅뉴스를 전해줬다.

"아휴, 부장님~~ 글쎄, 우리 A 대위가 금사빠라니까요. 금사빠."

"응? 금사빠? 그게 뭐야?" "금방 사랑에 빠지는 스타일요. 부장님은 집에 중학생이 둘이나 있는데, 어찌 급식체도 모르세요? A 대위가 소개받은 지 겨우 한 달 되었대요. 그래서 다들 금사빠라며 말리고 있어요. 천천히 좀 잘 알아보며 사람을 만나야 하지 않겠습니까?"

듣고 보니, 좀 걱정이 되었다.

"그러네, 이따가 A 대위 만나면 내가 차 한 잔 하면서 얘기해 볼까?"

"안 됩니다. 어제 과장이 얘기 듣고, 오늘 바로 부장님이 부르면 아이들이 다음번에 저랑 사적인 얘기를 하겠습니까? 제가 잘 챙길 테니 모른 척해주세요."

아직 덜 식은 커피를 후룩 마저 마시고 신검실로 내려가면서, 간호과장은 손으로 '쉿'하며 심각하게 천기누설한 표정이었다. 금사빠, 듣기만 해도 즐거운 단어라 종일 웃음이 났다. 다음엔 자주 아이들을 만나라고 저녁값을 보태야겠구나 생각했다.

2010년 12월에 소격동에서 삼청동(구 교원소청심사위원회/한국교육과정평가원 청사)으로 이전을 마친 병원 건물은 조용하고 깨끗했다. 리모델링한 지 오래되지 않아 벽에 액자를 하나 걸 때도 여러 번 고민을 했다. 게시판에 안내 문구나 표식을 붙일 때도 간호과장과 외래간호장교가 색상과 톤을 통일감 있게 정했다. 시각적으로 병원 이미지가 깔끔했지만, 입원실 쪽은 왠지 옛날 학교 건물 같은 느낌이 남아 있었다.

"부장님, 오후에 현관부터 시작해서 환자 여정을 따라 동선을 쭉 돌아보니, 입원실 쪽이 좀 썰렁한 느낌이에요. 뭔가 좀 따뜻하고 치유적인 분위기로 바꿔볼까요?"

같은 생각이었지만, 환경개선에 사용할 예산이 넉넉하지 않았다.

"그러면 좋을 텐데, 예산이 좀 고민이네."

간호과장의 추진력이 발휘되었다.

"제가 후배들과 함께 아이디어를 모아볼까요? 몇 가지 포인트 벽지나 그림만으로도 병실 복도 쪽 분위기가 달라질 것 같습니다."

누구는 인터넷으로 시장조사를 하고, 또 누구는 다른 병원들 사진을 찾아보며, 자투리 시간에 몇 번의 회의를 하더니, 전지에 대략의 그림을 들고 이쪽저쪽 벽에다 붙여 보며 바쁜 모습들이었다. 그렇게 며칠이 지나고, 최종안으로 나무와 새가 있는 포인트 벽지 그림이 몇 장 예산 결재로 올라오고 이틀이 지났다.

"짜잔! 다 같이 모여 나무를 붙였어요. 하나하나 수작업으로요. 이쪽 가로등은 의무병들이 같이 붙였고, 펜스는 초번이 좀 일찍 출근해서 같이 작업했습니다."

인터넷으로 봤을 때는 쉬워 보이는 포인트 장식이었지만, 막상 하나하나 떼어서 손으로 붙여야 하는 온전한 수작업이었다. 자장면을 나누어 먹어가며, 함께 만드는 즐거움으로 완성된 치유 복도는 포토존이 되었다. 병실 방문객과 전역하는 용사들이 기념사진을 촬영하기도 했다. 편하게 책을 읽을 책꽂이까지 비치하니, 제법 훌륭한 공간이 새로 탄생 되었다. 똘이엄마, 그녀는 '소확행'과 '소확의'의 아이콘이다.

A 대위는 그때 만났던 금사빠 자상한 남편과 귀여운 유치원생 아들, 두 남자의 넘치는 사랑 속에 잘살고 있다. 수작업으로 붙여 장식한 치유 복도는 근무자들이 기념사진을 찍고 오랫동안 기억하는 추억의 장소가 되었다.

똘이 엄마 은경이는 스마트하며, 열정적이고, 따뜻한 에너지를 지녔다. 밝고 즐거운 그녀와 함께 있으면 덩달아 즐거워진다. 주변 사람도 더불어 행복해지게 하는, 참 좋은 후배님과 나누던 '진심토크', '커피 한 잔'이 때때로 그립다.

뭔가 좀 따뜻하고 치유적인 분위기로 바꿔볼까요?

"다 같이 모여 나무를 붙였어요. 자장면 값이 좀 들었지요. ㅋㅋ."
"어이쿠, 잘 했네. 고생했다. ~"
손끝 야무지고, 마음 따뜻해서 뭐든 잘하는 우리 과장님.
그대들의 미소가 가장 좋은 치유환경이지요. ^^

밥버거와 '이쁘자 댓님'

그 많던 일들을 우리는 어떻게 다 해내었을까? 의무사령부 예방의학과는 좁은 사무실에 옹기종기 책상을 붙이고 적을 때는 여덟 명의 근무자가, 이슈가 있어 파견이 있을 때는 열 한 명이 함께 모여 일했다. 거의 하루 종일 모니터를 들여다보며 자료를 정리하거나, 지침을 만들거나, 보고서를 썼었다. 좀 부풀려 과장을 하자면, 컴퓨터 모니터 화면의 빛을 오래 쬐어 얼굴이 검어질 지경이라, '모니터 태닝'이라는 신조어가 생길 정도였다.

예방의학장교는 전군에서 올라오는 발열 환자 자료를 분석해서 인플루엔자 유행 정보 추이를 모니터링했고, 계절별로 질환 예방 자료를 공문으로 홍보했다. 봄, 가을철에 유행하는 질환과 여름철 온열 손상 예방자료와 겨울철 노로바이러스 식중독 등 정기적으로 홍보하고 미리 교육해서 예방해야 할 질환들이 계절마다 늘 있었다.

 명절 연휴 때도 전군에서 발열이나 복통 환자가 발생하면 윤대위는 사무실로 출근했다. 학교나 지역사회에 결핵이나 수두 등 전염성 질환이 유행하면 비상근무체제로 돌입했다.

 인플루엔자와 폐렴 환자가 늘어나는 환절기가 되면 바빠지는 시기였다. 특히 아데노바이러스 때문에 중증 폐렴이 발생한 사례도 있어, 발열과 지속적인 흉통 증상을 보이는 환자는 즉시 군의관이 진료한 뒤 조기 입원 치료도 강조했다. 예방 방법은 손 씻기와 양치질, 기침 예절 지키기, 마스크 착용 등 개인위생을 점검하고, 유행 시기에는 부대에서 집체교육을 자제하는 방안도 고민했다. 인플루엔자와 폐렴 예방활동을 장병들에게 홍보하고 교육하고 모니터링 하다 보면, 개나리가 피는지 벚꽃이 지는지도 모르고 계절이 지나갔다. 금세 또 더위가 시작되면 온열손상과 싸워야 했다.

 국군수도병원 감염내과를 중심으로, '에볼라 감염병 대응 계획과 팀 연습'도 이루어졌다. 수도병원의 '국가지정 입원치료병상'은 평상시와 국가공중보건 위기 시, 메르스 등 신종 감염병 환자들에 대한 격리 입원 치료를 위해 질병관리본부에서 설치와 운영을 지원하고 있었다. 2006년 처음 질본으로부터 국가지정 입원치료병상을 지정받아, 2009년 신종 플루가 유행했을 때 국내 첫 확진환자가 입원했었고, 2015년 메르스 유행 때에는 확진환자와 의심환자, 관찰자를 진료했다. 정기적인 훈련과 정상적인 운영을 지원하는 책임이 의무사령부 예방의학과에 있었다.

새벽 일찍 출근해서 부대 식당에서 아침을 먹고, 하루 종일 일을 하다 보면, 점심을 언제 먹었는지 생각이 안 나는데 저녁 시간을 훌쩍 넘기는 날이 많았다. 저녁 늦은 시간까지 사무실에 있다 보면, 끝없이 밀려드는 일의 기세가 아무리 열심히 퍼내도 밀려드는 인당수 물과 같았다. 파도타기처럼 일도 흐름을 탈 필요가 있었다.

"우리, 좀 놀면서 하면 어떨까? 놀기가 그러면 잠깐 쉬면서 하는 건 어때요?"

모두 찬성이었지만, 당장 보고서를 완성해야 하는 일들이 눈앞에 있기도 했다.

"좋습니다. 그런데, 내일까지 생물방어연습 회의 자료 보고서 만들어야 합니다. 회식은 곤란하고, 점심시간에 밥버거 특공대 건의 드려요."

사다리 타기를 해서 누군가 점심시간에 외출해서 밥버거를 사 오기로 하고, 다른 사람들은 그 시간에 부대 뒷동산 산책을 나갔다. 나뭇잎이 연둣빛으로 한창 좋은 봄날, 바람을 쐬고 걸으며 잠시 일을 내려놓는 짧은 소풍은, 마음을 가볍게 머리도 맑게 해줬다. 늘 에너지와 유머가 넘치는 이 대위의 장난기가 햇살을 받아 반짝였다.

"복불복입니다. 무슨 버거인지 모르게 포장지에 메뉴 이름을 안 썼지~요. 청양불고기 밥버거도 있고, 김치제육 밥버거도 있고, 하여간 다양합니다. 골라 보세요."

매운맛을 싫어하는 금 소령이 청양불고기 맛에 걸렸다.

"나의 작은 곤란이 여러분께 즐거움이 되니…… ㅎㅎ 저도 맛있게 먹겠습니다."

두 입도 다 먹기 전에, 콜라를 찾으며 얼굴이 빨개지는 모습에 다들 한 참 웃었다.

아쉬운 대로 차에서 돗자리 하나씩 꺼내고, 신문지를 깔고 둘러앉아 이 대위가 알려준 대로 밥버거를 골라 먹는 재미가 더 즐거운 오후였다. 사무실에서 제일 어른이시라 늘 말을 아끼는 전 사무관님이 폭풍 칭찬을 하셨다.

"우리 이 대위님은 일도 참 잘하고, 힘들어도 늘 웃고, 이렇게 메뉴도 다양하게 잘 골라오고, 뭘 해도 진짜 예쁘게 참 잘하시네요."

사무실의 남자 근무자들이 다 같이 항의했다.

"오우! 전사무관님이 칭찬하시면, 이댓님은 진짜로 그렇게 믿어요. 안됩니다."

짧은 점심 소풍을 마치고 사무실로 돌아와 커피를 마시고, 오후 일과를 시작하면서도 논란은 끝나지 않았다.

"이댓님이 예쁜 이 대위이면, 미에 대한 기준이 좀 재정비되어야 하지 않을까요?"

누군가의 항변에 이 대위가 키보드를 두드리며 답한다.

"참 이 사람들이…… 아, 우리 전 사무관님이 언제 틀린 말씀 하신 적 있어요? 늘 옳은 말씀을 근거 있게 하시는 분인데."

오고 가는 대화가 계속될수록, 곳곳에 웃음들이 터졌다. 나도 컴퓨터 화면을 켜며 작게 중얼거렸다.

"이댓님이 이쁜 건 사실인데, 내일 생물방어연습 계획보고서 어떻게 썼나 읽어보고, 앞으로 더욱 이뻐지라고 이쁘자댓님이라고 불러야지."

좁은 사무실은 작은 목소리도 다 들리는 장점이 있었다. 맛있는 밥버거를 사 오고, 모니터 태닝을 하며 밤낮으로 열심히 일한 그녀의 별명은 '이쁘자댓님'이 되었다.

이쁘자댓님은 화·생·방 의무계획장교였다. 화학전에 대비한 훈련과 생물학전 및 생물테러에 대비한 민·관·군 연습과 훈련을 담당했고, 방사선비상진료 업무도 종합했다. 생물테러는 공격 후에 일정 기간 잠복기가 있어 초기 감지가 제한적이며, 정확한 감염원과 전파경로의 차단이 어려워 위협 요소가 될 수 있기 때문에 의심된다면 원인균을 조기에 진단하는 것이 매우 중요했다. 의학연구소와도 업무협조가 많았고, 2011년부터 시작된 한미생물방어연습(Able Response)도 예방의학과의 중요한 업무였다.

2014년에 국군대전병원이 전군에서 유일하게 방사능 피폭 환자에 대한 체계적 제염·처치·입원 치료가 가능한 성설기관 '국군방사선비상지료센터'를 개원했다. 현장을 확인하고, 대전병원 방사선비상진료 팀의 훈련을 지원하느라 이 대위는 또 바빴다.

가을에는 군진학술대회도 우리 과에서 진행해야 했다. 2014년 군진의학학술대회의 주제는 '장병 눈높이에 맞는 군진의학 발전'이었다. 국제군진외상학술대회도 겸해서 2일간 일정이었다. 군진외상, 임상의학, 응급의학, 질병감시체계로 구성된 세션마다 좌장을 선정하고, 프로그램 제작과 현수막 제작 등 학술대회 준비가 본격적으로 이루어졌다. 논문심사와 학회지를 만들고 초청장도 만들고, 기념품 선정, 국방부에 개최보고를 하고, 대한병원협회에 개최홍보와 참석자 파악 공문이 내려갈 즈음엔 예방의학과 근무자가 총원 야근을 함께 했다. D-day 리허설은, 행사장 운영, 안내 업무분담, 세션별 동선 확인 등을 하루 전날부터 현장에서 숙식하며 체크했다.

모두가 함께 힘을 모아 큰 행사를 보람 있게 해냈다. 좋은 동료들과 함께여서 가능한 일들이었다.

송수용 작가의 『킬링 리더 vs 힐링 리더』를 읽다가 예방의학과 사람들이 생각났다. '나는 어떤 스타일의 과장이었을까' 하는 반성도 들었다.

 책에서 '킬링 리더'는 자신의 언어와 행동, 판단과 선택을 통해 구성원들의 의욕과 사기를 무너뜨리고, 표면적으로는 조직을 위한다는 대의명분에 실제로는 자신의 욱하는 성격대로 조직을 이끌어 결국 조직의 지속 가능성에 치명적인 해악을 끼치는 리더라고 했다. 반면에 '힐링 리더'는 자신의 마음과 성격을 먼저 힐링하여 스스로를 존중하고 사랑하여 다른 사람에게도 편견이나 선입견 없이 존중으로 대함으로써, 구성원들이 스스로 의욕과 자부심을 가지고 자신의 모든 잠재력을 발휘할 수 있도록 심적, 물리적 여건과 환경을 제공하는 리더라고 구분했다.

 또한 '힐링 리더도 항상 힐링적인 행동만 하는 것은 아니기에 늘 자신의 모습을 돌아보며 겸손하게 성찰해야 한다.'고 했다.

 고백하건대, 그때에는 과장이었던 나도 도망가고 싶을 만큼 일이 많았었다. 우리 과원들은 진심으로 서로 존중하고 함께 노력해 그 많은 것들을 해냈다. 내 삶에서 그 시간은 의미와 재미 있는 기억으로 남아 있다. 힘들었지만 행복했다. 어느 봄날의 그 밥버거와 이쁘자댓님을 떠올리면 미안한 마음이 그득하다. 우리 이댓님은 이쁜 딸 보송이가 네 살이었다. 친정엄마가 육아를 도와주고 계시긴 했지만, 매일 야근하느라 놀이동산도 한번 못 갔겠구나 하는 아쉬움이 든다.

예방의학과 핸썸 군의관 3총사 - 윤창교, 배규정, 이철우 대위.
전 사무관님과 군진학술대회를 마치고, 아쉬움을 담아 기념촬영 한 컷.

종일 '모니터 태닝'하며 일만 하던 예방의학과 사람들이,
햇살 좋은 봄날에 햇빛 쐬며 사무실 뒷동산 산책 후 점심 밥버거.

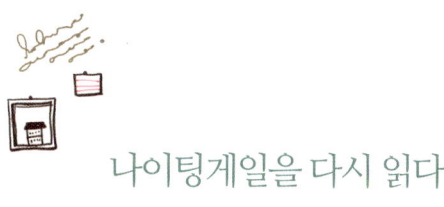

나이팅게일을 다시 읽다

　　　　군 생활의 마지막 근무지는 국군대구병원이었다. 처음으로 군복을 입고, 사관생도 생활을 했던 곳도 대구였다. 30년 전에 처음 대구에 왔을 때는 참 낯선 곳이었다. '~다. ~까'로 끝나는 어투가 낯설었기 때문이었을까, 대구는 천천히 정이 들었다. 그리고 오래도록 내 기억 속에 자리 하는 도시가 되었다.

　　졸업을 하고 소위로 임관하여 떠나간 뒤로, 대구에 가끔 출장은 왔었지만, 근무와 생활은 처음이라 설레었던 2017년 봄이었다. 환자안전을 포함한 '환자경험'관리의 새로운 이슈가 군병원의 관심사였다.

　　다행히 두 아이가 모두 대학생이라, '엄마'도 좋지만 '엄마 카드'는 더 좋아했다.

　　시간과 마음의 여유가 생겼다. 신임소위들 전입교육 프로그램을 마칠 즈음, 어느 토요일에, 대구 근처에 살고 있는 동기들이 병원으로 놀러 왔다.

민원실 앞에 모인 친구들 분위기가 살짝 들떠 있었다. 나무들이 많아 공원 같은 병원 풍경이 좋다며 대구에서 근무하다가 전역했던 친구들이 감탄했다.

"여기 위병소 오른쪽으로 법당 가는 길은 그대로네. 산수유나무가 많이 자랐네."

"우리, 꼭 아들 보러온 면회객 같다. 한 바퀴 산책하고 조용한 데로 들어가자."

현관로비에 있는 만촌동 시절의 대구병원과 의무학교 사진을 보고, 추억 보따리를 풀 것 같아 동기들과 얼른 사무실로 들어갔다.

"여기가 부장님 사무실이구나. 대위 때 저쪽 병동에 근무했었어. 예전에는 여기에 오는 손님들이 참 나이 드신 분들로 느껴졌는데, 우리가 그 나이가 되었네."

"다행이다. 오늘 토요일이라 이 방에 들어올 후배들이 없어서."

스무 살에 만나, 처음 군복을 입어 보던 친구들이 어느새 중년이 되었다. 누구는 군에 있는 아들 면회 다녀온 이야기, 또 한 친구는 중학교에서 보건교사를 하면서 배운 급식체의 재미있는 대화법도 들려주었다. 우리들이 함께 했던 시간의 추억도, 몇 년 동안 못 만났던 시간의 다양한 삶의 모습도 모두 즐거운 수

다였다. 우리가 어릴 때보다 훨씬 영특하고 대견한 후배들과 생활하니 부럽다고 하면서도, 기억을 되짚어 보면 크고 작은 상처 하나씩 간직하고 있었을까, 동기들은 나에게 당부했다.

"지금은 윗사람이 더 많이 노력하고 바뀌어야 해. 좋은 의도만 갖고는 부족한 것 같아. 친구야, 후배들 감성을 돌보고 잘 소통하거래이."

위병소에 맡겼던 신분증을 찾고, 단체로 사진을 찍은 후에 점심을 먹으러 나왔다. 담백하고 속 편한 버섯정식을 먹고, 근처의 카페 구석자리에서 본격적으로 이야기꽃을 피우기 시작했다. 아이들 키운 얘기, 남편들 흉도 살짝 보고, 심해지는 노안과 조금씩 아파오는 무릎이며, 한 군데씩 아픈 곳도 자랑(?)을 했다. 최근에 읽은 책에, 영화얘기도 나왔다.

"안다는 게, 참 그렇더라. 며칠 전에 레미제라블 영화를 다시 봤거든, 놀라운 것을 발견했어. 내가 우리 애들 명작동화 읽어줄 때 '빵 한 조각'하면 떠올린 건, 단팥빵이나 크루아상 뭐 그런 작은 빵이었는데, 실제로 영화에서 나온 빵은 아주 커다란 프랑스빵을 옆구리에 끼고 뛰더라."

"아, 맞어, 커다란 빵. 깜빠뉴, 깜빠뉴. 잘라서 스프에 찍어 먹는, 밥 같은 그 빵."

"Look down Look down하는 노래가 엄청 패러디 많이 되었었는데, 너는 빵을 보면서 충격 먹었구나."

"빵 얘기 하니까, 은래네 노다지떡볶이 생각난다. 우리 포항에 한번 놀러 가자. 길호 씨 잘 있니? 우리 안부 좀 전해줘라. ㅎㅎ"
"몰라, 올해도 어린이날, 어버이날 다 지나고 내 생일 그냥 지나갔어. 선물은 무슨…… 내 생일날 본인 것 안 사는 것만도 다행이다 그러고 살어."

해군으로 백령도에서도 근무하고, 포항에 많이 살았던 동기는 전역하고 귀농했다. 농촌 어르신들이 마을에 일자리, 아이템, 인재가 없다 하셔서, 은래 짝꿍 길호 씨는 토지도 있고, 인력도 있고, 작물도 있는 그곳에서 '있다, 있다 정신'으로 함께 성장하는 마을스토리를 만들어 가고 있다. 은래는 마을 어른들과 된장을 담그고 계란을 포장하며 진정한 '된장녀'로 변신했다. 6차 산업, 온 마을이 함께인 친환경 살이다. 부럽고 멋지다. 소떡소떡과 치즈떡볶이가 야무지고 맛있다.

"어이쿠, 괜찮아. 다 그러고 사는 거지 뭐. 커피 리필하면서 빵도 좀 시켜볼까?"

마칠 듯, 곧 끝날 듯하던 우리들의 수다는, 커피와 치즈 케이크가 추가되면서 길게 이어졌다.

한쪽에서 조용히 이야기를 들으며 웃고 있던 친구에게 질문이 넘어갔다. 간호대학에서 학생들을 가르치는 봉정이다.

"학교는 요즘 어때? 우리 때랑은 많이 다르겠다. 간호학과는 또 세월 지나도 공부하는 게 크게 달라지지 않았으려나?"
"기본적으로 학과목 구성이나, 학점 많고 실습도 하고, 바쁜 건 우리 때랑 비슷해. 그래도 요즘 젊은 친구들은 그 많은 걸 또 다 해내더라. 엄청난 에너지야."

간호실습 지도를 하면서, 나이팅게일 전기를 읽고 소감문을 쓰는 과제를 냈었는데, '결혼 후 3년에 걸쳐 이탈리아로 신혼여행을 할 수 있는 부친의 재력이 왕 부럽다.' 혹은 '크림전쟁 후 플로렌스는 PTSD(외상후증후군)와 지독한 우울증을 앓았다.' 는 학생들의 반응이 당황스러웠다고 했다. 어쩌면 오랫동안 남성 중심 시각을 반영해, 박애와 희생 봉사의 이미지로 그려졌던 우리들의 나이팅게일은, 이제부터 새로운 시대상을 반영해서 본래의 나이팅게일로 변화해야 한다고도 말했다.

나이가 더해질수록 삶의 다양한 모습을 서로 응원하는, 아름답고 편한 동기들은 오랜만에 만나도 편하고 좋다. 마음 에너지를 채우는 행복한 시간이었다.

"환자들의 권리 옹호자가 되려면, 스스로의 권리도 옹호해야 하지 않겠니?"

"나이팅게일을 버리자. 그리고 다시 제대로 온전히 나이팅게일을 알자."

"그래도 무엇보다 소중한 사명은 사랑이지. 사랑은 행동이고 실천이야"

아지매가 된 동기들이 즐겁고 아쉬운 걸음으로 떠나고, 나는 나이팅게일 전기를 다시 찾아 읽었다. 플로렌스 나이팅게일, 그녀는 천사(Angel)일까? 전사(Warrior)였을까?

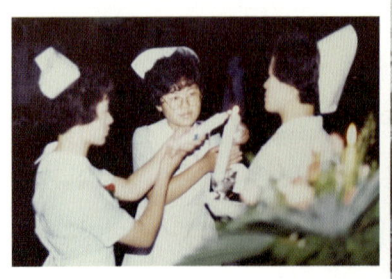 

나이팅게일, 그녀에 대한 일반적인 이야기는 그녀에 대해 잘 알려주지 않는 점이 있다. 1854년 11월 4일 크림전쟁에 참여해서 1856년 2월 전쟁이 끝나자 그해 7월에 복귀한 그녀가 크림전쟁에서 활약한 기간은 단 2년이었다. 간호사로서 헌신적이기도 했지만, 실제로 매우 뛰어난 지적인 여성이었다. 1859년에 그녀는 뛰어난 수학 실력, 특히 통계학 실력으로 왕립 통계학회에 정식회원이 되었다.

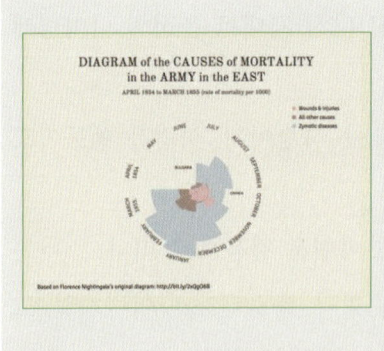 

나이팅게일은 크림전쟁 야전병원에서 환자들이 대부분 부상으로 인하여 죽는 것이 아니라, 전염병 때문에 죽는다는 것을 발견하고 비위생적인 상황을 개선하려고 노력했다. 그녀는 위생을 철저히 함으로써, 병사들의 사망률을 42%에서 2%대로 뚝 떨어뜨릴 수 있었다. 통계 자료를 시각화한 로즈 다이어그램을 사용하여 프리젠테이션을 통해 윗사람들을 설득했다. 우리에게 희생과 봉사의 아이콘으로, '백의의 천사'로 알려진 나이팅게일은 그러나 유럽이나 서양에서 '나이팅게일'의 이미지는 조금 다르다. 사실 정확히 알고 보면, 나이팅게일은 요즘 식으로 표현하자면 보건복지부에서 정책을 계획하고, 한편으로는 일선 간호 현장을 누볐던 훌륭한 보건의료 정책가였다. 과학적인 사고 능력, 탁월한 설득 능력으로 나이팅게일은 근대 간호학의 창시자로 인정받는다.

2017년 신임소위들과 함께 '의료혁신 추진 원년의 해'를 맞이했다.
30년 만에 다시 돌아온 대구병원, 이곳에서 근무했던 동기들이 놀러 왔다.

우리들 기억 속 수성구 만촌동의 풍경을 떠올리며, 면회객 모드로 산책.
포항 금광리 어르신들이 농사지은 쌀로 만든 노다지마을 떡볶이
- '있다, 있다 정신' 길호 씨는 사장님. 그럼 우리 동기 은래는 회장님?

"대백이 아직 그대로 있네. 이곳은 동성로입니다.
30년 전 떡볶이 사 먹던 그 골목도 여전하네요.
마음은 동안, 눈은 노안, 얼굴은 미안ㅎㅎ"

이웃집 유나

누군가를 사랑할 때의 특징을 떠올려 보았다. 그 사람이 저만치 멀리서 걸어오는 모습을 보면 자기도 모르는 사이 얼굴에 미소가 지어진다. 또, 어디에서든 맛있는 것이나 이쁜 것을 보면 그 사람이 떠오른다. 이런 것이 사랑의 모습이라면, 남편과 나는 아래층 유나를 사랑하는 것임이 틀림없다. 이 개구쟁이 꼬마 아가씨는 노느라 땀에 축축하게 젖은 머리카락을 양쪽 뺨에 붙이고 미끄럼틀 사이에서 갑자기 '우왁'하며 톡 뛰어나온다. '어머나'하고 놀라는 시늉을 하면 두 개나 빠진 앞니를 보이며 깔깔대고 웃었다. 덕분에 날마다 저녁 산책이 즐거웠다.

나는 가끔 서울을 다녀올 일이 있으면 KTX를 타기 전에 기차역에서 도넛을 사 왔다. 조치원에서도 한참 떨어진 우리가 사는 시골에는 없는 브랜드로, 아이들이 좋아하는 초콜릿이 듬뿍 뿌려진 달달한 것들을 보면 유나가 생각났다. 현관문에 살짝 걸어

두고 계단을 조용히 올라오며, 유나가 맛있게 먹을 모습을 떠올려보면 그렇게 기분이 좋을 수가 없었다.

유나는 초등학교 1학년, 방과 후 교실에서 매주 캘리그래피 수업을 받는데, 작품 수준이 나날이 멋있어진다. 우리 집 냉장고에는 아래층 유나가 써준 캘리그래피가 여러 장 붙어 있다. 좋아하는 사람에게만 특별히 작품을 주므로, 나는 유나가 좋아하는 친한 친구다. 그런데 사실은 아파트에서 내가 왕래하는 유일한 친구는 가끔 차 마시러 놀러 오라고 전화하는 유나엄마다.

"비도 부슬부슬 오는데, 뭐 하세요? 파전하는데 같이 드시러 1층으로 내려오세요."
"비 오는 날엔 역시 기름 냄새를 좀 내줘야지요? 저도 아까 김치전 한 장 했어요. 숙제가 밀려서 돋보기 쓰고 책 볼 게 많아서요, 맛있고 재미있게들 드세요."
전화기 너머로 같은 통로에 사는 새댁들 목소리가 살짝 들려서, 수다에 동참하고 싶은 마음이 굴뚝같지만, 되도록 번번이 핑곗거리를 찾아서 참았다. 유치원생들이 셔틀버스를 타고 올 때까지 잠깐의 여유를 누리는 새댁들이다. 편한 커피와 가벼운 수다로 알토란같은 휴식일진대 조심스러웠다. 노안이 심해지는 대학생 엄마가 끼어 자칫 '옛날에는 이랬어요.'하는 얘기를 길게 할까 봐 스스로 참는다. 딩동 초인종을 누르는 현관, 유나 손에는 오징어가 듬뿍 들어간 파전이 한 접시 들려 있었다.

"어이쿠, 엄청난 비주얼이네요. 새우에 오징어에 굴까지 해물 잔치네요. 맛있게 잘 먹을게요. 숙제 얼른 마치고 다음 벙개에는 커피 들고 갈게요."

아쉽고 미안한 마음에 괜히 문자가 길어졌다. 유나 엄마는 친정엄마를 떠올리게 할 만큼 음식을 하는 손이 크고 솜씨가 좋았다. 아래층 위층, 앞집에도 한 접시 듬뿍 보내고, 갓난아기 때문에 종일 집에 있는 옆 동 새댁에게도 갓 부친 뜨끈뜨끈한 전을 종종 배달했다. 그녀가 오고 가며 나누는 사람살이의 작은 정(情)이었다.

첫눈으로 진눈깨비가 오락가락하는 날, 카톡이 연속으로 울렸다.

"간만에 차 한 잔 어떠세요? 남편들은 회식이 있다고 하니까, 애들 저녁은 간단히 치킨이나 피자 시켜도 좋을 것 같아요."

"그냥 편한 사람들 벙개해서, 1층 저희 집으로 3명 더 모이기로 했어요."

커피콩을 돌돌 갈아 한 봉지 담고, 시댁에서 택배로 보내 주신 홍시와 배추를 쇼핑백에 넣어 아래층으로 갔다. 고소하고 맛있는 냄새가 물씬 풍겼다. 유나엄마는 양배추와 얇게 썬 돼지고기를 휘릭 볶다가 반죽을 부어 바삭하게 익힌 오코노미야키를 막 접시에 담고 있었다.

"우와, 혜정 씨 오코노미야키는 신세계 같아요. 언제 봐도 예술이에요. 맛있겠다."

"2층에서 만들어 온 부추전도 엄청 맛있어요."

학원을 일찍 마친 초등학생 아이들 너 댓은 3층에 모여 치킨 파티를 하고, 1층에는 엄마들이 모였다. 한 집이 이사 갈 예정이고, 또 한 집이 지난주에 이사를 왔다.

"예전에 철원에 살 때는, 이사 오면 그 집으로 방문도 하고 그랬어요."

"몇 년 전까지도 전방에서는 겨울이면 스케이트장 오픈할 때, 가족들이 대대별로 먹거리 장터를 하고, 어묵을 끓이고 붕어빵도 굽고 그랬어요."

"저는 안 해봤는데, 아주 옛날에는 가족들이 부대에 모여 다같이 김장도 했대요."

"어이쿠, 저는 아직 김장을 친정이랑 시댁에서 주시는데, 이제 좀 해봐야겠네요."

"아유…… 그냥, 조금씩 주시는 것 맛보고, 맛있는 김치 사드세요."

결혼 10년이 좀 넘는 연차의 엄마들이 모이니, 그동안 전후방으로 남편의 이동과 함께 한 군인가족 생활의 내공이 쌓여 이야깃거리가 풍성하다.

아이들 학원 이야기와 곧 중학생이 되면 계속 이사를 다녀야 할지, 한곳에 정착을 하고 주말부부를 해야 할지 하는 고민들도 공통 관심사였다. 누구의 아내, 아무개 엄마로 전업주부를 했거나, 워킹 맘을 했거나 그런 구분이 중요하지 않았다. 모두가 바쁘고 열심히 살아낸 시간들이 따끈하고 고소하게 익어갔다.

　기억 속의 그녀들이 떠올랐다. 학교를 졸업하고 직장을 다니다 결혼을 하고, 어느 산골 첩첩산중에서 만난 새댁들, 우리들은 동지였다. 놀이터에서 유모차를 밀고 혼자 왔다 갔다 하며 아는 사람 하나 없을 때 만난 반가운 또래였다. 커피와 핸드백을 들던 손에 우유병과 기저귀 가방을 매는 변신의 시간을 함께 경험하는 소중한 친구들이었다. 소아과가 없는 읍내에서 첫 아이가 열이 심할 때, 냉장고에서 해열제를 꺼내 줬었고, 훈련 간 남편을 대신하여 응급실로 밤 운전을 해주었다. 겨울 한파로 졸졸 켜 놓은 수도가 얼면, 회관을 빌려 콘도에 온 것처럼 며칠을 함께 지냈다.

　일 년이 멀다고 이사를 하는 군인가족의 삶은 쉽지 않은 여정이다. 만나고 헤어지는 게, 여행처럼 전국을 옮겨 다니다 보면 다시 만나게 되는 인연도 있었다. 쑥쑥 커가는 아이들처럼, 새댁들은 점차 웬만한 일상은 거뜬히 혼자서도 뚝딱 해치우는 씩씩한 헌댁이 되어갔다.

　맛있는 커피와 더 맛있는 긴 수다 타임이 끝날 즈음, 유나엄마 혜정 씨는 넉넉하게 무친 나물을 일회용 접시에 담아 지퍼락에 넣어 하나씩 손에 들려줬다. 살림하는 솜씨에서 나이는 숫자에

155

불과하여, 초보 전업주부인 나는 무나물 요리법을 물었다.

"좀 고난도 요리인데, 무는 어떻게 볶아야 제맛이 날까요?"

"요즘 한 창 무가 제철이지요, 좀 굵게 채 쳐서, 들기름, 소금 넣고 두툼한 냄비에서 볶다가 불 끄고 뚜껑 덮어 두세요. 살짝 찌듯이 익히면 단맛이 나고 맛있어요."

집에 돌아와, 뚜각뚜각 무채를 썰다가 얼마만큼 두께인지 물어볼 걸 후회되었다. 반찬가게에서 '갖은양념 하나 주세요.' 하던 20여 년 전 새댁 때도, 노안이 온 지금도 무나물은 쉽지만 어려운 도전요리이다.

'행복한 줌 사랑 한 스푼'

'세상에서 가장 멋진 도전은 자신을 정복하는 것이다'

냉장고 옆에 붙여둔 유나의 캘리그래피, 그 덕분에 음식 할 때마다 넣는 양념이다. 세상에 대한 경계를 낮추고 마음을 열면, 삶의 소소한 행복들을 만난다. 이런 좋은 사람들과 오래도록 같이 이웃하고 살면 좋겠다. 곧 이사를 간다니 아쉬웠다.

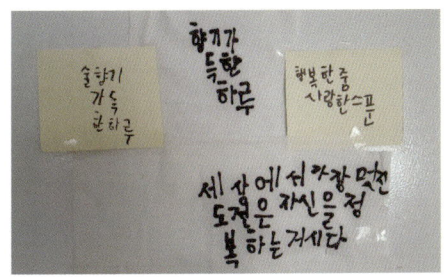

우리 집 냉장고에는 아래층 유나가 쓴 캘리그래피 글씨가 붙어 있다.
초등학교 1학년, 방과 후 교실에서 일주일에 한번 수업을 받는데
작품 수준이 나날이 멋있어진다.
'행복 한 줌 사랑 한 스푼'
음식을 할 때마다, 유나 덕분에 내가 넣는 양념이다.

잘 가라, 내 작은 아픔들아

　　　　　아들과 함께 제주도 여행을 했다. 퇴직을 한 지 얼마 안 되어, 누군가 내 어깨를 토닥이면 울컥 눈물이 나려고 하던 때였다.
　"나는 서울대, 연·고대(SKY) 보다 중요한, 하버드대 급으로 막강한, 군대를 졸업하는 기념 여행을 가려고 합니다. 동행하실 분 찾습니다. 제주도 4박 5일 같이 갈, 사람?"
　"아들이요."
　남편은 출근하고, 딸은 등교하고, 아들은 휴학이라 자연스럽게 아들이 엄마의 보호자를 자처하여 동행했다. 처음에는, 한 달 정도 성산포 일대에서 느릿느릿 책 읽고 글도 쓰고 오겠다는 계획이었는데, 가족들이 걱정해서 날짜를 짧게 줄여서 떠났다. 일상에서 못다 삭혀 서걱대던 감정의 찌꺼기들이 푸른 제주 바다에 녹아들었다.
　공항 근처 해변의 푸드 트럭에서 큐빅 스테이크와 감자튀김에 커피까지 사 들고 온 아들과 여유로운 점심을 하니 감회가 새로웠다.

"그냥 이렇게 훌쩍 떠나 올 수 있었는데, 참 여러 번 벼르기만 했었다. 그치?"

"우리가 서울, 대구, 대전에 떨어져 살면서 엄마가 많이 바쁘셨잖아요. 그동안 정말 열심히 사셨다고 날씨도 선물같이 좋네요. 한라산이 깨끗하게 보여요."

"응 맞아 맞아. 정말 너무 열심히 살았어. 좀 놀면서 덜 열심히 살걸."

사춘기적 아이처럼, 팬스레 어깃장을 놓고 싶어졌다. 바람을 등지고 앉아 막아주는 든든한 체격만큼이나, 아이의 마음도 많이 넓어졌구나 하는 생각에 응석을 부렸다.

애월에 있는 까미노 까페에서 오후 한나절 책을 읽었다. 박노해의 〈사람만이 희망이다〉 중간에, '기평아, 기평아, 기평아? 나 살아 있으마, 너 살아 돌아오너라 …… 설산에서 돌아오는 부처님처럼 돌아오너라. 광야에서 돌아오는 예수님처럼 돌아오너라.'하는 대목에서 페이지를 더 넘기지 못하고 후드득 눈물을 떨궜다.

통유리창 너머, 햇살 따뜻한 구석자리에 혼자 앉아, 씁싸래한 카푸치노를 마시며, 돌담, 밭 사이를 산책하는 아들의 뒷모습을 보며 평평 울었다. 1980년대와 1990년대의 그 험하고 가파른 시절에 감옥에 아들을 둔 어머니의 간절함이 그대로 전해져 울었고, 몇 해 전 응급실에서 떠나보냈던 어떤 청년이 생각나 울었다.

우리 조카와 같은 또래였고, 전차 훈련 중 사고로 심폐소생술을 하면서 응급실로 실려 왔었다. 응급카트의 약물을 다 쓰며, 군의관들과 번갈아 가며 멈추지 않고 심폐소생술을 하고, 헬기도 준비했지만, 두개골 손상이 심했던 그 아이는 끝내 구할 수가 없었다. 보호자들이 올 때까지 심폐소생술을 계속했다. 응급실에서 그 엄마가 쓰러지고 통곡하고 오열할 때 나는 울 수가 없었다. 상황을 종합하고, 응급실 근무자들을 챙기고, 시간대별 의무기록과 조치를 확인해야 했었다.

묻어 두었던 감정들과 오래된 기억들이 마치 지뢰밭을 건드린 것처럼 터져 나왔다. 담담할 수 없는 일 앞에서도 차분해야 하는 것, 그동안 나의 일들은 대부분 그래야 했었다. 오후 햇살에 풀어지는 날씨처럼, 가슴속 저 아래 어디에선가 울컥 올라오는 것들을 마주하며 꺼내어 눈물로 쏟아냈다. 아팠다.

울고 싶었던 일들이 어디 그것뿐이었을까.
"엄마랑 같이 오니, 여유 있고 좋네요. 수학여행 때는 단체로 바쁘게 다녔거든요."
"그랬구나, 그때 아들이 오름에서 사진 찍어 보내줘서 엄마 아빠는 참 좋았는데."

아이는 사춘기 중고등학교 시절을 힘들게 보냈다. 선생님도 부모도 나서서 해결해 줄 수 없는, 학급에서의 소소한 부딪힘은 결코 소소하지 않았었다. 스트레스가 많은 남자아이들이 한 공간에 모여 생활하는 건, 어떤 면에서는 정글 같은 분위기였을 것이다. 바다를 보며, 섬처럼 외로웠을 아이의 마음을 헤아려 본다. 다행히 고등학교 때에는 비행기 타고 친구들과 함께 제주 수학여행을 가겠다고 했을 때 얼마나 감사했던지.

"민석아, 저기 제주도 돌담을 보면, 구멍이 숭숭 뚫려 있잖아. 그래서 태풍이 세게 몰아쳐도 무너지지 않고 튼튼하게 버틴대. 그 돌 틈들 사이로 바람이 지나가면서 순해진대. 콘크리트 담벼락은 태풍에 무너져도, 제주 돌담은 끄떡도 없다고 하네."

"저도 알아요."

"우리도 지금이, 제주도 돌담 같은 시간이 될 거야."

"엄마도 퇴직하고 쉬면서 이런저런 생각들을 해보고, 너도 휴학하고 쉬면서 앞으로 어떤 걸 할지 그려보는 이 틈새 시간이 돌담처럼 더 단단해지는 시간이야."

"뭘 꼭 많이 하지 않아도, 충분히 잘 쉬는 것만으로도 여행목적 달성이라는 거죠?"

"빙고, 그게 가장 중요하지. 맛있는 거 많이 먹고 재밌게 놀다 가자."

하여, 나는 울다 웃으며 아들과 함께 동으로 서로 제주 풍경을 누볐다.

중문단지에서, 광주에서 함께 근무했던 오경식 선배를 만났다. 통갈치 조림을 사주셨다. 서귀포에 살고 있는 제주도민이라 현지 사람들이 잘 아는 맛집도 알려주셨다.

"조그맣던 초등학생 아들이 벌써 이렇게 컸네. 어이 아들, 막걸리 한잔 받아라."

"정말 조오타."

"반갑습니다. 자주 만나요. 다음번에는 사모님도 같이 나오세요."

몇 년 만에 만나도 어제 본 것처럼 반가운 건, 계산되지 않은 순수한 열정으로 함께 하는 시간을 살았기 때문이었으리라. 광주병원에서 선배가 인사과장을 할 때, 한참 후배인 나는 날마다 쌈닭처럼 날을 세우고 다녔었다. 부끄럽게도, 지나친 책임감과 요령 없는 몰입은 스스로와 주변을 모두 피곤하게 했었다. 그때, 점심을 먹고 선배님 사무실에서 커피 한잔 마시면, 복잡하던 행정부와 간호부 업무협조도 쉽게 해결되었다. 부대 이전 업무를, 설계도 검토와 비품 수요와 의료장비 이전설치까지, 주로 군수과장 오정우 소령과 내가 불광불급의 정신으로 파드닥대며 서두르면, 인사과장님이 전체 큰 그림을 차근차근 그려 주기도 했었다. 걱정스러운 당부도 하셨다.

"사람이 우선이야. 우리가 일하는 것들은 시간 지나면 잘한 것도 못 한 것도 있겠지만, 사람들 사이 관계는 정말 오래가는 소중한 거야."

"양 소령, 아이들이 어릴 때 함께 하는 시간을 많이 보내요. 그래야 나중에 커서도 추억이 있고, 부모 자식 간에 함께 하는 것도 연습과 습관이 되어야 가능하더라."

여차하면 전투준비태세처럼 일에 달려드는 초보 과장 엄마군인에게, 고참 과장님의 애정 담긴 조언은 늘 따듯했었다.

"양 중령, 전역을 축하해요. 천천히 잘 둘러보면 재미있는 게 참 많아. 삶의 속도가 예전 같지 않아서 힘들어 할 것 같아 걱정된다. 서두르지 말고, 좀 쉬며 놀아봐."

오늘은 사회 초년생활을 시작하는 후배에게, 조급한 성정을 다스리라는 말씀이었다.

맑은 날은 비자림 숲길을 걷고, 비 오는 날은 우의를 입고 아들과 함께 김녕미로에서 고양이를 찾아 철퍽댔고, 에코랜드를 탐방하며 쉬엄쉬엄 시간을 보냈다. 저녁에는 숙소에 일찍 돌아와, 캠핑카 마당에서 오겹살 바비큐를 했다. 아들과 맥주도 한 잔 마시니 참 좋았다.

"엄마가 퀴즈 낼게 맞춰봐."
"엄마가 길을 잃었어. 이걸 4글자로 줄이면?"
"와 해방이다. 아님, 야 신난다. ㅋㅋ"
"이 녀석이 취중 진담을 하시네. 맘마미아. 정답은 맘마미아."
살짝 삐쳤더니, 아들도 퀴즈를 하나 냈다.
"어린 물고기들의 대장을 4글자로 줄여보세요"

"뭐지? 뭘까?"

"치어리더."

엄마를 위해 아들은 재롱을 섞어 노래를 불러줬다.

"엄마, 힘내세요. 우리가 있잖아요! 천천히 쉬면서 재미있게 지내세요. 저랑 누나랑 아빠가 도울게요."

이런 기특한 사람을 보았나, 내친김에 취한척하며 분위기가 좋을 때 고백을 했다.

"예전에, 엄마가 생도 누나들하고 훈련 가느라 우리 아들 초등학교 졸업식에도 못 갔었잖아. 미안해."

"어휴, 괜찮아요. 엄마의 죄를 사하여 주노라. 그 대신, 소풍 때마다 엄마가 새벽에 일어나 김밥도 싸주고 잘 해줬어요. 그리고 중학교, 고등학교 졸업식은 오셨잖아요. 이제는 저도 많이 컸으니 미안해하지 않으셔도 되요."

"또 있는데, 전에 동네 친구들이랑 형들이랑 놀다가 싸웠을 때, 엄마가 아들 편을 안 들고 화내고 너만 많이 혼냈잖아. 그것도 미안해. 엄마가 나빴네. 용서해주라."

"에구, 어머니 취하셨네. 술 그만 드셔야겠네. 아빠한테 전화해야겠다. 아빠, 엄마가 자꾸 취한 척하고, 아들 말 안 듣고 고집부리고 그래요. 나 힘들어. 그만 드시라고 말 좀 해주세요."

전화기 너머로 어떤 답이 오는가하고, 잠시 쫑긋 했는데, 남편은 역시 현명하다.

"엄마한테 잘 해드려라. 여보, 아들 힘들게 하지 마세요."

양다리 작전, 어느 쪽으로도 기울지 않았다.

"알았어요. 엄마 군대졸업 기념여행이니까, 제가 잘 챙겨 드릴게요."

"음…… 말로만? 오늘도 종일 엄마가 운전했잖아. 아들이 빨리 운전 배워서 엄마를 좀 모시고 다녀라. 이제는 어깨도 아픈데, 옆자리에서 편하게 다니고 싶네."

"그럴게요. 휴학 때 운전면허 따려고 했어요. 집에 가면 운전학원 등록할게요."

맥주 두 잔에 취한 척하다가, 아들 운전학원 등록에 성공했다. 이제는 엄마가 하는 말은 대체로 잔소리로 가 닿으니, 스스로 결정한 일에만 움직이는 다 큰 아들이다.

제주 세화 바닷가는 맑고 푸르고 아름다웠다. 하늘이 맑으니 종일 해변을 걸어도, 바다 색깔이 흰 모래밭에 옅은 남청색 수채 물감을 스르르 풀어 놓은 듯 신비했다. 섬에서 다시 섬으로 가보았다. 가파도 청보리밭을 따라 바람이 시원하게 불었다. 자전거를 타고 섬을 한 바퀴 돌고 오면, 바다도 덩달아 한 바퀴 맴을 돌아 그 자리에 부딪혔다. 하얗게 밀려왔다 부서지는 파도에 오랜 상처를 씻었다. 멀리 하늘에 닿은 바다가 수평선을 펼쳐주었다.

잘 가라, 내 작은 아픔들아. 잘 가라, 깊은 슬픔들아!

어스름 저녁에 캠핑카에서, 우리아들 멋지군은 쉐프가 되었다.

비자림과 가파도, 제주의 바람을 느끼다.

자그락자그락 하며

내 편 감사

아빠 아빠, 아빠는 멋있어요

우리 어머니 김금선 여사

내 아버지는 광부셨다

울 엄마 권춘매 여사

안개 낀 대관령을 넘다

달은 크지 않아요, 내 손톱만 해요

거룩한 장아찌

내 편 감사

포천 일동에 살 때, 아이들은 학원에 안 가는 대신 집에서 일일 학습지를 했었다. 수학과 국어, 한자까지 매일 하려면 분량이 꽤 많았다. 혼자 매일 꾸준히 공부하기는 어른들에게도 어려운 일이라, 초등학교 고학년에겐 무리였다. 엄마가 매일 공부를 봐주며 함께 습관을 들였으면 좋았을 텐데, 바빠서 그러지도 못했다. 그런데 또 가끔은 숙제 검사를 하고, 학습지가 미루어져 있으면 야단을 쳤다. 아이들 입장에서는 많이 속상하다. 산수 연산 문제를 풀다가 아들이 뜬금없이 물었다.

"아빠는 어쩌다 저렇게 사나운 여자분과 결혼하게 되셨어요?"

시험에 든 남편, 몇 초간의 짧은 침묵을 무사히 통과하고 하는 대답이 썩 좋았다.

"엄마도 예전에는 안 그랬다. 너희들이 잘해드려라."

"예전에는 어땠는데요?"

딸아이의 질문 공세에 난감한 남편을 대신해서 저녁밥을 하던 내가 거들었다.

"엄마도, 결혼 전에는 우아하고 연약하고 친절한 아가씨였다 뭐."

"우! 웬 연약까지. 헐이다 헐."

숫자를 정확하고 예쁘게 쓰라는 지적대장 엄마와 친절한 아가씨는 아무래도 거리가 한참 멀었나 보았다.

남편과 처음 만났던 때는, 벚꽃이 나부끼던 4월 중순이었다. 고향 선배이자 친척 아저씨를 만나러 친구랑 같이 화랑대에 놀러 갔었다. 그쪽에서도 함께 나온 친구가 있었다. 오래된 나무들과 꽃들로 조경이 예쁜 캠퍼스는 부러움과 시샘이 반반이었다. 그때는 몰랐었다. '도전과 희망만으로도 젊음은 아름다운 것이니, 무슨 일이든 자기 자신을 던져 보는 것은 행복할 것 같군요.'하고, 모범답안 같은 말을 하던 재미없는 남자와 결혼하고 짝꿍이 되어 살게 될 줄 어찌 알 수가 있었을까.

그 무렵 나는 너무나 고민이 많았었다. 수도병원 실습을 하면서 계속 생도 생활을 할 것인가, 떠날 것인가 하는 내적 갈등에 스스로 시달리느라 마음이 온통 회색빛이었다. 앞날에 대한 고민으로 초조함과 불안함에 늘 어깨가 결렸다. 간호학생의 어중간한 위치는, 종일 무엇인가 바쁘지만 딱히 한 것도 없는데 실습의 피곤이 저녁마다 밀려왔다. 사례발표(Case Study)로 이어지는 수업도 영 재미가 없었다. 주말에 신촌에서 만나는 고향 친구들은 시국 토론에 열을 올렸었다. 동창들이 학교 동방에서 대자보를 쓸 때, 나는 교지에 시를 썼다.

그들이 삶의 투쟁을 말할 때, 나는 생명 영역 언저리의 젊은 죽음들을 애도했다. 향우회 사람들의 손끝에 유성 매직 흔적이 진해질수록, 제복을 입은 나는 그들에게 차츰 연락을 안 하게 되었다. 외로움과 친밀함 그 사이 어디쯤을 헤매며 마치 홀로 사막을 지나는 심정이었다. 휴일엔 온종일 종로서적에서 책을 읽었다. 당산에서 등촌동까지 버스를 타지 않고 타박타박 걷다가, 병원을 지나 목동까지 가기도 했다.

생도숙소 내 방 창문으로 내려 보이는 수도병원 영현실에서는, 새벽이면 젊은 아들을 떠나보내지 못하는 어머니의 길고 메마른 울음소리가 들려왔었다. 불면의 몇 밤을 지내고, 5월이 가기 전에 자퇴서를 썼다. '선택은 항상, 좀 더 불확실하고 힘든 쪽으로'라고 결심을 한 뒤, 용기를 내어 훈육진 면담까지 마쳤다. 집에 전화를 했다. 며칠째 통화가 안 되던 엄마 대신, 막내 여동생이 전화를 받았다.

"엄마는? 왜 계속 전화가 안 되는데?"

"엄마가 수술받고 병원에 있다."

"언제? 왜? 나한테는 그런 말 없었는데?"

"언니 걱정할까 봐 지난주에 전화 왔을 때 입원했었는데, 엄마가 말하지 말랬어."

눈물이 났다. 엊그제 통화할 때도 별말 없더니, 엄마가 아픈 걸 나만 몰랐다.

"나보고 어쩌라고……."

눈부시고 애틋한 스무 살의 봄에, 나는 어쩌지도 못하고 일요일 아침이면 동작동 국립묘지를 혼자 걸었다. 철교 아래로 흐르는 한강을 참 오래 바라보았다. 목련이 지고, 벚꽃이 흩날리고, 라일락이 피는 그 계절에 천천히 짐을 풀었다. 룸메이트도 몰랐던, 서성이던 나의 봄은 그렇게 지나갔었다.

청산은 나를 보고 말없이 살라 하고 창공은 나를 보고 티 없이 살라 하네.

탐욕도 벗어놓고 미움도 벗어놓고 물같이 바람같이 살다 가라 하네.

나옹선사의 시를 출입문에 붙여놓고, 나는 무심히, 무정하게 생도 3학년을 살아냈다.

그리고 간호장교가 되기로 했다. 살다 보면 때로는 떠나는 것보다 남는 일이 더 큰 용기가 필요할 때도 있었다.

충남 논산군 연무읍 안심리 사서함 16호. NOQ. 간호장교 생활을 처음 이곳에서 시작했고, 그 후로 '전후방 각지' 근무로 참 여러 번 주소가 바뀌었다.

  남편은 소백산 죽령에서 선배로서 조언을 담아 편지와 책을 선물로 보내줬다.

  "옛날 등대에서는, 불빛을 밝히지 못하던 시절에 총을 5분 간격으로 쏴서 그 위치를 알려줬다고 한다. 저절로 발사되도록 설치를 해놨지. 오랫동안 그곳에 일하던 등대지기는 5분마다의 총소리에 개의치 않고 잠을 잘 수 있었다. 어느 날 저녁 총이 고장 나 멈추게 되자 이 등대지기는 크게 놀라서 깨어나 총을 살폈대. 습관에 적응되고 익숙하게 되면 그것이 자장가로 들렸겠지. 습관이 성격을 만들고 성격이 운명을 만든다더라. 좋은 책 많이 읽고, 좋은 습관을 들이시길."

  철쭉이 만발한 연화봉에 야간 순찰을 다녀온 날은, 고전적인 낭만도 담겼다.

  "내 마음은 호수요, 그대 노 저어 오오."

  읽을수록 웃음이 났다. 시의 중간을 패러디한 답장을 내가 보냈다.

  "나는 수영을 못하오, 나그네에게 불어 줄 피리도 없소. 밤은 새지 마시오, 피곤은 건강의 적입니다."

  논산 연무대는 KBS는 대전 방송이, MBC는 전주 방송이 잡혔다. 심심하고 작은 동네였다. 나는 밤 근무를 마치고, 그는 야간 당직을 한 다음 날 대전에서 만났다. 늦은 아침을 먹고, 커피를 마시고, 좀 걷다가, 영화관에 가면 졸렸다. 무안할 것도 없이 침 흘리고 졸다가, 머리를 그의 어깨에 떨구고 아예 푹 자기도 했다. 언제나 무슨 얘기든, 내 편을 들어주는 사람과 서울, 광주, 춘천으로 장거리를 오가며 초능력을 발휘해 가며 그렇게 만났다. 양구에서 익명성이 미보장 되는 연애를 끝으로 결혼하고, 그의 호칭은 '선배'에서 '남편, 아니 내 편'이 되었다.

남편은 군인이다. 우리는 결혼생활 중 23년을 부부군인으로 살았다. 함께 생활하는 시간보다 떨어져 사는 시간이 더 많았다. 상황을 바꿀 수 없을 때는, 해석을 긍정적으로 하는 게 남편의 큰 장점이다. 어찌 보면 '행군' 같은 군인가족의 삶을 '여행'으로 생각하고 살아서 행복한 점이 더 많았다. 하지만, 아이들이 사춘기에 접어들고 남편이 대대장을 할 때는 참 야속했다. 가끔 집에 오면, '아이들 걱정'을 하는데, 그 아이들은 부대에 있는 용사들을 뜻했다. 견장의 무게는 그런 것이었다. 나도 전방병원 과장이라 응급 대기가 많았다. 월·화·수·목·금·금·금, 365일 24시간을 부대에 몸과 마음을 묶어 두기는 남편처럼 나도 마찬가지였다. 특히 아들은 아빠가 늘 그리웠고, 엄마가 고파서 많이 외로운 시간이었다.

자등고개를 넘어 철원을 다닐 때는, 남편이 근무하는 내약사 대대 앞을 지나갔지만, 부부군인이라 더 각자의 일터를 조심했다. 때에 따라 보안감사나, 훈련, 참전용사 유해 발굴 등 어떤 일들로 바쁘겠구나! 예측이 되었지만, 세세히 묻지 않았다. 그냥 남편이 얘기하는 만큼만 들었는데, 부대 일은 서로 거의 말을 안 했고, 깊이 얘기할 시간도 없었다. 같은 길을 가는 동료이기도 하니 이심전심으로 이해해 주는 것, 그 이상의 내조를 해 본 기억이 없다.

한겨울에 남편이 과학화훈련을 떠났다. 마일즈 장비를 착용하는 과학화훈련은 피를 흘리지 않을 뿐, 실제 전장훈련이었다. 50cm 이상 눈이 쌓이고 영하의 추운 날씨에 훈련을 떠나니, 기도가 절로 나왔다. 그는 얼마나 고독하고 힘들 것인가. 험난하고 비탈진 기동로를 이동할 것이며, 지치고 추위에 떨며 매복하는 장병들과 함께 할 몇 날, 몇 밤일 것이다. 무소식이 희소식이었다. 특별한 연락이나 전화가 없다는 건, 그 하루가 무사했다는 뜻이다. 훈련을 마치고 복귀한 날, 사단장님이 주관한 환영 행사에 가족도 마중을 나갔다.

"골육지정 전우애로 다시 한 번 똘똘 뭉쳐서 승리한 백골 장병 파이팅!"

현수막이 크게 붙은 대대 입구 삼거리를 지나, 군악대의 연주 소리가 들리고, 대열을 맞춰 들어오는 남편이 멀리서 보였다. 며칠째 면도를 못 해 까칠해진 얼굴이 많이 상해 있었다. 얼음 덮인 산골 계곡 바람은 얼마나 매웠을까, 마음이 시렸다.

'훈련을 무사히 잘 마치고 돌아오게 해주셔서 감사합니다.' 기도가 저절로 나왔다.

집으로 돌아온 듯, 장병들 표정이 밝아서 마음이 놓였다. 그날 남편은, 인원과 장비정비를 하고 야간순찰을 돌고, 지휘관실에서 잠을 잤다. 아이들은 아빠와 오랜만에 전화 통화를 하는 것만으로도 신나했다. 자주 잊고 살았는데, 나는 군인 아내였다.

이임식 날, 행사가 끝나면 내가 남편을 태우고 나오기로 했다. 승용차로 일찍 출근하는 남편 옆자리에 앉았다. 위병소를 지나자 속도를 줄이며 천천히 가는 그에게 물었다.
"왜 이렇게 천천히 가요? 벌써 이임식 모드로 감회에 젖으면 안 되십니다."
길 주변의 나무들을 보며 남편이 말했다.
"아마 위병소에서 지통실로 우리 차가 들어왔다고 연락할 거야. 지금은 당직 근무자가 바쁠 시간이라, 내가 좀 천천히 가는 것이 근무자들을 도와주는 거야. 이 길이 세정로(洗淨路)예요. 내가 이름 붙였어요. 사단이나 연대에서 회의 마치고 들어올 때, 이 길을 천천히 들어가면서 마음을 깨끗하고 편하게 하려고 노력했는데, 저 나무들이 도움이 많이 되었지."

나는 평소에 부부 사이의 또 다른 사랑의 한 모습은, 존중과 존경이라고 생각했다.
남편의 빛바랜 낡은 군복과 그의 세정로를, 그날 이후 지금까지 오래도록 존경한다.

사랑하는 아내

사랑받는 아내는
친절한 아내이고
그보다 더욱
사랑받는 아내는
진실한 아내이다

진실한 아내보다 더욱
사랑받는 아내는
남편에게 마음쓰는 아내이고

그보다 더욱
사랑받는 아내는
남편을 존경하는 아내이다.

긍정적인 백호장병. 더 긍정적인 사랑하는 아내

남편이 정성들여 만든 용사들의 북 카페

아빠 아빠, 아빠는 멋있어요

　　내 인생에서 가장 잘한 일 세 가지를 꼽으라고 한다면, 하나는 두 아이를 낳은 것, 또 하나는 남편과 결혼한 것, 그리고 국군간호사관학에 간 것, 이 세 가지일 것이다. 나의 딸 유쾌한걸과 아들 멋지군은 이 세상의 모든 엄마들이 그러하듯, 나를 성장하고 성숙하게 해주었다. 신생아실 유리문 밖에서 꼼작대는 내 아이를 바라볼 때의 가슴 찡한 그 순간을 오래 기억하지만, 감사함으로 인내해야 할 엄마의 삶은 때때로 짙은 눈물이었다. 군인엄마는 늘 아이들과 함께 할 시간이 부족했다. 특히 세심한 보살핌이 필요한 유치원 전 어릴 적엔 잔병치레도 많았다. 부대에서도 집에서도 일상의 삶을 동동대며 작은 전투를 치르듯 살았다. 아이들을 재우고 뭔가 해야지 하면서 들고 왔던 일거리들은, 그대로 펼쳐 보지도 못하고 다시 들고 출근한 날이 많았다. 병아리처럼 삐악대는 유치원 발표회에 가야지 했는데, 당직을 하거나 응급호출로 깜박 잊고 지나갔던 시간은 다시 돌아오지 않는다.

"이번 주는 엄마가 부대훈련 준비하느라 집에 늦게 오는데, 이거 끝나면 많이 놀아줄게. 좀 봐주라."

"몇 밤이면 돼요?"

"열 밤만큼 많지는 않아, 한 일곱 밤 정도?"

하지만, 일과 가정의 균형은 한쪽으로 기우는 시소와 같았다. 한 가지 일에 집중해 에너지를 쓰면, 그다음에는 더 많은 일들이 선물로 돌아오는 시스템을 지혜롭게 잘 견뎌야 했다.

남편은 야근이 늦어질 것 같으면, 집에 와서 저녁을 먹고 잠깐 아이들과 놀아주고 다시 저녁 출근을 했다. 두 녀석을 양팔에 안아서 빙빙 돌리는 건강풍차 놀이, 끝말잇기 놀이, 이불 속을 돌돌 말아 들어가는 김밥 놀이, 한 사람이 누워 있으면 온갖 장난감을 토핑처럼 올려서 들어오려 주는 피자놀이, 개구리 한 마리 개구리 세 마리 율동도 신나게 했다. 앞다리가 쑤욱 할 때는, 아이들이 아빠랑 놀아주는지 아빠가 아이들이랑 놀아주는지 헷갈리도록 재미있게 놀았다. Why 시리즈 동물에 한창 빠져 있는 아들이 내는 퀴즈, 딸이 내는 난센스 수수께끼는 끝이 없었다. '놀이'를 붙이면 뭐든 즐거워지는 시간이라, '잠자는 놀이'를 할 때는 양치를 하고 누워서, 먼저 잠드는 사람이 이기는 룰도 있었다. 나는 어떻게든 애들을 빨리 재우고 밀린 일도 하고 내 시간을 좀 가지려고 갖은 꾀를 내었다. 때때로 아빠가 퇴근할 때 뽀스락 대는 까만 비닐봉지 속에, 평소 엄마가 안 사주던 달달한 과자가 들어 있는 날에는, 아이들이 현관에서부터 노래를 불렀다.

"아빠, 아빠, 아빠는 멋있어요."

"예진, 예진, 예진이는 예뻐요."

"민석, 민석, 민석이는 의젓해요."

"엄마, 엄마, 엄마는 사나워요."

엄마놀이는 참 참 참, 그렇다.

아이들에게 생활 속에서 잔소리는 주로 엄마가 하고, 남편은 편지로 마음을 전하고 응원을 보냈다. 함께 살 때는 책이나 과자 속에 메모를 넣어 주고, 떨어져 살 때는 우표를 붙인 손편지를 보내줬다. 전학하고 새 학교에 적응이 힘들 때, 시험공부가 잘 안될 때, 속상할 때 다시 꺼내 읽어보는 아빠의 편지가 아이들에게 큰 힘이 되었다.

부부군인은 주말부부의 여건이 보장되지 않았다. 당직과 응급 대기가 있었고, 훈련 일정도 고려해야 하고, 휴가를 맞추는 것도 쉽지 않다. 남편과 나의 근무지가 서로 달라 떨어져 사는 시간에는, 아이들이 커가는 시기에 중요한 일들을 함께 의논해 주지 못해 마음이 아팠다. '따로, 또 같이' 작전이 필요했다. 중학교 때부터 버스나 기차를 타고 아빠가 사는 곳에 주말에 한 사람씩 번갈아 다녀오게 했다. 서울에서 대구로 KTX를 타고 딸이 가면 동대구역에서부터 부녀여행이 시작되었다. 대전에서

용인으로 버스를 타고 아들이 갔을 때는, 부자지간에 경안천 자전거 여행을 즐겼다.

한주는 엄마가 휴가를 쓰고, 한번은 아빠가 움직이면 가족들이 같이 모였다. 계절 따라 해마다 하는 리추얼도 생겨났다. 진달래가 피면, 쌀가루를 곱게 빻아 화전을 만들고, 쑥을 뜯어 동글동글 개떡을 쪄먹었다. 가을에는 밤을 삶아 꿀 넣고 율란을 만들어 냉동실에 얼려 두고 간식을 했다. 송편을 빚으라고 반죽한 덩어리 만들어 주면, 남편은 아이들과 공룡도 만들고 세모네모 송편에, 깨볶음이 없는 꽝 송편도 만들며 놀았다. 초겨울까지 베란다에는 몇 개 안 되지만, 발갛게 곶감이 얼었다가 녹으며 햇빛에 말려졌다.

아빠가 선물했던 편지와 간식과 계절 먹거리들이 아이들의 성장 지점마다 소중한 추억으로 녹아있다. 고물고물 작은 즐거움이 그득했던 유쾌한걸과 멋지군!

살면서 혹시 어떤 어려움을 만나게 되면 '~놀이'를 붙여 보는 것은 참 유익하다.

아빠의 인기 비결은 건강풍차 놀이.
해마다 진달래꽃이 피면, 아이들의 감탄사가 떠들썩하다.
'와! 올해도 봄이 왔구나. 꽃 전 해먹어요. 맛있겠다.'

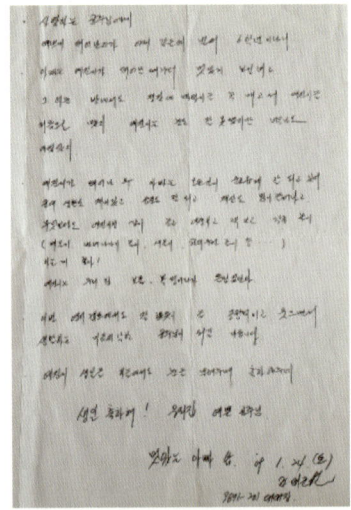
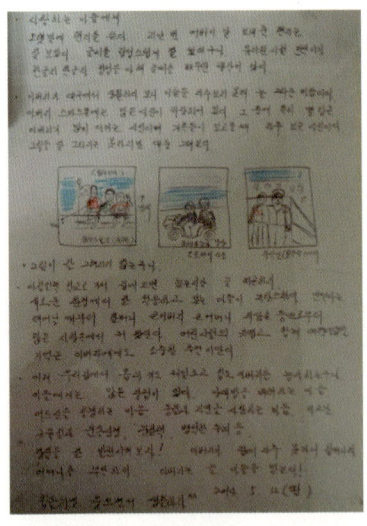

아빠 편지 좋아요, 과자랑 용돈 선물은 더 좋아요. ㅎㅎ

우리 어머니, 김금선 여사

　　　　내가 어머니를 처음 뵌 때는 5월이었는데, 기억에는 겨울 일들이 더 많았다. 추운 날, 시래기를 송송 썰어, 들기름과 국간장과 마늘을 다져 넣고, 조물조물 무쳐 두었다가 멸치다시 육수를 부어 끓여 주시는, 어머니 표 된장국은 퇴근 시간에 집 앞에서 뛰어갈 만큼 맛있었다. 약한 불에 오래오래 끓이다가, 밥상을 거의 다 차릴 때 즈음 잘게 썬 신김치를 조금 넣고, 센 불에 한소끔 더 끓이는 게 비법이셨다. 나는 몇 번이나 똑같이 따라 해 보았지만, 그 맛이 좀처럼 잘 나지 않는다.

　드라마를 보며 마주 앉아 함께 콩나물을 다듬을 때면, 예전에 어머니 새색시 때, 시집살이하신 얘기도 들려주셨다.
　"하루는, 오메가 큰 시누 집에 다니러 간 사이에, 작은 시누랑 둘이 빨래를 했지. 이불 홑청을 뜯어서 자근자근 밟아가며 깨끗이 빨아 널어놓고, 오메가 오시면 칭찬을 받겠구나, 했는데,

글씨 와서 보자마자 팽하고 걷어서 수돗물에 다시 담그시더라. '빨래가 워째 이모냥이냐' 하고 야단을 듣는데, 시상에 그래 눈물이 쏙 나오더라."

"에고, 할머니가 진짜 너무 하셨네. 새애기 때인데, 얼마나 서러웠을까."

맞장구를 살짝 쳐 드리면, 또 금세 시골에 계신 할머니 걱정을 하셨다.

"그라도, 느그 할메는 깔끔해서 시방도 본인 손빨래 하신다. 먹는 것도 애기마냥 쪼깐씩 드시는데, 감기나 안 걸리셨나 모르겄다. 느그 작은 오메가 욕볼 텐데."

이렇게 훈훈한 고부간을 보았나 싶다가도, 때때로 이야기가 옆길로 흘렀다.

"시어른들 모시고, 시동생들하고 그때 참 열심히 살았는데, 느 아버님은 참 고생한다는 말도 한번을 안 해주데. 잔정이 없었어야. 그런데 아범은 누굴 닮아서 저렇게 자상하냐? 날마다 늦게 퇴근해서 피곤할 텐데, 옷 갈아입을 시간도 없이 아가들이 매달려도 한번을 싫은 내색도 않고 놀아주고, 잠자기 전에 책도 읽어주고, 과일도 깎아주고, 참 볼수록 신기허네."

우리 어머니, 보기에도 아까운 아들 자랑에, 또 읍내 누군가 당신 아들을 사윗감으로 탐냈노라고 은근슬쩍 힘을 주시면, 나는 심술이 동하여 조용히 약을 올렸다.

"어머, 그랬구나. 맞선보라 했을 때 어머니 말씀 잘 들었으면

장가도 일찍 가고 참 좋았을 텐데요. 그때가 아범이 한창 저랑 연애할 때네요. 지금처럼 핸드폰이 없어서, 미리 연락도 않고 왔다가 몇 시간씩 기다리고 그냥 얼굴도 못 보고 가서 제가 엄청 미안한 적이 많았어요."

어머니 표정이 살짝 안 좋아진다. 성공 ㅋㅋ

"어떨 때는 제가 약속해놓고 응급수술 있어서 들어가면, 오전 내내 못 나오기도 했어요. 제 친구더러 같이 밥 먹고 차 마시고, 제가 나갈 때까지 좀 있어 달라고 부탁했지요. 그러면 저녁에 또 제 친구들 여럿 불러서 아범이 밥을 몽땅 사줬어요."

어머니의 표정이 점점 안 좋아지시더니, 주제를 바꾸어 반격을 하신다.

"참, 신건지가 다 떨어졌으니 오늘 좀 새로 담그자"

"무시랑 마늘허구, 고춧가루 곱게 갈은 거, 양파랑 찹쌀가루도 꺼내 봐야."

"고춧가루 어떤 봉지 거예요? 찹쌀은 뭐 하시게요? 어머니, 양파는 어떻게 해요?

채 썰어요? 아님 믹서에 갈까요?"

"반은 썰고, 반은 찹쌀풀이랑 같이 갈아 야지. 너는 어째 젊은 애가 번번이 가르쳐 줘도 할 때마다 물어보냐?"

에구, 어머니 김치는 시원 새콤달콤하여 한 입 떠먹으면, 두 번, 세 번 자꾸 먹게 되고 나중에는 한 그릇씩 퍼먹게 되는 마약 같은 맛이었다. 옆에서 여러 번 봤어도, 도전하기에는 고난도의 요리다. 그저 어머니가 시키는 대로, '고춧가루 줘봐라.' 그러시면 두 스푼 떠 드리고, '찹쌀풀 만들어라.' 그러면 또 물어보고, 모친의 승리로 마무리되는 주말이었다. 물김치를 담고 나서, 목욕바구니를 챙겨 둘이 같이 회관에 가서 번갈아 등을 밀었다.

"어머니, 저 살가죽이 다 벗겨지는 줄 알았어요. 보세요, 빨갛잖아요. 엄청 아파요. 좀 살살 밀어주시지."

"그랬냐? 살살 했는데, 너는 그러고 겁이 많아서 어떻게 주사도 놓고 허냐?"

조금 싸가지가 없는 며느리는 누가 보면 딸인 줄 알만큼, 우리 어머니는 나를 참 많이 봐주시고, 무거운 군복입고 군화신고 출근한다며 안쓰러워 해주셨다.

어머니와 관계가 조금씩 멀어지지 시작한 것은, 순전히 '밥' 때문이었다. 날마다 갓 지은 따끈한 밥을 당신 아들에게 먹이고 싶어 했다. 나도 떨어져 사는 시간이 많은 부부군인이라, 되도록 갓 지은 밥을 먹을 수 있으면 그렇게 하려고 밥을 조금 했다. 아이들과 다섯 식구라, 어쩌다가 남게 되는 밥은 냉동실에 두었다가 볶아 먹거나, 식혜를 만들었다. 그런데 가끔은 밥이 남았다. 어머니는 전기밥솥에 먹을 만큼 밥이 있어도, 딱 한 그릇 분량의 새 밥을 하셨다. 심지어는 전기세 많이 나온다고 코드를 뽑아 놓기도 하셨다.

"여기 밥도 따신 것이니, 이거는 우리 둘이 먹고, 아범 것만 새

밥을 허자."

새 밥인지, 전기밥솥에 있던 밥인지 모르는 남편은 그저 맛있게 먹었다.

"오늘은 애들하고 아범 밥만 더 했어야. 우리 먹을 것은 저기 퍼 놓았다." 하시는데 매번 속이 상했다. 몇 번 참았다가 드디어 말을 했다.

"어머니, 제가요, 어릴 때 밥 먹다가 오빠들이 물 떠오라고 하면 정말 싫었거든요. 그래서 우리 집에서는 주전자를 옆에 가져다 놓고 각자 물 따라 먹었어요. 그리고 친정아버지는 저만 생선 발라주셨어요. 저도 새 밥 먹을래요. 식은 밥 먹기 싫어요."

오호 통제라, 내가 제일 싫어하고 못 견디는 것이 일상에서 치사하고 미세한 이런 차별인데, 나는 어머니와 차츰 대화가 줄어들었다.

그렇게 소극적인 반항을 한 후에 우울감이 들었다. 명절 때도 대충 나중에 차려 먹는 여자들 밥상이 몹시 마음 상했다. 사람이 많이 모이는 시댁에서, 일 년에 두어 번 있는 일이고, 그것도 잘 참석하지 못하는 불량한 며느리라 내색하지 않았었다. 하지만 날마다 세세한 생활 속 먼지차별을 겪기는 싫었다. 나의 역린(逆鱗)이었다. 남편에게 불똥이 튀었다.

"남자들은 스스로 자기가 엄청 진보적이라 생각한대요. 그런데, 그 기준이 대부분 자기 아버지 모습이래요. 아버님은 아마 부엌 근처에도 안 가셨을 거야. 다들 그렇게 사셨으니까, 그런데 우리 남편은 아이들이랑 자상하게 잘 놀아주고, 설거지도 가끔 도와주고 엄청 진보적이라고 생각하지? 나는 도와준다는 그 말 자체가 모순이라고 생각하는데요, 기준점이 달라도 한참 달라. 너무해. 진짜 너무한 것 같아"

"침착합시다. 와이프 심술 났구나. 아직도 잘 모르시나 본데, 나는 진보도 혁신적인 사람도 아니에요. 그런 생각 안 해요. 그냥 단지 가정적이고 싶을 뿐이야."

싸워서 해결될 일도 아니었지만, 대화를 피하는 남편도 밉게만 보였다. 무조건 내 편인 줄 알았었는데, 내 편인 듯 내 편 아닌 '남'편이었다.

"저번에, 내가 시래기 된장국 끓이다가, 마지막에 김치 넣고, 그 뒤에 노란 마법가루 한 스푼 넣었더니, 어머니가 끓인 맛이 나더라 뭐. 어머니 비법은 MSG이였어."

밥에서 시작한 치사한 전투는, 된장국에 대한 소심한 폭로전으로 그렇게 끝났다.

화천의 긴 겨울을 다섯 번, 광주의 겨울을 세 번, 이렇게 여덟 해를 어머니와 함께 살았다. 사실은 우리 어머니가 아이들을 키워주시면서, 천방지축 제멋대로인 막내며느리를 참고 돌봐주시면서, 함께 살아 주셨다고 하는 게 맞는 표현이다.

오래된 화악아파트는 한겨울에 배관이 잘 얼었다. 1층에 사는 우리 집 화장실에는 위층들이 사용한 세탁기 물이 개수대 바닥으로 역류되어 올라오기도 했다. 그냥 있으면, 화장실에서 비눗물이 넘쳐 거실과 부엌으로 들어와서 퍼내기도 했다.

"아까 탈수 소리가 났으니, 거의 다 됐다. 위층에 올라가지 말거라. 그래도 우리 집 빨래한 물은 욕조에 담았다가 내일 낮에 녹을 때 버리면 되니, 다행이지 뭐냐."

나는 요즘도 가끔, 눈이 내리고 얼음이 꽁꽁 얼어 추운 바람이 부는 날에는, 문득 그날 조용히 물을 퍼내던 어머니의 뒷모습이 떠오른다.

요즘도 어머니는 가끔 택배를 보내주신다.

"아야~ 김치허구, 뭣이냐 콩이랑 깨 볶아서 좀 넣어 보냈다. 신문지에 돌돌 말은 것은 참기름이니께, 조~심혀서 꺼~내라 이. 깨뜨리지 말구 잘 혀."

전화기 너머로 당부 목소리가 바쁘셨다. 텃밭에 참깨 모종을 심고, 물을 주고, 풀을 뽑고, 햇볕 찾아 마당을 이리저리 옮겨 가며 말리는 모습이 선하다. 허리며 어깨랑 무릎에는 파스가 더덕더덕 붙었을 것이다. 깻묵이 나오고 기름이 담아질 때까지 방앗간 기계 앞을 지키고 앉았을 동그란 등도 보인다. 조심조심 신문지를 폈다.

우리 어머니는 얼마나 많은 날들을 살피시며 참고 사느라 저렇게 등이 휘셨을까 애잔하다.

화천에 살 때, 비목축제에 어머니랑 같이 갔었다.
탱크를 좋아하는 그녀 ^-^

말이나 글로 다
표현하기 힘든 사랑을
받았지만 마음을
담아 적어봅니다.
감사합니다. 사랑합니다.
예전에도 앞으로도
그리고 지금도

아들이 할머니께 쓴 생신카드

내 아버지는 광부셨다

　내 아버지는 광.부.셨.다. 이렇게 적고 나니, 마음이 아득하게 저려온다.

　아버지 하면 떠오르는 단어들…… 도계역, 봉봉, 쌕쌕, 티피초코, 우산, 막걸리, 채탄, 굴진, 대한석탄공사, 사끼야마, 아다무끼, 상추쌈, 동태탕, 가자미회, 허수아비, 배추, 크라운 산도, 오리온 초코파이, 비, 바람, 진달래꽃, 천둥산 박~달재…… 이런 말들을 떠올리다가, 가슴 깊은 곳에서 까닭모를 설움이 일어 눈물이 고인다.

　초등학교 4학년 때, 어느 비 오는 가을 저녁이었다.
　"비 오는데, 느그 아버지 우산이 없네. 갖다 드려라. 오다가 또 막걸리 집에 들르지 못하게, 기다렸다가 같이 오니라"
　엄마는 동태탕에 햇무를 숭숭 썰어 넣으면서, TV 인형극을 보고 있던 나에게 다녀오라고 했다. 신라 충신 박제상이 고구려에서 볼모로 잡혔던 왕자를 구해온 후에, 다시 일본으로 또 다른 왕자를 구하러 가는 내용이었다. 한참 재밌게 보는데, 동생도 오빠들도 아닌, 나만 심부름시키는 엄마를 속으로 투덜댔다. 우산을 들고, 아빠를 마중 갔었다.

산과 산이 마주하고 있고, 그사이에 작은 강물이 흐르는 동네였다. 이쪽 산기슭에 사택이 있고, 저쪽 산 입구가 아버지가 일하시는 석공(대한석탄공사)이었다.

5일장이 서는 신작로가 나오고, 다리를 건너 언덕을 올라가다 보면 막걸리 집이 너덧 군데 있었다. 사택이 있는 이쪽 언덕배기 입구에도 막걸리 집이 두세 군데 더 있다. 어느 쪽이든, 나는 아버지의 단골 막걸리 집을 잘 알았다. 평소에는 주로 막걸리 집에 있는 아빠를 찾아 우산을 드렸는데, 그날은 엄마가 저녁을 일찍 준비했는지, 내가 좀 빠르게 걸었는지, 석공 입구까지 우산을 쓰고 올라갔다. 사실은 그곳까지 간 것은 처음이었다. 갱도 입구에서 아저씨들이 나오고 있었다. 모두 까만 옷에 까만 얼굴들이다. 멀리서 누군가 눈을 반짝이며 걸어왔다. 하얗게 웃는 치아가 보였다.

"우타, 여까지 왔노?"

목소리는 아빠가 맞는데, 한 번도 본 적이 없는 까만 아버지였다. 그날 이후, 나는 아버지가 이쪽 언덕 두 번째 막걸리 집에 오래오래 술을 마시고 있어도, 엄마에게 일러주지 않기로 마음

먹었다.

　양지사택 언덕에 서서 읍내를 내려다보면, 꽤 큰 도시처럼 불빛이 밝게 반짝였다. 산으로 둘러 싸여, 동그랗게 보이는 작은 하늘을 쳐다보며, 기차가 지나갈 때마다, 꼬옥 멀리 떠나가서 살으리라 다짐하던 날에는 밤하늘에 별이 무수했다. 어느 해 막걸리를 많이 드신 어느 어린이날에 아빠가 크라운 산도와 오리온 초코파이를 한 통 씩 사 들고 오셨다. 내 기억으로 처음이자 마지막으로 받은 어린이날 선물이다.

　아버지가 돌아가시고 몇 해 후, 서울 안국동의 꽤 유명한 빵집에서 알록달록 동그란 마카롱을 보았는데, 크라운 산도가 생각났다. 울컥 아빠가 보고 싶었다.

　내 유년의 기억은 늘 집을 벗어나 멀리 떠나고 싶은 방랑객과 같은 심정이었다.

　고3이 되어 대학 원서를 쓸 때였다.

　"사범대학이나 교대에 가면 입학금은 어떻게 대어 주마."

　아버지의 걱정을 뒤로하고 나는 사관학교에 진학했다. 부모님의 영향에서 벗어나고 싶었다. 대구는 낯설지만 아주 먼 곳이라 마음에 들었다. 강릉에서 동대구까지 무궁화 열차가 있었다. 도계역에서 오후 3시에 타면, 동대구역에 오후 9시에 도착했다. 가입교 전 날, 작은 가방 하나 챙겨서 기차역으로 갔다. 아버지는 매점에서 오렌지 봉봉과 쌕쌕과 티피초코를 사주시며 자꾸 서성이셨다.

"면접 때 친구들이랑 묵었던 숙소에서 잘 거라 괜찮아요. 입학식 때 오세요."

나는 그렇게 아버지를, 탄광촌 도계를 떠났다.

음력 4월 9일, 해마다 아버지 생신에 나는 가족들과 함께 한 기억이 없다. 휴가를 냈다가도 훈련이나 비상대기로 취소될 때가 많았다. 결혼 후에는 아이들과 남편과 내가 3인 가족으로 살 때도 있었다. 어쩌다가 명절이나 연휴에 친정을 가면 나보다 부모님 마음이 더 바빠지셨다.

"차에다 이거마저 싣고, 얼른 출발 하거라."

김치나 육개장을 두 겹 세 겹으로 꽁꽁 묶어, 국물 한 방울 안 흐르게 야무진 포장은 아버지 솜씨였다. 애들 간식하라고 하나씩 신문지에 돌돌 말아 넣어주신 유정란도 실금하나 안 가게 단단히 챙겨 주시던 아빠였다.

어느 해 3월 중순인데도 눈이 꽤 많이 내렸던 초봄에, 친정엄마가 전화를 했다. 막내 여동생과 함께 급하게 동해 친정을 가 보았다.

오래된 집안 대소사들은 늘 그 자리에 맴돌았고, 부모님은 함께 늙어 가시면서도 오래된 그 패턴대로 부부싸움을 하셨다. 꺼칠해진 피부에 통 말씀이 없는 아버지를 모시고 바닷가 횟집에 가서 가자미회에 막걸리를 사드렸다. 조금은 이해한다는 무언의 응원을 해드리고 싶었는데, 결국은 아무 말도 못 했다.
 엄마에게 괜히 투덜댔다.
 "두 분 일은 둘이 해결하세요. 바쁜 자식들 오라 가라 하지 말고. 엄마도 이제 좀, 그러려니 하고 서로 맞추는 시늉이라도 좀 하면 안 되나?"
 나는 엄마의 넋두리를 들어주는 큰딸이었기에 심리적 피곤이 쌓였었다.
 다음 해, 아버지는 오토바이를 타고 옆 동네에 다녀오시다가 돌부리에 부딪혀 넘어지셨다. 머리를 다쳐 중환자실에 한 달을 계셨다. 퇴원해서 아직 온전하지 못한 걸음으로 밭에 나가시고, 고추를 따서 말리고 하셨는데, 심장마비로 돌아가셨다. 첫 기일, 형제들이 모두 모이는 그때에도 나는 비상대기를 하느라 못 갔었다.

 우리 아버지는 마음이 여리고, 정 많고, 아이들을 많이 예뻐하셨다. 막걸리 한잔 거나하게 드시면, '천둥산 박~달재'를 부르며 휘적휘적 걷던 뒷모습. 유난히 하얀 피부에, 까만 연탄 가루가 눈가 주름마다 고여 있어 세수를 오래 하시던 우리 아빠.

 정채봉 선생은 '엄마가 휴가를 나온다면'이라는 시에서, 하늘나라에 계시는 엄마가 하루, 아니 반나절, 단 5분만 온대도 원이 없겠다고 하셨다. 엄마! 하고 소리 내어 불러보고 숨겨놓은 세상사 중 딱 한 가지 억울했던 일을 일러바치고 엉엉 울겠다고 했다. 나도 아빠가 하늘나라에서 반나절 휴가를 나오시면 좋겠다. 좋아하는 막걸리 한 잔 사드리고 싶다. 늦가을 선선한 저녁이면 더 좋겠다. 은행잎이 노랗게 쏟아진 경복궁 길을 같이 한 바퀴 돌아, 청와대 앞길 구경도 하고, 효자동에서 뜨끈한 국수 한 그릇 호르르 나눠 먹으면 좋아하실 텐데. 오징어 듬뿍 해물전에 두어 사발막걸리를 마시면 금세 허허 웃으실 텐데……

'아버지, 여기가 서울 한복판이래요. 테레비에 나오는 높은 분들도 넥타이 풀고 저쪽 막걸리 마시는 유명한 집이에요.' 하면, '사람 사는 게 다 거기서 거기인 거지. 뭐 별다르냐, 막걸리 안주는 느 엄마 도루묵찜이 짭짤하니 더 낫다.' 하실 텐데……

얼큰해져서 천등산 박달재를 울고 넘는 우리 님아 노래자락 흥얼대시면, 북악산 기슭 부암동 초밥집에서 입가심 맥주 한잔하면 좋겠다. 회 좋아하는 울 아빠, 오징어 가자미 말고는 물고기 한번 제대로 멋있게 사드리지 못했다.

차가운 별 보며 3교대 밤 근무 출근하시던 태백 광산촌 그 밤이 아닌, 서울 야경이 내려다보이는 윤동주 문학관에서 하늘 보며 별 하나 나 하나…… 아빠가 그립다.

어둡고 좁은 막장에서 탄을 캐서, 오롯이 여섯 자식을 먹이고 입히고 공부시키던 그분. 내 아버지는 광부셨다.

(사진 : 박병문 사진가-아버지는 광부였다)
사시사철 무더운 막장. 갑, 을, 병. 3교대 근무.
광부 아버지는 대한석탄공사 도계광업소에서 일하셨다.

처음이자 마지막으로 가자미회를 사드렸던 어느 해,
동해 광천골에 봄눈이 내렸었다.
세상천지에 둘도 없이 예뻐하시던 막내 여동생과 조카와 함께.

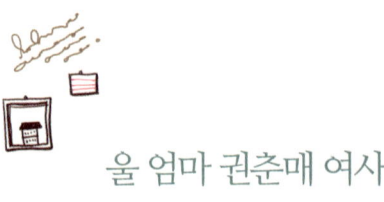

울 엄마 권춘매 여사

아이들이 겨울방학을 하면, 세끼 밥을 챙겨 주는 게 쉽지 않았다. 농사일이 바쁘지 않을 때라, 엄마가 오셔서 아이들을 돌봐주셨다. 눈이나 비가 오는 날에는 카레나 해물파전을 해놓고, 학원 마치고 온 아이들에게 '집 냄새'로 감동을 주기도 하셨다. 아파트에서 낮에 종일 혼자 집에 계시면 심심해하셔서, 국악 교실에 민요와 장구를 등록해 드렸다. 꼭 방학이 아니라도, 내가 부대 전출로 바쁜 시기에는 2~3주씩 아이들을 돌봐주러 오시다 보니, 전국 어느 도시에서든 버스와 전철을 이용할 줄 아는 신식 할머니가 되셨다.

2014년, 나는 딸과 엄마와 대학로에서 〈수상한 그녀〉를 봤다. 기억하기로, 처음으로 엄마와 함께 보는 영화였다.
"짜잔~ 이거 할머니 선물, 스위트 팝콘이랑 꿀커피 드세요."
"하이고, 얼라들이 먹는 달달한 강냉이 뻥튀기구나. 할매도 한번 먹어 보까?"

좋아하는 아메리카노에 시럽을 듬뿍 넣은 달달하고 뜨거운 커피도 한 잔, 양손에 커피와 팝콘을 들고 우리 권 여사 살짝 흥분하셨다.

영화 내용은, 아들 자랑이 유일한 낙이었던 칠순의 욕쟁이 할매 오말순(나문희)은 어느 날, 가족들이 자신을 요양원으로 보내려 한다는 청천벽력 같은 사실을 알게 된다. 뒤숭숭한 마음을 안고 밤길을 방황하다가 오묘한 불빛에 이끌려 '청춘 사진관'으로 들어간다. 난생처음 곱게 꽃단장을 하고 영정사진을 찍고 나오는 길, 그녀는 버스 차창 밖에 비친 자신의 얼굴을 보고 경악을 금치 못한다. 오드리 헵번처럼 뽀얀 피부, 날렵한 몸매, 주름진 할매에서 처녀 시절로 돌아간 것이다. 아무도 알아보지 못하는 자신의 젊은 모습에, 그녀는 스무 살 '오두리'가 되어 빛나는 전성기를 즐겨 보기로 마음먹는다. 머리도 바꾸고, 옷도 새로 입고, 손자 반지하와 함께 밴드 활동도 한다. 그러던 어느 날, 반지하의 교통사고로 수혈이 급한 상황. 그의 피는 희귀 혈액형으로 가족 중 오직 할머니만 같은 혈액형이었다. 오두리가 피를 흘리면 노인 오말순으로 돌아오지만, 손자를 위해 수혈을 자청한다.

웃고, 울던 명장면이 많았다. '이누마! 니 이름 지은 게 나여!' 하고 손자 반지하에게 젊은 할매 오두리가 속으로 얘기하는 장면에서, 능청스럽고 귀여운 심은경이라는 배우에게 반했다. 손

주와 친구들이 메탈정신을 보여준다고 격한 얼굴 페인팅과 기타 액션을 하는 것을 본 후, '따순 밥 먹고 왜 헛짓거리여! 확! 노래란 말이여, 귀가 아니라 이 맴을 흔들어야제…… 하는 놈들만 지랄발광하면 뭐 혀!' 하는 맛깔스런 대사는 또 얼마나 유쾌했던지.

'나성에 가면 편지를 띄우세요~ 두비두바 두비두바' 하고 노래도 따라 불렀다.

'생선조림은 무를 생선 위에다도 깔으라고 몇 번을 말해야 알아 들것냐?' 하는 시어머니의 잔소리나, '어머니가 낳은 새끼는 이 새끼(성동일)고요, 재들은 제가 낳은 새끼에요!' 하던 며느리의 반격도 느낌이 팍 와서, 소심하게 통쾌한 마음이 들었다.

'워뗘? 후달려?' 하며, 박 씨(박인환) 목소리로 말하는 김수현의 깜짝 출현으로 영화관은 순간 '끼약' 하고 돌고래 탄성이 났었다.

눈물을 쏙 뺐던 감동적인 명장면은, 병원에서 반지하의 아버지 반현철(성동일)이 오두리가 사실은 자기 어머니 오말순 임을 확실히 알게 됐을 때다. '뭐 하나만 물어볼게요. 혹시 붙들이라는 아이 알아요? 예전에 갓난쟁이를 남편도 없이 키우던 젊은 여자가 있었어요. 그 갓난쟁이 엄마는 너무 가난해서 해줄 게 아무것도 없었어요. 그래서 가슴에 끌어안고 눈물로 말했어요. 붙들아, 붙들아! 목숨 잘 붙들어라. 제발 목숨 잘 붙들어라. 어머니, 제 아들은 제가 책임지고 살릴게요. 가세요. 그냥 가세요. 제발. 가셔서…… 남이 버린 시래기도 주워 먹지 말고, 그 비린내 나는 생선 장사도 하지 말고, 명 짧은 신랑도 만나지 말고, 나 같은 자식도 낳지 말고, 제발 그냥 가세요.' 하는 대목에서 눈물이 주르르 흘렀다.

엄마를 쳐다보았다. 어이쿠, 우리 엄마도 펑펑 울고 계셨다. '아니 난 다시 태어나도 똑같이 살란다. 아무리 힘들어도 똑같이 살란다. 그래야 내가 니 엄마고 니가 내 아들이 되지' 하는 절절한 대사가 나올 때는, 옆자리에 앉았던 중학생쯤 되는 남자아이도 어깨를 들썩이며 격하게 울고 있었다.

영화가 끝나고, 우리 엄마가 좋아하시는 간짜장과 딸이 좋아하는 탕수육을 먹었다.

"할머니, 아까 그 남학생 자기 엄마한테 잘못한 게 많았나 봐. 엄청나게 펑펑 울던데요."

딸아이가 키득대며 귀엽다고 그랬다. 나도 같이 웃으며 거들었다.

"아마 중2일 거야. 전두엽이 확장공사인 시기에는 다들 그렇거든."

엄마는 별말씀이 없으시다가 한숨 쉬듯 말했다.

"제사상 위에 추한 노인 얼굴이 버티고 있으면 절하기도 싫을 거 아니여. 나는 그 할매 말이 자꾸 생각난다. 한 살이라도 덜 주름졌을 적에, 사진 미리 찍어 놔야겠다."

"우와! 우리 할머니도, 50년 젊어지시는 거예요?"

분위기가 살짝 무거워질 뻔했는데, 딸래미 덕분에 가볍게 넘어갔다.

후식으로 나온 열대 과일 껍질을 벗겨드리며 내가 물었다.

"엄마는 그런 사진관 있으면, 언제로 돌아가고 싶어?"

내가 들어서 알고 있는 것은, 외할아버지가 엄청 욕쟁이셨고, 열아홉 살에 시집을 와보니, 시댁은 살림이 빤한 시골 살림에, 시동생들이 넷이었다고 했다. 처음 선을 봤을 때, 생일이 언제냐고 물었더니 '동짓달 스무날이요' 하던 엄마의 대답이 또랑또랑하니 참 예뻤다고 아버지가 전에 한번 말했었다.

스물한 살에 엄마가 되어, 곧 팔십을 바라보는 우리 엄마다.

"어릴 때, 느그 이모랑 외삼촌 데리고 소꿉놀이하던 그때로 돌아가면 어떨까나? 나는 소꿉 살이 할 때도 진짜로 강낭콩 넣고 밥해서 동생들 먹이고 그랬어."

아, 맞다, 그렇다. 엄마도 소꿉놀이하던 어린 시절이 있었구나. 내 기억 속 엄마는 언제나 집안 대소사를 챙기느라 바빴고, 오지랖 넓고, 일도 많고, 바빴었다. 누구네 뭐는 어떻고, 이번 달에는 누구 결혼식을, 다음 달에는 누구 제사고, 챙겨야 하는 이런저런 엄마의 얘기를 초등학교 때부터, 지겹게 많이 들었다.

'그 왜 있잖나. 예전에 앞집 건넛집 살던 아무개 아줌마 있제, 요즘 어디가 아파 입원했다더라, 니가 시간 되면 좀 한번 가봐라. 우리한테 참 잘했었다.'

이런 말을 유독 많이 들었다. 나에게는 엄마를 통해 세상에 갚아야 할 외상이 많이 적혀 있는 장부가 있나 싶어 우울해지기도 했었다.

나는 엄마와 전화 통화가 길어지면, 꼭 뭔가 한 가지 일거리가 생기게 되는 안 좋은 청취법이 있었다. 심청이 콤플렉스인가? 큰딸들이 갖는 부담감인가? 하여간 습관이었다. 가능하면 용건만 간단히, 소소한 내 일상을 엄마랑 나누는 것에 서툴렀다. 이제는 좀 더 편하게 그냥 듣고 흘리는 소소한 대화가 가능할 나이도 되었건만, 쉽지가 않았다.

'엄마도 소꿉놀이하던 어린 시절이 있었구나.' 하는 생각이 머릿속에 맴돌았다.

"할머니, 우리 엄마는 어릴 때 어땠어요?"
"느그 엄마는 착했지. 속도 안 썩히고, 착실하게 공부하고. 할매가 돈이 없어 학원도 못 보내줬어도 맨날 1등 허구"
"와아! 그랬구나, 우리 엄마 엄청 기특했구나."
"성질은 좀 부렸지. 운동회 때 짜장면 집에 갔는데, 늦게 나온다구 기냥 밥도 안 먹고 휙 가버린 적도 있어야. 지지배가 소갈딱지가 못돼갔구서는."
"그건, 그날 운동회 때 오후에 계주 달리기 선수였는데, 엄마가 멀리 있는 짜장면 집에 가서, 사람들도 엄청 많았고, 시간이 늦었었지. 잔뜩 먹고 어떻게 뛰어?"

그냥 있으면, 억울할 듯하여 나는 볼멘소리를 했다.

"할머니, 요즘도 엄마는 성질이 좀 사납긴 해요"

"그랴, 우리 강아지가 고생 많지. 할미가 이해해. 이따 저녁에 우리 뭐 해 먹으까?"

"찐빵이요, 막걸리 넣고 반죽한 거. 할머니 찐빵은 쫀득하고 맛있어요."

"그래. 할매가 찐빵 속에 노란설탕 넣어 폭폭 쪄주께."

손녀와 할머니가 죽이 딱딱 맞았다. 우리 엄마는 손이 엄청 크다. 찐빵을 커다란 솥에 그득 쪄서, 식혀 냉동실을 꽉 채웠다. 아이들 간식으로 몇 개씩 다시 쪄주면, 빵을 결 따라 치즈처럼 맛있게 뜯어 먹었다.

엄마는 국악 교실에서 친구 분들과 점심을 자주 드셨다. 고등어백반이나 콩나물해장국을 잘 드셨는데, 어느 날 야근을 하고 있는데 딸이 전화를 했다.

"엄마, 할머니가 아까 콩나물해장국 포장해 오셔서 우리 보고 저녁 먹고 있으라고 하셨어요. 좀 놀다 온다 했는데, 아직 안 들어오셨어. 전화해도 안 받아요."

아들 녀석이 옆에서 전화기 너머로 웃으며 얘기했다.

"할머니 또 노래방에 가신 것 같아요. 저번에도 밤 10시 넘어 오셨어. 수상해. 우리 할머니 많이 수상해."

수상한 그녀, 권 여사는 사람들에게 밥해 먹이는 게 가장 큰 기쁨이다.
"새해 첫날만 일출이더냐, 365일 아침 해는 매일 그 자리에 뜬대이(뜬단다).
산골은 산에서, 도시에서는 빌딩사이로, 바닷가는 수평선 위로.
사는 게 입안이 까끌까끌 할 때는 고마 뜨끈한 찌지게(된장찌개)가 최고다"
Welcome to 정동진 삼시네끼 식당.

 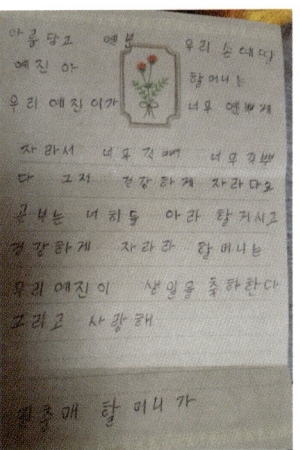

'우리 손녀딸, 공부는 너해들 아라 할거시고 건강하게 자라라.
옛부게 자라서 깃뻐. 사랑해, 권춘매 할머니가'
아메리카노에 시럽을 듬뿍 넣은 '꿀커피'를 좋아하는 우리 모친

205

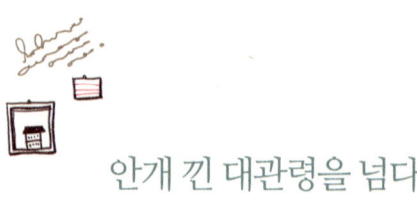

안개 낀 대관령을 넘다

해마다 11월 마지막 주말에는 친정에서 김장을 한다. 올해도 친정엄마는 일주일 동안 거의 가내수공업 분량의 김장을 하셨다. 텃밭이라고 부르기에는 좀 넓은 밭에 외삼촌께서 야채를 심어 키우셨다. 김장 날짜가 잡히면 무를 뽑고 배추를 다듬고 절이고 씻어서 건져두면, 타지에 있는 형제들이 날짜 맞추어 주말에 모였다. 우리 형제와 외사촌들까지, 열댓 가구가 김장을 해간다. 때로는 한 팀이 먼저 가져가고, 다음 팀이 오고 갔다. 시간이 맞으면 반가운 사촌들과 보쌈에 막걸리도 한잔했다.

시간이 바쁜 나는 번번이 택배로 받아먹고, 전화로 감사 인사 드리는 걸로 넘어갔었다. 올해는 시간이 넘치게 많았다.

"어떻게 하지? 김장하러 가야 하는데, 아빠는 휴가 내기 힘들 것 같고, 동해까지 멀어서 나 혼자 운전하기 힘든데……."

며칠 전부터 걱정하며 김치 냉장고를 비우고 청소하는데, 아들이 흔쾌히 나섰다.

"같이 가요. 엄마랑 제가 번갈아 쉬엄쉬엄 운전도 하고, 할머니 힘들게 일하시는데 도와 드려야죠. 그리고 우리도 이제 좀 김장을 배워야지요."

나는 쉰 살이 되어 노안이 오도록, 아직 김치를 제대로 못 담그는 주부라, 아들이 그냥 하는 말에 괜스레 날을 세웠다.

"김장은 원래 남자들이 할 일이 더 많아. 엄마는 이제 어깨 아프니까, 아들이 배추 뽑고 절이고 무채 썰고, 마늘 생강 손질하고, 양념하는 것도 잘 배워둬 알았지?"

그러거나 말거나, 오랜만에 외갓집에 가니 좋다고 웃는 우리 아들은 참 속도 좋다.

아침 일찍, '초보운전' 스티커를 붙이고 아들이 운전석에 앉았다. 운전면허 따고 고속도로는 처음 주행이라 긴장되고 설레는 표정이 역력하다.

"로터리는 천천히 들어가서 반쯤 회전 후에 오른쪽에 차가 오는지 살피며 빠져나오기, 시장 앞은 차와 사람 자전거가 엉켜 있으니 시속 30km 저속운전하기"

조수석 엄마의 잔소리를 듣는 둥 마는 둥, 아이는 앞만 보고 있다.

"엄마, 운전석에서 바라보니, 사람들이 참 위험하게 걷네요."

"그렇지, 특히 스마트폰 사용 위험하지. 고가도로 올라갈 땐 살짝 액셀을 밟아주고, 복잡하니까 택시랑 오토바이 주의하세요. 고속도로는 오히려 주행하기 편할 거야, 천천히 안전하게 가자."

잘한다는 칭찬을 듬뿍 해주며 옆에 앉아 있었지만, 나의 한 손은 손잡이를 꽉 잡고, 전후좌우를 보며 잔소리를 끊임없이 하고 있었다. 운전대를 잡고 있는 아이의 손에 힘이 어찌나 들어가 있던지, 저녁에 어깨가 꽤 아프겠단 생각이 들었다. 교차로를 지났다.

"사거리네, 우회전 깜빡이 넣고, 횡단보도 신호등 파란불이니 빨간불까지 기다려."

"학원에서는 살살 지나가도 된다고 했어요."

아이가 까칠해졌다. 예민한 운전자, 나는 입을 다물었다. 무사히 고속도로까지 진입했다. 했다. 차츰 달리는 속도가 편하게 느껴지자 아들이 말을 걸어왔다.

"오마니, 아들이가 긴장하고 예민하고 신경 쓰여서 까칠해서 미안해요. 잠시 후에 휴게소에 들어가면 다시 순둥순둥 보들보들한 갈대 같은 아들로 돌아올게요."

"어이쿠, 요런 통통한 갈대를 보았나?"

"엄마가 맛난 거 많이 해줘서 성장을 잘해서 그런다고요 뭐. 음악 들으면서 갈까요?"

"오호, 제법 내공 있는 반격 멘트도 날릴 줄 아는 유들유들함도 생겼군요. 그래라. 긴장될 땐 어미한테라도 까칠 떨어야지. 괜찮아 굳굳. 잘했다. 괜찮다고요."

평일이라 다행히 고속도로에 차가 없어 초보운전자가 주행하기엔 딱 좋았다. 평창 휴게소에 들렀다. 아들 손에 커피와 군것질거리가 들려있다.

"엄~마아, 제가 드리는 사과의 선물을 받아주시라요. 커피와 빵입네다."

"앗, 붕어빵이 아니고 양빵이네. 동계올림픽 때 새로 만든 메뉴인가봅네다. 요거이고조 통통통하고 귀여운 게 누구랑 닮~았네. 앙, 맛있겠다."

"ㅎㅎㅎ 커피랑 빵 드시고, 한잠 주무세요. 아들이가 안전하게 모실게요."

단팥과 슈크림이 들어간, 바삭하고 통통하고 뜨끈한 간식을 한 입 먹으니, 기분이 좋아졌다. 수묵 담채화같이 드문드문 눈 덮인 겨울 산 풍경, 너무나 익숙한 대관령을 참 오랜만에 넘는다. 휴게소마다 아이스크림을 물고 뛰어 놀던 아이가, 어느새 훌쩍 커서 의젓한 청년이 되어 운전도 해주니 신통방통 대견하다.

안개가 자욱했다. 영동고속도로는 구불구불한 커브 길이 많아 터널이 오히려 안전할 때도 있다. 무엇보다, 늘 안개가 끼었다. 안개인지 구름인지 분간이 안 됐다.

"엄마, 앞이 잘 안 보이는데 어떻게 하죠?"

"비상 깜빡이 켜고, 전조등 올리고, 천천히. 아주 천천히……

괜찮아, 이 정도 안개는 속도 줄이고 천천히 가다 보면 차츰 밝아져."

"앞 차가 너무 천천히 가는데, 어떻게 할까? 추월은 좀 위험하겠지?"

"안개 끼거나 어두울 때는, 안전거리 확보하고 앞에 차 한 대 두고 따라가는 것도 한 방법이야. 앞 차 깜빡이 보면 우리가 커브 길을 지나는지 어떤지 알 수 있잖아. 그냥 천천히 따라가자."

"강릉 대관령휴게소에서 한 번 더 쉴게요. 그때 저랑 교대해 주세요."

내색은 안 했지만, 내 마음도 아이만큼이나 긴장되었다. 계곡 사이를 연결한 도로는 안개가 끼고 바람이 부니 달리는 차가 흔들렸다. 휴게소 주차장에도 안개가 덮여, 한낮에도 어스름한 저녁 무렵 같았다. 커피를 한 잔 마시며 아이가 안도의 한숨을 쉬었다. 긴장의 한고비를 넘으니 종알종알 말도 한다.

"안개 때문에 안보여서 당황했는데, 아주 천천히 가니까 앞이 조금씩 보이기 시작하더라고요. 엄마, 사는 것도 그런 것 같아요. 앞이 안 보여 불안할 때는 천천히요. 앞에 가는 차가 나보다 빨리 간다고 조급해하지 않고, 내 속도로 목적지까지 안전하게 가는 거요. 으흠 좀 철학적이 되는 것 같네. 헤헤헤."

따뜻한 커피로 긴장이 풀려서일까, 이불처럼 덮인 안개 때문일까, 아이는 운전을 교대하자마자 히터를 켜더니 잠이 든다. 늘 놀다 가던 망상해수욕장도, 바다가 보이는 동해휴게소도 그냥 지나치고 외갓집 마당에 도착해서야 잠을 깼다.

올해는 일찍 가서 배추 뽑는 걸 도와드려야지 했었는데, 역시나 늦게 간신히 도착했다. 버무려 놓은 김장김치를 통에 담아 오기만 했다. 모두 모여 김장을 마치고 떠난 뒤라, 청소를 도와드리고, 외삼촌과 어머니께 저녁을 사드렸다. 외삼촌이 좋아하는 해물찜에 반주도 한잔 드렸다.

"해마다 애써 농사지은, 무공해 배추로 만든 맛있는 김장을 잘 먹겠습니다. 삼촌 할아버지 덕분에 저희가 일 년 내내 건강한 김치를 먹어요. 고추랑 들기름도 귀하게 아껴 먹을게요. 감사합니다."

용돈 봉투는 내가 드렸는데, 립 서비스 인사는 아들 녀석이 한다.

"어른들이 이렇게 건강하게 텃밭을 가꾸시고, 친척들 얼굴도 보게 해주시니, 엄마는 해마다 참 큰 선물을 받으시네요. 오징어와 명태를 다져 넣은 우리 할머니 강원도 김치는 여름에도 아삭하고 시원한 맛이 일품이잖아요. 할머니 깍두기에 밥 한 그릇 뚝딱하면 정말 맛있어요."

고속도로 첫 운전 성공에, 삼촌할아버지가 주신 막걸리를 두어 잔 마시더니, 아들 녀석은 성큼 어른이 된 것 같았다. 해마다 친정엄마가 보내 주시던 김장을 늘 받아먹고도 감사인사를 제대로 못 했었는데, 아들이 나의 스승이었다. 새끼독수리 날갯짓처럼, 아이는 하나씩 배우고 익혀 가며, 날마다 쑥쑥 성장해 간다.

트렁크에 김치가 그득, 농사지은 햅쌀에, 고구마에 홍시까지 차곡차곡 실렸다. 다시 서울로 돌아오는 길, 안개 낀 대관령을 넘어, 상행선 평창 휴게소에서 찰강냉이 뻥튀기를 한 봉지 사서 오독오독 먹었다. 아이와 노래를 들으며 교대로 운전을 했다. 그대 내게 행복을 주는 사람~ 내가 가는 길이 험하고 멀지라도, 그대와 함~께 면 좋겠네에…… 그대 내게 행. 복. 을 주는 사람.

좋은 성품의 남자 어른을 배우고 닮아가며, 멋지게 성장하는 우리 아들 멋지군.

아들아, 때로 살면서 앞을 분간하기 어렵고, 마음이 어두운 날을 만나면, 안개 낀 대관령 그 길을 기억하렴. 조급해하지 않고 천천히, 당황했던 마음을 스스로 다독여 차츰 밝아지던 너의 첫 성공의 경험을 축하해. 앞으로 수많은 '처음'을 만나겠지.

아직은 새끼독수리, 너의 날개를 날마다 힘껏 펼쳐보렴. 미안하고 고맙고 사랑한다.

참고로, 엄마는 할머니처럼 맛있는 김장을 잘 못 해. 그러니 아들이가 배추 절이고 무채 썰고, 마늘, 생강 손질하고, 양념하는 것 등등 잘 배워둬라. 가끔 맛있는 빵과 커피 선물도 부탁해 (엄마는 모카 번 좋아한다고 아빠에게도 살짝 알려주삼 ^^).

이다음에 탱크를 운전하겠다던 초등학교 1학년

DID 송수용 쌤의 백파다실. 정성들인 말차(풀 맛 나는 카푸치노 같은)
좋은 성품의 남자 어른을 배우고 닮아가며,
아름다운 청년으로 성장하는 아들이 내려주는 맛있는 커피.
울 아들 멋지군~ 미안해. 고마워. 사랑해!

달은 크지 않아요, 내 손톱만 해요

    집 근처에 있는 호수 둘레를 산책했다. 남편과 서울에서 내려온 딸과 아들까지, 오랜만에 식구들과 함께 공원을 걸으니 여행이라도 온 것 같았다. 얼음이 녹아가는 물 위에 반짝이는 햇살이 마치 남해 바다 섬을 보는 것 같다. 산을 끼고 물을 보며, 고요한 풍경을 천천히 걷다 보니 어느 틈에 꽤 멀리 왔다. 늦은 아침을 먹고 나왔는데도 돌아오는 길에는 꼬르륵 소리가 났다. 갈대숲 따라 산책로를 앞서가던 아들이 반갑게 말했다.
"엄마, 저쪽에 뷔페가 있네요."
딸기 그림이 그려진 로컬푸드 매장 이정표가 보였다.
"와, 잘됐다. 점심 먹고 가자."
시골길 신작로를 건너, 야채와 효소들을 전시하고 판매하는 매장이 가까이 보였다. 가까이 가 보니, 커다란 노란 풍선에 선명한 까만 글씨의 '농부카페'가 보였다.
"허걱, 농부카페였네요."

"우리가 배가 고팠나 보다. 세로로 읽어서 뷔페만 눈에 들어 왔네."

보고 싶은 것만 보는 우리 모자(母子), 허기지도록 너무 열심히 걸었나 보다.

남편이 붕어빵을 한 봉지 사주며 놀린다.

"붕어빵 모자, 농부까페 방문을 환영합니다. 맛있게 먹고 침착~, 침착해져요."

다행히 떡국과 식혜도 팔아서 점심을 맛있게 먹었다.

돔처럼 만들어진 비닐하우스 로컬푸드 매장은 여러 농가에서 공동으로 운영했다. 천연 비누도 있고, 딸기와 블루베리 효소도 종류별로 있고, 콩이랑 들기름, 젓갈과 고춧가루도 있었다. 통통한 노지 냉이와 누렇게 익은 호박까지 저녁거리로 득템을 하니 장바구니가 든든해졌다. 시식코너를 한 바퀴 돌았다.

"양촌은 딸기도 맛있고, 햇살이 좋아서 곶감이 맛있어요. 드셔보세요."

건조기가 아니라 햇볕에 말린 덕분에 곶감이 입안에 가득 맛있는 단맛을 남겼다. 식구대로 맛만 보고 그냥 오기가 미안하여 작은 상자에 담긴 곶감을 한 박스 샀다. 호박죽을 끓여 저녁을 먹고, 후식으로 연한 커피와 곶감을 주니 아이들이 좋아했다.

"엄마 우리 서울아파트에 살 때, 베란다에 곶감 말렸잖아요. 그 맛이랑 비슷해요."

"너희들 그때 간식으로 곶감 주면 안 좋아한다고 막 그랬잖

아. 그런데 오늘 보니 잘 먹는구먼."

"어허, 오마니, 그때는 우리가 다들 무서워하는 중2였잖아요. 그 정도 반항은 애교지요. 엄마는 아들딸이 얼마나 착하고 순둥순둥한 사춘기였는지 참 모르시는구나."

힘들었던 아이들 사춘기도 돌아보니, 재미있는 얘깃거리다.

아이들도 엄마도 서로 자기가 보고 싶은 대로 듣고, 듣고 싶은 대로 듣는 시간이 중학교 무렵이었다. 아마도 하고 싶은 말을 더 많이 하는 쪽은 잔소리 쟁이 엄마였으니, 아이들이 더 힘들어했다. 학교 공부까지 무거운 과업처럼 짊어졌으니, 아이들은 자주 방문을 닫고 안 나올 때가 많았다.

'아이들의 눈높이에서 생각해보기, 너무 진지하게 생각하지 않기'는 마음처럼 쉽지 않았다. 멀리 떨어져 사느라 주말부부를 하며, 때로는 월말 부부인 남편에게 사춘기 아이들과 힘든 일상을 모두 얘기하기도 어려웠다. 부대 일도 몰리고 아이들과의 힘겨루기로 에너지가 방전될 때는 북악산을 걸었다. 마음이 보대낄 때는 조금 떨어져서, 나와 나의 상황을 객관적인 시선으로 관찰하기에는 산책이 최고였다. 집에서 와룡공원까지 바람을 쐬며 산길을 걷다 보면 머리가 맑아졌다. 나무와 풀이 친구가 되어줬다. 산책길 끝자락에 있는 찻집에서 나를 위해 맛있는 커피도 한잔 마시고 쉬며, 불량 엄마의 시간을 누리기도 했다. 잠시 비껴 있는 시간을 갖고 나면, 애들이 좋아하는 반찬으로 저녁밥을 해줄 수 있을 만큼 에너지가 채워졌다. 설거지를 하는 시간엔 부엌 창문 너머로 팔각정에 걸리는 노을을 보며, 차츰 마음이 고요해지고 평화가 찾아졌었다.

아이들이 커서, 대학생이 되니, 내게 주어지는 시간과 마음의 여유가 좋다. 애들은 자기 방에서 인터넷 세계로 들어가고, 나는 팬스레 책장을 뒤적인다. 예전에 아이들 어릴 때 읽던 동화책이 눈에 띈다. 책갈피에 남아있는 삐뚤빼뚤한 글씨도 보인다.

'요렇게 귀엽던 아가들이 이렇게 컸으니, 지금도 언젠가는 그립고 아쉬운 시간이 되겠지' 하는 생각이 들었다. '달과 공주님'은 우리 딸이 여러 번 반복해서 읽었던 동화책이다.

'바보, 그것도 몰라? 달은 크지 않아요, 내 손톱 만해요.' 하는 문장에서 나는 가끔 가슴이 먹먹하고 눈물이 나도록 아이들에게 미안한 마음이 들기도 한다. 자기들의 마음을 알아달라고 하는 사춘기 아이들에게 옳은 말만 하는 불통 엄마였구나 하는 후회가 들었다. 아이들 스스로 판단하고 방법을 찾아가도록 기다려주기보다는 조급함에 화를 잘 내는 엄마였다.

'아이들과의 관계에서만 그랬을까? 후배나 동료들에게도 일방적인 설명과 설득을 자주 사용하지는 않았을까? 내 지식과 경험이 아무리 옳았다고 해도 상대방이 나의 설명과 설득 때문에 마음의 문을 닫아버린다면 무슨 소용이었으랴' 하고 반성한다.

오후 늦게 마신 커피를 탓하며 잠 못 드는 밤, 무심한 눈썹달을 보며 서울살이를 돌아보았다.

호수를 산책하고 나오다가, 뷔페를 발견했다.
"아, 저기에서 밥 먹고 쉬었다 가면 되겠다."
가까이 가보니 농부까페였다. 휴우, 다행히 붕어빵과 커피가 있었다.

마음살이가 힘들 때 들렀던 나의 동굴, 찻집-조셉의 커피나무.
그리고 북악산 와룡공원 길.
조금 떨어져 '나와 나의 상황을 관찰하는 연습'에는 산책이 최고인 듯.
발걸음을 따라 불필요한 생각이 하나씩 내려지고 가벼워졌다.

달과 공주님

어린이 동화

옛날 어느 나라에 임금님이 있었는데, 그는 자신의 어리고 예쁜 공주를 너무나 사랑했다. 임금님은 공주의 소원은 무엇이든 들어주었다. 공주는 어느 날 하늘 높이 떠 있는 달을 가지고 싶다고 임금님에게 졸랐다. "저 달을 가지고 싶어요. 따주세요." 임금님은 공주에게 달은 딸 수 없다고, 가질 수 없다고 했다. 병이 난 공주는 달을 따다 달라고 했다. 임금님은 덕망이 높고 실력 있는 학자들을 불러 공주를 설득해 보라고 부탁했다. 학자들은 공주를 달래어 보았다.

"공주님 달은 아주 멀리 있습니다. 달이 있는 곳까지 갈 수가 없습니다."

"공주님 달은 아주 큽니다. 달이 있는 곳까지 가더라도 따올 수 없습니다."

"공주님 달에 대한 생각을 너무 많이 하셔서 마음에 병이 드신 것 같습니다."

학자들의 말을 듣지 않고, 공주는 더욱 시름시름 아파갔다. 이때 공주와 친하게 지내던 광대가 나타나 공주에게 물었다.

"공주님, 달은 어떻게 생겼나요."

"달은 동그랗게 생겼지."

"그럼 얼마나 크지요?"

"바보, 그것도 몰라? 달은 크지 않아요, 내 손톱 만해요. 손톱으로 가려지잖아."

"그럼 달은 어떤 색인가요."

"달이야 은빛이지."

"알겠어요, 공주님. 제가 가서 달을 따올 테니 조금만 기다리세요."

광대는 임금님에게 말해, 손톱만 한 크기의 은빛 달 목걸이를 만들어 공주에게 걸어 주었다. 공주는 '달'을 받고 아주 좋아했다.

동화의 마무리는 어떻게 되었을까. 우리를 안심시키는 광대의 멋진 질문은 이렇게 마무리된다.

기뻐하는 공주에게 광대는 또 물었다.

"공주님 달을 따왔는데 오늘 밤 또 달이 뜨면 어떻게 하지요."

"이런 바보 그것을 왜 걱정해. 달이 어디 하나만 있니. 달은 호수에도 떠 있지, 물 컵에도 떠 있지, 세상에 가득 차 있어. 하나쯤 따 왔다고 문제 될 게 없지."

거룩한 장아찌

　　　　　　퇴직을 하고, 그해 봄에 사찰 음식을 배우러 다녔다. 안국동을 지나다가 우연히 '사찰음식문화체험관'에서 차를 마신 인연으로, 건강 요리 수업을 수강하게 되었다. 백양사의 천진암 주지이신 정관 스님의 '계절이 깃든 사찰요리' 수업은 설법을 듣는 것으로 시작됐다. 스님이 죽비를 탁탁탁 3번 치시면 두 손을 합장하고 서로 인사를 했다. 요리 테이블에 재료와 그릇 준비로 부산하던 교실이 조용해졌다.

"레시피에 너무 의미를 두지 마세요. 매번 같은 음식이 나오면 그건 재미없는 음식입니다. 같은 재료라 해도 언제, 어느 날, 어느 시간에 내가 어떤 마음으로 요리를 했는가에 따라 다른 음식이 되는 법이지요. 나와 함께 음식을 나눌 사람이 누구인지에 따라서도 요리는 달라집니다. 씨앗 하나가 햇살과 바람과 비에 자라서 내 입으로 들어오는데 무슨 레시피가 있겠어요? 식재료는 하나로 정의하기가 어려워요. 같은 식재료라도 보름 있다가 먹을 수도 있고, 한 달 후에 먹을 수도 있어요. 음식 만드는 사람의 에너지와 경험이 그날그날 다른 음식을 만듭니다."

봄나물을 다듬고 데치고 무치느라 바쁘게 움직이던 동선이 잠시 멈췄다. 조별로 함께 배우던 4명의 사람이 얼굴을 보고, 눈인사를 나눈다.

"사찰음식은 전 과정이 곧 수행이에요. 일단 음식을 먹는 것 자체가 수행을 위해서입니다. 수행하려면 육신이 있어야 하고, 그 육신을 움직일 에너지가 있어야 해요. 수행에 필요한 의지를 만들어 주는 것이 곧 사찰음식입니다. 재료를 준비하고, 요리하고, 그릇에 담고, 그것을 먹고, 처리하는 전 과정이 수행이지요. 우리들의 정신과 육체를 연결해주는 에너지인 음식은 과할 필요가 없어요. 딱 필요한 만큼만 있으면 됩니다. 필연적으로 검박하고 욕심이 없게 되지요. 식재료와 내가 본질적으로 하나가 되는 과정이 요리입니다."

"자기 마음과 육신은 자신이 운전하는 대로 갑니다."

"음식은 의심(義心), 마음으로 먹고, 안식(眼識), 눈으로 먹는 것입니다."

"식재료를 알려면, 자연을 알고 인간과의 관계를 알고, 인생을 알고, 내가 어떠한 사람인지 자신을 알아가는 공부를 하고, 세상사를 보는 안목이 내 안에서 나와야 합니다. 식재료를 다루는 과정에서도 내 성품을 바라보는 안목이 필요합니다."

요리 수업 중간에 들려주시는 스님의 말씀이 그날그날 나에게 화두로 남았다.

　나는 들기름, 참기름도 구분하지 못했던 초보였지만, 삼색 연근전과 두부산초구이, 오이물김치…… 건강하고 맑은 요리 수업이 새롭고 재미있었다. 서툰 손놀림으로 스님의 요리접시를 곁눈질하며 부지런히 따라 하는 과정이 초등학교 때 미술 시간처럼 느껴졌다. '긍정적인 마음으로 오감을 열고'를 반복하시는 스님의 요리비법은 우리 삶을 건강하게 만드는 간결한 가르침이기도 했다.

　곰취장아찌 만드는 법, 곰취 400g, 집간장 3컵, 몽고간장 2컵, 물 2컵, 식초 1/2컵, 겉표고버섯 10개, 조청이나 유기농 설탕 1/2컵을 준비한다. 곰취는 줄기가 있는 그대로 다듬어 깨끗이 씻어 물기를 빼준다. 냄비에 집간장과 몽고간장, 물과 식초, 설탕과 건표고버섯을 넣고 팔팔 끓인 다음 식힌다. 항아리나 김치통에 곰취를 차곡차곡 담은 뒤 식힌 양념장을 붓는다. 한나절 지나 숨이 죽으면 뒤집어 그릇에 맞추어 돌돌 말거나 가지런히 담아 돌로 꼭꼭 눌러 이틀 숙성시키고 냉장 보관한다. 먼저 스님이 요리하시는 모습을 꼼꼼히 지켜본 후, 4명씩 조를 짜서 실습을 하고, 함께 만든 곰취장아찌를 작은 유리병에 담아 나눠 갖고 집으로 왔다.

　한창 곰취가 제철이라, 며칠 뒤 양구에 사는 지인이 보낸 택배를 받았다. '곰취를 보니 형님과 누님 생각이 났습니다. 쌉싸름한 쌈을 형님이 좋아하시는데, 잘 드실 수 있을지 걱정입니다. 갑자기 일상이 달라진 우리 누님도 힘내십시오.'

양구의 파란 바람이 느껴지며 콧등이 알싸해졌다. 멀리 팔랑리에서 온 설레고 반가운 봄 선물이었다. 씩씩하게 장아찌를 복습해 보고 싶은 욕심이 생겼다. 쌈을 한 번 싸 먹을 만큼 조금 남겨두고, 장아찌를 담기 시작했다.

한 장씩 씻으려니 시간이 오래 걸렸다. 스님께 배운 레시피대로 양념장을 끓이고, 성가 CD를 반복해서 들으며 곰취를 씻어 차곡차곡 물기를 뺐다.

'당신이 지쳐서 기도할 수 없고 눈물이 빗물처럼- 흘러내릴 때, 주님은 아시네. 당신의 약함을 사랑으로- 돌봐주시네-. 누군가 널 위하여-, 누군가 기도하네-.'

흥얼대며 따라 부르며, 미리 씻어 말려둔 유리병에 곰취를 담고 양념장을 부었다.

'네가 홀로 외로워서- 마음이 무너질 때 누군가 널 위해 기도하네.'

두 손으로 다독다독 곰취를 누르며 후렴구를 따라 부르다가, 갑자기 울컥 눈물이 쏟아졌다. 연한 잎사귀에 간장 물이 스며들 듯, 괜찮은 척하고 살던 내 마음 깊은 슬픔에 성가 가사가 스며들었다. 꼭꼭 눌러 봉인하고 덮어 두었던 나의 마음. 그랬었다. 그 무렵 나는 삶의 파도가 맵고 아팠다. 지치고 외로웠다

갑작스럽게 찾아온 진단에도 남편은 애써 평정심과 긍정 에너지를 발휘했다.

"잘 나으려고 받는 치료인데, 불편하고 힘들어도 이겨내야지. 그래도 조기 발견이라, 이만하길 천만다행이에요."

"이번에 우리가 많이 놀라고 힘들었지만, 까닭 없는 고난은 없대요. 앞으로 건강에 좀 더 신경 쓰라고 몸이 보내는 신호에 귀 기울일 나이가 되었다는 뜻인가 봐요."

의료진에서 보호자로 갑자기 바뀐 역할과 입장으로 나도 힘들고 혼란스러웠지만, 차분하게 힘든 내색을 하지 않는 본인만큼 힘들까 싶어 옆에서 애써 담담한 척 했었다.

남편은 편도와 경부림프선 절제수술을 받고, 숨쉬기도 물 마시기도 힘들었던 여러 날을 잘 이겨냈다. 좋아하는 수박을 삼키기 어려워서 즙을 내어 컵에 담아 차처럼 한 모금씩 마시면서도 감사했다. 드디어 작은 조각의 복숭아를 포크로 찍어 먹을 수 있을 만큼 회복되었을 때는 아이처럼 좋아했다. 입안의 상처에 살이 차오르고 나았어도, 말하고 음식을 삼킬 때마다 낯설고 불편한 감각이 남았다. 평소에는 전혀 의식하지 못했던, 숨 쉬고 말하고 음식을 먹는 일상이 새롭고 절절해졌다.

무엇보다 힘들었던 것은 두려움. 앞으로 몇 년 동안 계속 외래 체크를 받아야 하고, 지속적인 관리가 필요했다. 삶의 속도를 늦출 필요가 있었다. 그동안 나의 생활은 주중에는 시속 60km로 출퇴근, 주말은 시속 300km로 서울, 대구, 대전을 오가던 날들이었다.

 남편은 퇴원하여 부대로 복귀했고, 아이들은 대학 생활을 나름대로 잘하고 있었다. 나는 3주를 고민한 끝에 조기퇴직을 결심했다. 전역 지원서를 쓴 후 3일은 잘했다고 최선의 선택이라고 스스로 대견해했고, 그 뒤로 3개월 마음이 힘들었다. 천천히 속도를 줄여가는 적응과정 없이, 나름 비장한 각오로 결행했던 퇴직이었다. 달리던 자동차가 급브레이크를 밟았을 때처럼 마찰음이 났다. 아침이면 어딘가로 나가야 할 것 같은 오래된 습관을 몸이 기억했다. 오전에 집에 있으려니 도무지 영 마음이 안 잡혔다. 넘치는 여유 시간은 더욱 아무것도 할 수 없어 자신의 모습이 참으로 난감하게 느껴졌다. '명예퇴직한 중년들의 마음이 이렇구나.' 하고 공감이 갔다.

 도서관 서가를 기웃거리며 호숫가를 홀로 걸으면, 내가 나에게 말을 걸어왔었다.
 '괜찮아. 30년을 한 가지 일을 하며 살았으니, 갑자기 멈추면 공허함이 오는 것이 자연스러운 반응이지. 언제든 퇴직하면 겪어야 할 시간이야. 천천히 주위를 돌아보면 소소한 재밋거리들이 많을 테니, 급할 것 없이 느긋하게 살아봐야지. 이것 또한 지나가리라······.'
 그러나 솔직히 나는 괜찮지 않았었다. 피할 수 없으면 즐기자며 씩씩했던 20대에 품었던 정체성의 혼란이 다시 나를 찾아왔다.

'나는 누구인가?'

어느 날은 남편이 출근한 뒤 혼자 조조영화를 보기도 했다. 영화관에서 '1987'을 보다가 마음이 먹먹하여, 홀로 후드득 눈물을 떨궜다. 앤딩 자막이 다 올라가도록 자리에서 일어나지 못했다. 30년 세월을 돌아, 내가 나에게 또다시 모질게 물음을 던졌다. 누구도 답을 주지 않는 어렵고도 쉬운 그 질문.

'너는 앞으로 어떤 삶을 살고 싶으니?'

겨울을 사는 나무처럼, 그동안의 역할적인 삶의 모습을 모두 내려놓아야 한다.

온전히 '나'로 서는 나력(裸力)이 필요한 시간이었다. 계절은 봄이지만, 내 마음은 한겨울의 멈춤이었다. 봄의 성장을 기다리며 힘든 숙성의 시간을 살아내야 했다.

스님의 설법을 품은 레시피로 성가를 들으며 만든 장아찌가, 유리병 안에서 양념간장에 발효되며 간이 맞춰지기 시작했다. 풀어놓지 못했던 나의 깊고 외로운 아픔들을 아지랑이처럼 눈물로 녹여내던 그런 봄날이었다. 하늘 높고 바람이 맑은 청정 양구의 새콤달콤 곰취장아찌가 우리 집 밥상에 올랐다. 거룩한 장아찌다.

사찰요리 수업 시간에 정관스님께 배운 요리.
음식보다 설법이 더 좋았던 시간.

양구 대암산 곰취, 동해 친정에서 온 두릅,
부안 시댁에서 온 호박고구마.
종일 성가를 들으며 스님께 배운 레시피로 장아찌를 담았다.
"누군가 널 위해 기도하네······."
긍정적인 마음으로 오감을 열고 만든 거룩한 장아찌!

특별한 임무

신(神)이 그대에게 성숙의 기회를 주셨으니

웰컴 투 오사드 쉐라톤 호텔

야간비행, 그리고 비 내리는 사막

알제리 땅 틴두프에서

메르스, 단편명령을 수행하다

난중일기

총성 없는 전쟁, 병원은 전투 중

여수 밤바다

신(神)이 그대에게
성숙의 기회를 주셨으니

신(神)이 그대에게 성숙의 기회를 주셨으니,
그것이 사하라에서의 생활이다.
그 어떤 것도 어려움을 통하지 않고 이루어진
것은 없나니.
사하라가 기쁨과 슬픔, 고통을 통해 그대에게
주는 아름다운 보석을 모두 찾아,
그대의 향기가 더해지길 빌며.

10진 간호반장 심현옥

 지금도 눈앞에 생생하게 떠오르는 사막의 풍경과 모래바람, 그곳의 생활이 가끔은 그리움으로 떠오른다. 변함없이 반복되는 뜨거운 낮과 서늘한 저녁, 아침 해가 뜰 때의 장엄함, 저녁노을의 쓸쓸한 아름다움, 안개처럼 뿌옇게 불어오는 모래바람.
 거칠 것 없는 사막에 홀로 서면, 마치 달에라도 온 것 같은 느낌이 들었다. 울기도 하고, 웃기도 했던 그 시간은 오롯이 나와 마주하는 경험이기도 했다. 살면서 그동안 가치를 두었던 일들이 진정 그만큼 중요했던가 하는 의구심도 들었고, 내가 모르던 나를 만나게 되어, 당혹스럽기도 했었다. 가릴 곳 없이 드러나는 사막의 환경 탓이었을까? 솔직한 내 모습을 인정하는 용기, 그것은 곧 성장통이었다.

두 아이의 엄마이자, 간호장교 8년 차로 MASH(이동외과병원)에 근무하면서, PKO 의료지원단에 지원할 당시, 남편은 휴일도 주말도 없는 중대장을 하고 있었다. 그는 나무꾼이 아니었고, 나도 선녀가 아니었지만, 나는 날개옷 대신 군복에 태극마크를 달았다. 새로운 도전의 돌파구로 모로코행 비행기를 선택했다. 1999년 4월부터 10월까지, 서부사하라 한국군의료지원단(KMU) 간호장교로 근무했던 6개월은, 모든 면에서 쉽지 않은 어려움과 긴장의 연속이었다.

서부사하라는 아프리카 서북단 대서양 연안에 위치하여, 모로코와 알제리, 모리타니아와 국경을 접하고 있는 지역으로, 과거 스페인의 식민지였다. 1884년 스페인의 식민통치가 시작된 이래 서부사하라인의 무력저항이 계속되다가 1950년대부터 더욱 거세지자, 1960년대 UN은 주민투표를 통해 서부사하라의 장래 문제를 해결한다는 내용의 '서부사하라 자결권'을 최초로 결의하였다.

1975년 11월 초, 모로코 국왕 하산 2세는 약 30 만명의 민간인을 모로코로부터 서부사하라로 이동시킨, 이른바 'Green March'를 단행, 실질적 지배를 시도하였다.

같은 시기에 스페인은 모로코와 모리타니아와 협정을 체결, 이 지역에 대한 행정통치를 모로코와 모리타니아에게 양도한다는 약속을 하였으며, 이에 격분한 서부사하라인의 무장투쟁 세력인 폴리사리오(POLISARIO)는 본격적인 독립운동에 들어갔다.

1991년 4월, UN은 안보리 결의안 690호를 채택, '서부사하라의 장래 문제는 지역주민들의 투표를 통하여, 모로코에 귀속시키거나 분리시킨다.'고 결의하고, 이를 위해 유엔 서부사하라 선거지원단(MINURSO : United Nations Mission for the Referendum in Western Sahara)의 창설을 결정하였다.

국군 의료지원단의 서부사하라 파견은, 소말리아에 파견되었던 상록수 부대의 철수가 결정된 시점인 1994년 2월, UN으로부터 서부사하라 PKO 참여 요청을 받아, 국무회의 심의 결과, 7월 임시국회에서 파견동의안이 통과되었다. 의료지원단의 임무는 MINURSO에 근무하는 민간인과 군요원에 대한 의료지원과 각종 질병 예방을 위한 방역 활동, 응급환자에 대한 신속한 조치와 상급 의료시설로 후송하여 생명을 구하는 것이었다. 서부사하라의 수도인 라윤에 한국군의료지원단(KMU)의 중앙진료소를 중심으로, 남부와 북부에 각각 전방진료소를 24시간 운영하고, 팀사이트(한국의 GOP와 비슷한, UN 관측초소)의 순회 진료를 했다.

라윤의 도시 풍경은, 모로코 국왕이 지정해준 색깔로, 붉은색과 노란색의 중간인 불그스레한 색으로 지어진 건물들이 많았다. 도로에서는 사람과 자전거, 우마차와 자동차가 함께 섞여 같은 길로 다니는 모습이 신기했다. 시속 40km 이상이면 과속 단속대상이었다. 언덕에서는 시동이 잘 꺼져서, 사람들이 내려 자동차를 미는 모습도 종종 보였다. 물이 귀한 곳이라 세탁 사정이 좋지 못해서, 잠을 자고 나면 침대 벌레에 물린 자리가 붉게 부풀어 오르기도 했다. MINURSO에는 26개 국가에서 모인 사람들이 함께 일했다. 군인, 민간인, 현지 고용인 등이 섞여서 생활하는데, 아랍계와 아시아계, 유럽 등 각각 나라 특성을 띤 영어 발음이 귓가에 울려, 처음에는 간단한 생활영어도 알아듣기가 정말 힘들었다. 식사는 '알마시라' 호텔에서 3끼를 모두 먹게 되었는데, 음식에 우리나라 고춧가루나 마늘처럼 독특한 모로코 향료가 들어 있어 적응이 힘들었다. 접시에 몇 가지 음식을 조목조목 담아, 국물 없이 먹는 것도 고역이고, 화장품 향료 같은 소스 맛도 생소했다. 함께 식사하는 외국인들과 우아하고 상냥한 테이블 매너를 시종일관 유지하는 일도 피곤함의 연속이다. 상대방이 먹는 속도에 보조를 맞추면서, 날씨 얘기나 건강 문제, 최근 정세 등 매일 반복되는 이야기들을 아주 새롭게, 그것도 발음이 각양각색인 영어로 주고받는 일은 초능력처럼 힘들었다.

당직이 아닌 일요일 아침에 늦잠을 자고 일어나, 번잡했던 일상의 부스러기들을 치우고, 대청소를 한 뒤에 아파트 주방에서 끓여 먹는 라면은 최고의 만찬이었다. 냄비 째 거실 바닥에 앉아 편안하게 떠먹는 국물에, 밥까지 한 공기 뚝딱 말아먹고, 달달한 커피 한잔이면 아무 생각 없이 편안했다. 그리고 만족스런 포만감과 함께 한 세트처럼 외로움이 밀려왔다. 룸메이트 선배와 함께 살았어도, 남·북부진료소에 2주간 순환해서 파견이라, 함께 얼굴 볼 시간이 거의 없었다. 책도 읽고, 비디오도 보고, 가족들에게 편지도 쓰고, 그래도 휴일은 시간이 길게만 느껴졌다.

'13,000km를 날아서 이곳까지, 나는 외로워지고 싶어서 사막으로 왔구나.' 하는 생각이 들었다.

세계 어느 곳에서나, 사는 것이 외로우면 시장을 걸어보면 활기가 생긴다. 라윤의 시장에서는 프랑스어와 스페인어가 공용으로 쓰였고, 야채와 과일이 상자에 그득 담겨 알록달록한 색깔은 보기만 해도 기분이 좋았다. 암호 그림 같은 아랍어를 읽을 줄 몰라도, 두 개는 '이쓰나인', 세 개는 '쌀라 싸'하며, 손가락을 펴 보이면 필요한 만큼 과일을 사는 데는 아무 문제가 없었다. 마치, 남대문 시장을 구경하는 외국인처럼 신기하고 재미있다. 상인들은, 여성들에게는 '마담'이란 호칭으로 부르며, 작은 친절에도 '슈크란' 하며 선한 웃음을 활짝 웃었다. 가끔 양배추와 닭고기와 생선을 사서 후배와 한국식을 해 먹기도 했다.

아파트 근처를 산책하다 보면, 축구를 하며 놀던 아이들이 웃으며 달려왔다. 1디람(약 100원)과 꼬레를 외치며 태권도 흉내도 냈다. 앞니 빠진 작은 영웅들에게, 군것질거리를 골목에서 살짝 나누어 줄 때는 한국에 있는 딸이 생각났다. 김포공항 환송행사 때, 신기한 표정으로 쳐다보며 '엄마가 충성하고, 떴다 뱅기 타고 갔지요.' 하던 아이가 보고 싶어 마음이 아팠다. 가끔, 아니 자주, 나는 집에 두고 온 아이가 그립고 보고 싶어지면, 아파트 근처를 천천히 오래 산책했다. 한국으로 돌아올 때, 앞니가 다 자란 친구들에게 작별 인사를 했다. 진심으로 '슈크란' 하며 안아주고, 연필과 칫솔을 선물했다.

'황사가 짙은 날이면 이곳의 모래바람이 생각날 거야. 뜨거운 낮과 서늘한 저녁엔 너희들의 깊은 눈빛과 선한 웃음 담은 얼굴이 그리워지겠지. 먼 곳에 있어 만나지 못해도 건강하게 잘 자라 거라 애들아, 인샬라.'

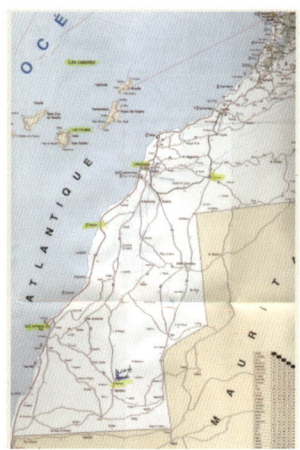

사막모래 장벽(Berm)과
서부사하라 지도

라윤, 시장으로 들어가는 골목
앞, KMU 근처의 아파트 모습

라윤 시내,
마차와 자동차가 함께.

팀사이트 전경, 남부 오사드의 KMU진료실 앞에서

서부사하라
한국군의료지원단
(KMU) 10진,

귀국 준비 중 햇볕 뜨거운 오후에 한 컷.

웰컴 투 오사드 쉐라톤 호텔

팀사이트는 사막에 있는 관측초소인데, 14~18명의 옵서버(UNMO)들이 자기 나라 대표 외교관의 마음으로 함께 근무하고 생활했다. 사막 한가운데에서 모든 물품과 식량과 식수를 안토노프(경비행기)로 공급받았다. 매주 각 팀사이트를 순회하는데, 하루에 4~5시간을 헬기로 사막 위를 날아다니면 멀미로 어질어질 정신이 없었다.

라윤에서 한 시간 반을 비행해서, 남부진료소 중앙팀사이트(오사드)에 내렸을 때, 태양에 달구어진 지면의 열기로 숨이 턱 막혔다. 지프로 갈아타고 다시 5분 정도 먼짓길을 달려, 숙소에 짐을 풀고, 진료실에서 업무를 시작하면 저녁때가 되었다. 진료소의 업무들은, 각 나라의 군인들로 구성된 팀사이트 옵서버들과 면담을 하고, 기초응급처치 교육과 약 처방, 차트 정리, 예방접종과 차량에 있는 구급함의 약품을 교체하고, 소독 물품을 정리하는 일들이 한국과 크게 다르지 않았다. 팀사이트 마다 전입

하는 군인들의 건강을 체크하고 생활적응도 살펴주고, 라윤에 있는 한국군의료지원단(KMU)으로 치과 진료 예약도 중요한 일이었다.

사막 한가운데에서 혹시 발생할 수 있는 응급 상황에 대비하는 임무가 가장 컸다. 옵서버(UNMO)들이 항공정찰 하는 날에는, 군의관과 간호장교도 동승해서 헬기로 사막을 함께 날아다녔다. 날개옷도 없이 뜨거운 사막의 하늘을 열 시간쯤 날다보면 멀미와 두통과 탈수가 친구처럼 익숙해졌다.

오사드에서는 2주마다 교체되는 한국의료지원단(KMU)의 근무 첫날에, 해가 뉘엿뉘엿해지면 뒤뜰에 모두 모여 환영파티를 해주는 관례가 있었다. 팀사이트 리더는 포르투갈 중령이었고, 방글라데시, 러시아, 가나, 중국, 우루과이, 미국, 이집트, 이탈리아, 프랑스 군인들이 총 17명 정도가 함께 생활했다. GOP에서 방문객이 오면, 누구라도 사람이 반갑듯이, 팀사이트도 매일 반복되는 정찰과 관측의 일상에서 KMU의 군의관과 간호장교가 오고가는 일은 즐거운 변화다.

사막에서도 유머 감각을 잃지 않고 사는 법, 오사드 스위밍풀과 쉐라톤 호텔에서 즐거운 유머를 엿볼 수 있다. 우리 집 욕조보다 조금 큰 둥그런 수영장(?)에, 발목을 적실 리 없는 철벅철벅 할 만큼의 엄청난(?) 양의 물이 채워졌다. 그 물속으로 들어가서 시원하게 신고식을 했다. 무릎에도 안 오는 웅덩이 하나 만들어 놓고, 올림픽 규격 스위밍풀이라며 여유를 부린다. 또, 천막으로 된 숙소가 부족하여, 방문객은 달랑 침대와 책상 하나 있는 막사를 썼다. 이름하여 쉐라톤 호텔이다. 별 다섯 개를 그려 놓았다. 매주 일요일에는, 팀사이트 대청소와 차량 정비를 모두 함께하는데, 쉐라톤 호텔에 쌓인 모래를 털고 청소하는 것이 주로 KMU 간호장교의 몫이었다.

각국을 대표하는 장교들이 있을 뿐, 팀사이트는 일도 생활도 여자 남자의 구별이 없었다. 세탁실과 화장실, 샤워장도 '사용중' 팻말을 붙이고 따로 또 같이 썼다.

야외 바비큐(?) 시설에는, 자기 나라를 알릴 수 있는 그림을 벽에 그리기도 했다. 또 재미있는 것은, 여러 나라의 빈 술병들을 모아 매달아 놓아서, 바람이 불면 부딪치는 맑은소리들이, 마치 절집에서 듣는 풍경소리 같았다. 남부에서의 첫날은 환영파티를 무사히 마치고, 물세례를 받고, 노래를 한 곡 부르면, 옵서버들이 한마디씩 환영 인사를 해주는 것으로 마무리가 되었다.

천막 벽을 치고 달아나는 모래바람 소리와 상황실에서 밤새 흘러나오는 무전기 소리와 책상 위에 올려놓은 가족사진…… 피곤이 이불처럼 덮였어도 잠이 안 왔다.

'시로코'라는 거센 모래바람은, 스위스 의료팀이 타고 가던 헬기를 추락시켰었다. 두 명의 의료진이 사망했고 승무원도 중상을 입어, 결국 스위스는 서부사하라에서 의료팀을 철수시켰다. 그 위령탑이 오사드 마당에 세워져 있다. 사막바람은 지중해 해

수면을 밀어 올려, 우기 때에는 이탈리아 베네치아 도시의 곳곳이 물에 잠기기도 한다니, 자연의 힘 앞에 우리 인간은 참으로 작은 존재라는 생각이 들었다.

팀사이트에서는 식사 시간, 운동시간, 응급상황 등, 전 인원을 모아야 할 경우에는 종을 쳐서 신호했다. 저녁 무렵에 종이 '땡땡땡' 울리 길래, 무슨 일이냐고 물었더니, '워터파티'를 한다고 했다. 파티가 참 많구나, 복장은 어떻게 해야 하나하고 잠깐 고민했는데, 알고 보니 식수로 사용되는 생수병을 나르는 일이었다. 한 달 먹을 물을 식당으로 옮기는 작업으로, 전 인원이 한 줄로 서서, 차례로 손에서 손으로 2천 병 정도를 날랐다. 여섯 병 한 묶음이라 무게가 만만치 않아서 땀이 났다. 연탄 나르기 봉사보다 무거웠다. 아무렴, 귀한 생수를 채워 놓으니, 노동도 즐거운 파티였다.

저녁을 먹고 난 후에는 팀사이트 주변을 산책하거나 달리기를 했는데, 강조되는 안전수칙이 있었다. '뱀씨, 도씨, 전씨'를 조심해야 하고, 확인된 안전로를 이탈하지 않아야 했다. 뱀과 도마뱀, 전갈이 많고, 사막에는 예전에 설치되었던 지뢰가 모래 바람에 밀려 떠다니기 때문이었다. 독을 품고 있는 두 개의 큰 송곳니를 가진 뱀인 '혼바이퍼'는 사막에 흔한 뱀이다. 정찰하며 야영하던 군인과 천막생활 하는 민간인 피해가 많았다. 뱀에 물렸을 때 응급처치법을 교육하고 항독소 주사약을 관리하는 것이 나의 일이기도 했다. 어떤 날은, 짓궂은 친구들이 도마뱀을 붙잡아서 꼬리를 묶어 진료실이나 간호장교 방문 앞에 매달아 놓기도 했다. 생도 4학년 교생실습 때, 남자 중학교에서 비슷한 장난을 겪은 터라, 짐짓 모른 척 태연히 지나갔다. 오히려 내 뒤에 걸어오던 온두라스 소령이 도마뱀에 놀라 쓰러지는 해프닝도 있었다.

어느 나라나 군인의 생활은 가족 떠나 떠돌기는 마찬가지여서, 저녁 선선한 바람 아래 차 한잔 나누며, 자기나라와 가족들 이야기를 하면서 그렇게 하루씩 보냈다.

잦은 비행 스케줄 변동으로, 5분대기 출동처럼 금세 짐을 꾸려서 떠나는 일에 적응되고, 헬기 소음도 자장가처럼 들릴 즈음이었다. 옆 팀사이트에서 응급환자가 발생했다는 무전을 받고 1시간 30분을 날아갔다. 전입 4주째인 프랑스 다니엘 대위가 더운 날씨와 스트레스로 '급성장염과 수면장애' 증세가 심해 탈진해 있었다. 물 사정이 안 좋은 사막이라, 식수로 쓰는 생수는 맛이 찝찌름했다. 냉장 보관된 찬물을 많이 마셔서 배탈이 났다. 군의관과 진료를 하고, 수액주사를 놓고, 저녁 내내 지켜보니, 차츰 탈수 증세도 좋아지고 말도 잘하고 그랬다. 마음이 힘들면 몸도 함께 아프게 되는 낯선 곳이다. 그 사람의 상황과 심정을 이해하는 게 더욱 필요한 환경이었다. 다행히 열이 나지 않아 라윤으로 후송까지는 필요 없지만, 팀장에게 스케줄 조정

243

을 부탁하고 군의관과 간호장교가 좀 더 있기로 했다. 팀사이트별로 2~3일씩 머무르며 소독 물품과 약품을 교체하고 진료도 하는 순회 일정 변경을 요청했다.

남부 전체 팀사이트들의 정찰과 헬기 스케줄 조정이 필요했다. 사령부에서는 무전으로 바로 오케이 승인을 해주었고, 누구도 불평하는 사람이 없었다.

하루 지나, 다니엘 대위의 금식이 풀려, 식당에 있는 야채로 뜨거운 수프를 만들어 주었다. 더울 때일수록 끓인 물과 더운 음식으로 '이열치열' 한 우리 조상님 지혜를 부족한 영어로 열심히 설명했다. 중국 소령이 발음은 좀 다르지만, 이열치열을 한문으로 알아듣고 반가워했다. 결국 공자, 맹자, 내가 아는 상식을 총동원해서 중국과 한국의 공통된 문화를 한참 동안 얘기하기도 했다. 요리 솜씨 좋은 중국 장교 덕분에 양고기로 만든 동파육을 맛있게 먹더니, 그는 3일 만에 좋아졌다.

한낮의 온도가 60~63℃, 에어컨으로 유지하는 실내온도가 21~25℃였다. 사람은 환경에 적응해 살게 되어 있지만, 살아온 터전과 한참 다른 기후에서의 생활은 힘들었다. 몸도 마음도 스스로 챙기지 않으면 쉽게 병이 났다. 안개처럼 뿌연 모래 흙먼지가 바람에 날릴 때는, 해 뜨는 것도 지는 것도 알기 힘든 날이 며칠씩 계속되기도 했다. 시로코 바람과 모래만이 전부인 팀사이트는 동료들이 건네는 박하 향 짙은 뜨거운 차 한 잔이 힘이 되었다. 나라마다 몸살감기로 좋은 영혼의 음식들을 자랑도 하고 서툰 솜씨로 만들어 나눠 먹으며 서로의 문화를 이해했다.

2주 동안의 팀사이트 순회진료를 마치고 라윤으로 돌아오면, 마치 GOP에서 휴가 나온 기분이 들었다. 자그마한 동네였지만 수돗물로 샤워를 할 수 있고, 한국에 있는 가족들에게 전화를 할 수 있어 감사했다. 괜스레 KMU 행정반에 들러 한국말로 실컷 떠들기도 하고, 사람들 얼굴만 봐도 반가웠다.

6개월의 시간을 삼등분으로 나누어 살펴보면, 첫 두 달은 적응하느라 정신없었고, 가운데 두 달은, 각자가 겪는 스트레스가 많았다. 사람들은 서로 상대편이 나를 좀 잘 챙겨줬으면 하는 기대를 갖는 힘든 기간이었다. 마지막 두 달은, 귀국을 손꼽으면서 인수인계 준비를 하며 지나갔었다.

"존중받고 싶은 만큼, 상대방을 존중하자. 서로 예의를 갖춰 말하라. 기쁨은 전파시켜서 모두가 알게 하고, 개인의 갈등은 조직 전체의 갈등이 되지 않도록 삼가자."

회의 때마다 강조하는 단장님의 훈시처럼, 모두 자신의 마음 다스림이 필요했다.

KMU는 모토로라로 무전을 할 때, 13번 채널을 사용했다. 응급상황은 호출 부호 'Linma 7 Alpha' 누구나 알 수 있게 사전 약속되어 있었다. 무선통신 때는, 우선 서로 채널을 맞춰야 하고, 한 사람이 켜고 이야기하면 다른 사람은 듣기만 한다.

동시에 말하게 되면, 서로 '말했다'고 할 뿐 들을 수 없는 기계 장치였다. 이 작은 기계가 우리 삶의 모든 의사소통의 교훈으로 생각되었다. 말하기에 바빠 듣는 일을 소홀히 하기 쉬운 것이 우리 삶이다. 단장님의 속을 꽤 많이 썩였던 '양 대위' 때는 잘 몰랐는데, 돌아보니 그때는 못 들었던 배려와 사랑과 존중이 들리고 느껴진다.

경비행기(안토노프)로 Supply(물품 수송 작전)
그 끝에는 '워터파티(Water Party)'가 기다린다.

팀사이트 오사드, Stay on the tracks !

야외 바비큐, 올림픽 규격(?)의 스위밍풀과 쉐라톤 호텔

순회 진료와 헬기 정찰,
멀미와 두통과 탈수에 익숙해지면 헬기 소음도 자장가처럼 들린다.

야간비행, 그리고 비 내리는 사막

　　　　　　북부의 진료소는 북부 사령부 내에 있어서, 분위기가 남부와 조금 달랐다. 위치상 더위도 남부 보다는 심하지 않았고, 팀사이트에서 차를 타고 20분 정도 가면 작은 마을인 '스마라타운'이 있어서 고립감도 덜했다. 진료실 앞방이 간호장교 숙소였고, 옆방이 북부 사령관 집무실, 그 옆에 회의실이 있었다. 하루에도 몇 번씩이나 북부 사령관(프랑스 대령)을 만났다. 영어가 주 언어이지만 프랑스어와 스페인어도 UN공식어라, 기회가 되면 어학 능력을 갖추는 게 좋겠다는 걸 실감했다. 간호장교 숙소는 침대와 책상 하나, 에어컨 겸 온풍기가 있는 작은 공간이었다. 천막으로 된 벽에, 한국군 의료지원단(KMU) 1진부터 9진까지 앞서 다녀갔던 사람들이 한마디씩 적어놓은 글이 빼곡했다. 처음 서부사하라 임무를 시작하면서 가장 힘들었을 1진이 쓴 글은 그 느낌이 좀 더 뭉클했다. 황혼이 어둠으로 변하고 별이 하나둘씩 떠오르는 시간에, 멀리 떨어진 사막에서 느끼는 비슷비슷한 외로움이다. 간호장교라는 직업을 가졌기에, 군인이라는 신분이기에 경험해 볼 수 있었던 고독한 시간이었다.

팀사이트를 2~3일마다 헬기로 옮겨 다니는 순회진료는 똑같지만, 팀사이트마다 생활하는 분위기는 다양했다. 순회진료 길에 때로 소소한 부탁이나 심부름도 했다. 팀사이트 '메하리스'에서 팀사이트 '마바스'로 강아지를 날라 준 적도 있었다. 메하리스에서 강아지가 새끼를 낳아, 그중 한 마리를 마바스로 보내는 중요(?) 임무였다. KMU특수 작전이라며 옵서버들이 엄청 고마워했다. 헬기로 두 시간을 가는 동안, 강아지가 멀미를 해서 약도 먹이고 물도 먹이며 품에 안고 갔었다. 사전에 기생충 약과 예방 주사 놓는 것도 부탁받았다. 15명 남짓 모여 살며, 날마다 사막 정찰하고 모래 바람에 시달리는 팀사이트 옵서버들에게 강아지는 정성들여 보살피며 행복감을 주는 가족이 되었다. 팀사이트 곳곳에 그려진 작은 그림이나 벽면의 낙서를 읽으면 그곳 사람들의 마음이 아픈지 건강한지를 알 수 있었다. 매일 반복되는 단순한 일상에서는 소소한 변화와 작은 행복을 찾으려는 노력이 꼭 필요하다. 누군가 임무를 마치고 고국으로 돌아갈 때면 매번 파티를 했다. 소박한 음식과 마실 것을 나누며 함께 축하해주고 헤어짐을 섭섭해 하는 모습은 마치 GOP에 근무하는 우리 장병이 전역할 때와 비슷한 느낌이었다.

'Linma 7 Alpha, Linma 7 Alpha …… KMU, KMU ……!' 순회 진료 중에 무전기로 응급 호출을 받았다. 헬기로 40분가량 걸려 도착한 지점은 북부에서 라윤으로 가는 모로코 도로상이었다. 더운 날씨에 과속으로 달리던 짚차 타이어가 파열되면서, 차가 굴러 부상자가 발생했다. 3명이 타고 있었는데, UN에서 고용한 현지인 2명과 선거인 식별단의 민간인 한 명이었다. 운전자는 다행히 많이 다치지 않았으나, 조수석에 있던 사람은 많이 다쳤다. 언어소통이 잘 안되고, 눈 주위에 파랗게 든 멍(Raccoon eye)과 동공 빛 반사가 느린 것으로 봐서 두개골 골절이 의심됐다. 현장 조치가 긴급한 상황이었다. 나는 산소를 주며 수액 주사를 놓고, 군의관은 응급 약물을 투입하며 라윤에 무전을 했다. 항공후송이 필요했다. 또 한 사람은 팔에 골절상을 입은 상태라 부목만 대고 헬기를 출발시켰다.

수액을 주면서 혈압을 재야하는데, 흔들리는 헬기 안에서 환자를 살피기가 쉽지 않았다. 라윤 공항에 도착하니 중앙진료소 KMU 후송팀이 앰뷸런스로 대기하고 있었고, 사령부 참모부서 사람들도 마중 나와 있었다. X-ray 결과, 두개골 골절과 흉부 타박상으로 인한 기흉도 있어 흉부 삽관을 하고, 모로코의 수도 아가딜의 상급 병원으로 다시 후송하기로 했다.

비행기로 2시간, 그동안 환자는 처음보다 나빠졌다. 뇌압 상승 증세로 구토를 여러 번 했고, 활력증후도 변동이 잦았다. 기도삽관을 환자 옆에 준비해 놓고 예민하게 체크해야 했다. 고도가 높아짐에 따라 폐에 주는 부담도 더해지므로, 잠시도 긴장을 늦출 수 없는 시간이 흘렀다. 불안정하게 움직이는 환자를 보호해가며 어둠이 덮인 아가딜 공항에 도착하니, 앰뷸런스 불빛 신호가 비쳤다. 안도의 한숨이 절로 났다.

아가딜 공항에서 병원까지, 비좁은 앰뷸런스로 험하게 운전하는 구조팀을 보면서 과연 치료를 잘해줄 수 있을지 걱정이었다. 막상 병원에서 찬찬히 보니, 의료진의 태도가 차분하고 조용하면서도 꼭 필요한 움직임을 정확히 하고 있어 신뢰가 갔다.

야간 당직을 하고 있는 간호사의 복장은 마치 수녀님처럼 긴 옷에 머리와 얼굴을 거의 가리고 있었다. 응급실에는 8~9명의 환자가 있었고, 산소와 심전도 모니터와 몇 가지 의료 장비들이 눈에 띄었다. 낡았지만, 만약의 사태에 대비할 수 있는 준비가 되어 있었다. 미리 연락이 되어 흉부외과와 신경외과 전문의가 대기하고 있었고, 다행히 응급수술을 해야 할 정도는 아니어서, 경과를 살펴 가며 치료하기로 했다.

군의관과 함께 응급실로 환자를 입원시키고, 그곳 의료진에게 환자 설명과 필요한 서류를 주고, 각종 검사 결과를 확인하니 밤 11시였다. 비행기 승무원들과 야식을 조금 먹고, 라윤으로 돌아오는 길은 깜깜한 야간비행이었다. 다음날 팀사이트 비행 일정 때문에 무리를 해서 돌아왔다. 아가딜에서 라윤으로 날아오는 밤하늘, 생텍쥐페리가 불시착한 그 사막 언저리를 내가 날고 있는 밤이었다.

　북부진료소를 오래 비울 수 없어, 새벽에 헬기로 바로 팀사이트 '티파리티'로 갔다. 순회진료 다니는 2일 동안, 비가 내렸다. 아주 잠깐 15분 정도의 소나기는 간간이 내리기도 했지만, '쏴!' 하는 빗줄기는 우기에도 보기 힘든데, 큰비가 내렸다. 사람들이 환호하며 몇 년 만에 내리는 큰비를 함께 감상했다. 가족들과 김치 부침개를 도란도란 먹고 싶다는 생각이 들었다. 일회용 우의를 입고, 슬리퍼를 신고 빗속을 걸었다. 군데군데 물웅덩이가 생기고, 말랐던 강들이 적셔지고, 흙탕물에 아이들이 첨벙대며 놀고 있었다. 마음이 가라앉을 때는 산책이 좋은 약이다. 비 내리는 사막, 가시나무 넝쿨에 한나절 만에 연한 잎들이 돋는 모습은 마치 요술 같았다. 우리가 모르고 지나칠 뿐, 삶의 풍경은 매 순간 그 자리마다 어메이징 미라클이다.

어린왕자가 살았던 그곳

첫날 근무신고, 웰컴 파티   사막, 6개월이면 사람도 낙타로 변한다?

1인 1셀 : 방마다 창 한 개 북부 간호장교 숙소

비가 그치고, 연한 가시나무 잎을 따먹는 아기 낙타를 보았다.

북부사령부.
우리 집은 1만 3천 km 떨어졌다.

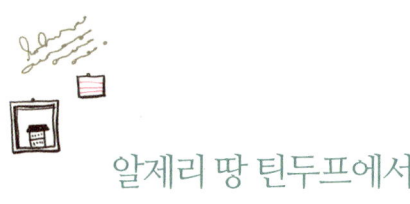

알제리 땅 틴두프에서

알제리 서쪽 국경에 자리 잡고 있는 틴두프 (Tindouf) 지역은, 1975년 모로코의 서부사하라 점령으로 쫓겨난 유목민 사라위족이 거주하는 난민캠프가 있었다. UN의 연락장교 8명이 파견 나와 있었고, 선거인 식별을 위한 민간인들이 12~15명 정도 상주했다. 알제리 영토를 빌려, 남의 나라 땅 그것도 사막 한가운데에 있는 난민캠프였지만, 사라위 사람들의 의지와 자부심은 대단했다.

아침 일찍 라윤 사령부 참모들과 헬기를 타고, 2박 3일 순회진료 갔다. 천막학교와 병원 시설도 방문했다. 운동장도 없이 달랑 천막 하나가 전부인 학교에서 영어와 불어, 스페인어를 가르치고, 여학생들은 요리와 옷 만들기를 배웠다.

젊은 남자들은 사막에 군인으로 나갔다. 척박한 환경에 양과 염소, 낙타를 키우며 풀이 없어질 때까지 있다가 또 옮기는 유목생활이다. 경제 활동을 할 만한 뚜렷한 일거리는 없지만, 세대를 거쳐 독립을 위한 투쟁을 계속하고 있었다.

 열악한 환경과 물질적 궁핍 속에 살지만, 천막학교 여선생님이 보여주는 푸르른 기품은 유럽의 어느 귀부인 못지않았다. 사라위식의 차를 대접받았다. 전통적으로 부인(여자)은 손님에게 얼굴을 보이지 않고, 얇고 긴 천으로 가리고 한쪽에서 말없이 차를 준비하는데, 시간이 꽤 걸렸다. 주전자에 차와 뜨거운 물을 섞고, 찻잔에 따르고, 다시 붓고⋯⋯ 이렇게 30분가량 걸려 준비된 차를 마셨다.

 박하 향 짙은 차는 석 잔을 마시는 게 예의였다. 첫잔은 쓴맛, 탄생과 인생의 의미였고, 두 번째 잔은 굉장히 달았다. 사랑을 의미했다. 세 번째 잔은 알맞게 달고 알맞게 쓴맛이 죽음을 의미한다고 설명했다. 이슬람 문화에서 사막인의 삶과 죽음에 대한 태도를 엿볼 수 있었다.

 '인샬라', 신이 허락한다면, '신의 뜻대로'가 그들의 믿음이었다. 섞고 나누고 또 섞고, 왜 이렇게 오래 되풀이 하냐고 물었더니, 남편이 손님들과 충분히 이야기 나눌 시간을 만들어 주기 위해서라고 했다. 마치 조선 시대의 여인들과 비슷한 모습이었으나, 그녀는 영어로, '여성은 하우스키퍼'가 아니라 '소사이어티 메이커'라고 당당하게 자신을 소개했다.

 사라위 여 선생님은 예언자의 한 구절을 나에게 들려줬다.
 '그대들 아이처럼 되려고 애써도 좋으나, 아이들을 그대들과 같이 만들려고 애쓰진 마라. 왜냐하면, 삶이란 결코 옛날로 거슬러 올라가지 않으며, 어제에 머물러 있는 것도 아니므로' 가슴이 뭉클했다.

반나절 시간을 내어 병원시설도 견학했다. 흙벽돌로 지어진 단층 건물의 병원은 여러 나라에서 지원과 도움을 받아 운영하고 있었다. 의료 기구는 독일에서, 장비는 스위스에서, 약품은 쿠바에서, 또 일부 소모품은 러시아와 알제리에서 왔다. 스페인 의사들이 민간단체를 통해 봉사 나와 있었고, 러시아와 쿠바에서 공부하고 돌아온 사라위 여자 의사들이 거의 무보수로 일을 하고 있었다.

묵묵히 더위를 벗 삼아 살고 있는 사람들…… 국경과 이념을 떠나 의료인으로서 존경심이 들었다. 식수가 귀하고 청결하지 못한 환경 탓에, 전염병 예방 교육이 큰 비중을 차지하는 업무라 했다. 출산은 아주 반갑고 기쁜 경사로, 캠프 전체가 기뻐하는 일인데, 마침 방문한 날에 스무 살 산모가 쌍둥이를 출산해 들뜬 분위기였다. 같이 간 러시아 연락장교와 알제리 통역장교와 함께, 각자 가지고 있던 소지품으로 작은 선물을 하며 축하했다. 어린 산모가 나에게 아기를 한번 안아보라고 했다. 곰실곰실 갓난쟁이를 품에 안았다. 세상이 어떤 모습인지 모른 채 새록새록 잠자는 평화로운 모습. 신이 보내신 선물에 가슴이 찡했다.

어린이 병동이 따로 있었는데, 영양실조로 머리는 크고, 팔다리는 너무 가늘어 잘 걷지 못하는 아이들이 많았다. 태어났을 때 위생 상태와 영양이 좋지 못한 환경에서 병을 얻은 아이들이 안타깝다. 꼬물꼬물 품 안을 파고 들던 아이들 체온은 또 얼마나 따뜻하던지 눈물이 나려고 했다.

틴두프 연락장교인 막심대위와 헝가리 틴 소령과 함께 사무실에 있는 응급키트를 점검하고, 약품을 채우고, 틈틈이 응급처치 교육을 했다. 2박 3일은 빨리도 지났다. 저녁때는 사람들과 어울려 탁구도 하고, 라윤에서 준비해 간 야채와 부침가루로 전을 만들어 간단한 한국음식을 만들어 나눠 먹었다. 요리가 취미였던 중국의 쟝 소령이 얇은 만두피를 만들고 속 재료를 다져 만두를 만들었다. 모로코 음식에도 튀김만두 비슷한 메뉴가 있다. 10여 명 군인들이 자기 나라 요리법을 자랑하며 아이처럼 즐거웠다. 칠리소스를 첨가하는 말레이시아 요리법, 간단하게 튀기는 러시아, 토마토케첩을 쓰는 헝가리, 맛은 조금씩 달랐지만, 음식에 담기는 정성과 나눠 먹는 기쁨은 같았다.

살아온 환경도 사용하는 언어도 다르지만, 서로 인정하고 배려하는 마음. 그것은 집 떠나 생활하는 군인들의 세계 공통의 정서였다. '문화의 이해'는 결코 우열을 가리는 게 아니라 상대에 대한 존중이다. 언어가 유창하지 않아도 느낌으로 알 수 있다. '문명이다 비문명적이다' 하는 기준은 어쩌면 참 일방적이었구나 하고 깨달았다.

　소여물 냄새같이, 서서히 하늘을 물들이며 퍼지던 노을을 보면, 울컥 가족들이 그리워지던 저녁이었다. 모든 수도꼭지마다 뜨거운 물이 나오던 낮의 열기가 식고, 선선하게 머리를 식혀주는 바람이 불면 서늘하고 쓸쓸한 어둠이 내렸다.
　사막은, 그동안 내가 살아온 시간을 돌아보며 '지금 내 삶은 어디쯤 있나' 하는 성찰의 시간을 선물해주었다. 소박하고 애잔한 풍경 속에 나는 작은 점하나 같았다. 까맣다 못해 시리게 파란 하늘, 총총히 박힌 별빛이 맑았다. 사람살이의 소중함을 일깨워 주던 곳.
　어린왕자가 지구에 나타났다가 사라진 그곳, 나의 사하라는 아름다웠다.

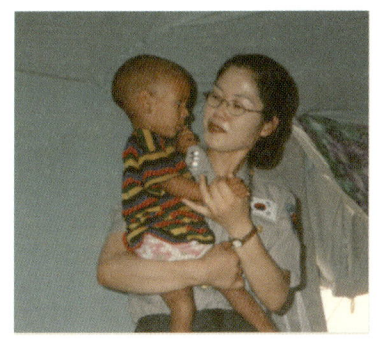

다섯 살, 잘 걷지 못하는 아이는 눈으로 많은 것을 했다.

중국 옵서버들은
요리를 즐겨했다.
순회진료 갔다가
함께 만두 만들며 면담하기

벽돌로 지어진 단층 병원,
UN연락장교들과 함께.

노을이 지고 나면 금세
어두워지는 사막의 저녁,
집 떠나온 세계 군인들이
서로 친구가 되는 시간.

메르스, 단편명령을 수행하다

2015년 5월 20일 질병관리본부에서, 바레인으로부터 입국한 내국인 1명이 메르스(MERS) 환자로 최초 확인되었다고 발표했다. 뉴스가 나오고, 사람들은 12년 전의 사스(SARS)를 떠올리며 이름도 낯선 중동호흡기 증후군에 불안해했다. 봄날이었으나, 낮엔 28도를 훌쩍 넘는 더운 날씨가 이어졌다.

5월 25일 부처님 오신 날, 고3 딸아이를 도서실에 태워주고 후배 결혼식에 갔었다. 신부 신랑의 환한 웃음, 화사한 드레스가 눈부셨다. 사령부 예방의학과장 엄 중령을 만나 결혼식 뷔페 국수를 같이 먹었다. 옆에 앉으니 바로 '일' 얘기가 쏟아진다.

"질본에서 MERS 환자 확진을 발표했으니, 후속 조치할 것들이 많네요."

벌써 며칠간 야근을 했는지, 얼굴에 피곤이 묻어 있다. 수도병원 국가지정격리병동 전담의료팀 준비상태도 체크해야 하고,

몸이 세 개였으면 좋겠다며 웃는다.

"그래도 다행히 에볼라 대응 때 예방의학장교 윤 대위가 만든 메트릭스가 있어요. 정 대위랑 같이 질본 지침을 확인해서 메르스 군대응지침도 곧 전파하려고요."

오랜만에 얼굴 보는 반가움도 있지만, 이런저런 걱정을 나누는 식사였다. 그러나 그때는 몰랐었다. 내가 메르스 진료 현장의 한가운데로 파견을 가게 될 줄은 정말 생각도 못 했었다.

다음날 뉴스에서, 바레인에 다녀온 첫 번째 환자와 같은 병실에 있다가 감염된 환자가 4명으로 늘었다는 소식이 나왔다. 군병원도 부대 출입자 전원에 대한 체온측정, 선별진료소 선정과 진료전담 인원 운영을 시작했다. 신종플루 대응 때의 학습효과가 남아있었는가, 야전부대 지휘관들의 움직임이 차분했다. 부대 예방수칙, 손씻기, 마스크 착용 등 필요한 조치가 잘 이뤄졌다. 우리 병원도 동원훈련 일정과 방법을 수정했다. 훈련장에서 직책훈련을 통합하고 병원에 들어오는 인원을 최소화했다. 마스크와 일회용 가운, 고막체온계를 추가로 확보하고…… 바빠질 것 같은 시간을 대비해서, 집에 아이들 간식거리와 반찬을 냉장고에 채우고 신발장 위에 비상금도 현금으로 넣어 뒀다. 수능을 앞둔 6월 모평이 가까워 특히 고3 교실은 예민해져서 걱정인데, 동해에 계신 친정엄마가 전화를 하셨다.

"거, 뭐이나…… 뉴스 보고 있는데, 병원에는 비상 걸렸겠다.

퇴근은 제때 하냐? 애들 밥은 우짜냐? 니 바쁘면 엄마가 올라갈까?"

 생각난 김에, 예정되어 있던 모친의 치과 임플란트 검진은 미루고, 당분간 버스나 기차 같은 대중교통을 이용하지 마시고 집에 계시라고 했다.

 병원장 주관 동원훈련 준비 사열을 마쳤을 때, '단편명령 15-1호, 메르스 관련 임무 하달'이 공문으로 내려왔다. 사령부와 수도, 대전병원에서는 상황대책반을 편성하여 운영하고 복지부, 질본과 유기적 협조로 국가적 위기상황에 능동적으로 대처한다는 내용이었다. 뉴스와 보도에서는 확진 36명, 사망 3명으로, 불안감과 공포감이 퍼지고 있었다. 뒤늦은 정보공개로 초기대응에 실패했다고 언론마다 질타가 심했다.

 대중의 두려움은 전문가들의 판단과 다를 수 있고, 개개인의 경험에 의해 크게 좌우될 수도 있으니, 있는 그대로의 두려움을 존중할 필요가 있겠구나 하는 생각이 들었다. IT 강국답게 인터넷 공간에서도 유언비어가 확산, 재생산되어 각종 야유가 넘쳤다. 냉장고에서 낙타유 꺼내다가 쏟았다는 둥, 퇴근길에 버스 놓쳐서 낙타 타고 가는 중이라는 둥……. '사태가 가라앉을 때까지 병원을 청정하게 유지하면서 군단지원 임무를 수행하려면 어찌해야 하나' 하는 근심이 쌓였다.

확진환자 87명에 사망자가 6명으로 집계되었던 6월 8일, 우리병원으로 준비명령이 하달되었다. '국군고양병원은 6월 9일 (화)부 의명 외래전문병원으로 임무 전환'이었다.

22시에 주요직위자 소집되고, 군의관과 간호장교, 원무과 전인원이 새벽까지 환자 전자의무기록 차트를 정리했다. 양주나 수도, 가까운 군병원으로 분산될 환자들에게 현 상황을 설명하고 이동 계획을 만들었다. 입원환자 이동과 입원병동 폐쇄에 따른 '간호인력 조정 운영 안' 토의를 마치니 아침이 되었다. 전시 상황이 따로 없었다.

6월 9일 화요일 06시에 영외거주자 소집이 발령되어, 전 간부가 일찍 출근했다. 컵라면으로 아침들을 먹고 각 부서별 임무를 시작했다. 먼저 입원환자들에게 상황을 다시 설명하고 후송차량 탑승을 안내했다. 시간이 부족하여, 층별로 간호장교들을 모아서 일련의 과정을 이야기해 주었다. 최근 지속적으로 메르스 감염환자가 발생함에 따라, 특히 의료진에서 감염환자 및 밀접 접촉자가 발생하면서, 국내 민간 의료기관의 운영이 어려워진 상황을 모두 공감했다.

우리병원은 외래전문병원으로 임무 전환되어 간호인력을 최소화하여 12명 남겼다. 나머지 19명은 다른 병원으로 지원이 예상됐다. 전군의 간호인력을 대상으로, 민간병원 지원 희망자를 파악하고 있었다. 우리가 처음 겪는 메르스라는 낯선 질병과 방호복을 입고 사투를 벌이는 일이라, 각 개인의 자기결정권이 필요한 사안이었다. 특히 건강도 중요해서, 분위기나 압박감 때문에 말 못하고 떠밀려 지원하는 인원이 없도록, 잘 생각하고 각자 판단할 시간과 기회를 줘야 했다.

"상황이 좀 급박하여, 12시까지 의무학교로 파견 지원하는 인원 명단을 작성해서 의무사로 보내면, 오후에 파견 명령이 날 것이야. 군인은 명령이 나면 수행하는 게 본분인데, 지금은 명령이 나기 전에 '자기결정 선택권'을 짧은 시간이지만 갖도록 하자. 대전지역에 있는 대청병원 지원을 국방부와 복지부가 논의 중이라고 한다."

짧지만 긴 설명을 후배들은 어떻게 생각할까 염려가 되었는데, 부장의 목소리가 너무 비장했었는지, 별 동요함 없이 후배들도 비장한 표정으로 흩어졌다.

그 와중에도 행정부장은 동원훈련장으로 가야 했다. 훈련 전장으로 떠나는 문 중령, 대전으로 떠날 나, 부대에 남을 진료부장, 세 곳이 모두 전시상황 같았다. 현관로비에서 세 사람의 눈길이 이심전심 안타깝고 먹먹했다. 이것 또한 지나가리라 했다.

15시 기준으로 최소 잔류인원 12명을 빼고, 나머지 간호장교 19명이 모두 지원하였으나, 정신보건 간호장교는 양주에서 별도 파견 요청이 왔다. 18명의 간호장교가 대전 의무학교로 파견 명령이 났다. 위국헌신군인본분(爲國獻身軍人本分), 어린 후배들이 고맙고 대견하여 울컥 눈물이 났다. 복장은 전투복으로, 6월 10일 06시 30분에 출발하기로 결정되었다. 간호 가운과 3~4주 동안 생활할 개인용품을 잘 챙기라 하고, 아이들을 일찍 퇴근시키고, 사무실을 정리했다. 간호과장과 중앙공급과장, 수술마취간호과장에게 외래전문병원 임무를 부탁했다. '잘 있어, 다녀올게.' 하는데, 마음 여린 박 소령이 '부장님~' 하면서 울먹인다. 그렇게 네 명의 엄마군인들은 서로의 안부가 걱정되어 눈시울이 붉어지며 또 울컥했다.

 퇴근하고 저녁에도 계속 사령부 대응반과 대청병원 간호부장과 통화하느라, 오랜만에 휴가 내어 잠시 집에 온 남편과 얘기도 몇 마디 못했다. 늘 이렇게 불량한 와이프. 남편도 곧 이동인데 까맣게 잊고 있었다.
 "어쩌지, 내일모레 당신 취임식에 나는 못 가겠네요."
 남편은 말없이 차에 짐을 실어주었다.
 "서두르지 말고 찬찬히, 당신은 우선 밥부터 마저 먹고. 좀 일찍 자는 게 좋겠소."
 새벽 5시에 잠이 깨어 출발하면서, 고속도로 휴게소에서 친정엄마께 전화했다.
 "엄마, 내가 간호사관학교로 급하게 2주 정도 훈련을 가거든요. 내일 새벽 첫 버스 타고 오셔서 우리 애들 밥 좀 챙겨줘. 마스크 꼭 쓰시고. 싱크대 서랍에 현금이랑 카드 뒀으니까 시장가시지 말고, 마트에 전화로 주문하고 되도록 집에만 계세요."

엄마는 늘 하던 훈련인 줄 아셨다. 속사포 같은 딸의 속사정을 모르시니 돌아오는 대답이 느릿했다.

"우짜노…… 느그 오빠는 출장 갔고, 올케는 배구시합 따라가서 다음 주는 돼야 온다. 여기 강아지랑, 닭이랑 짐승들 밥도 챙겨야 하고. 감자밭이랑 마늘밭도 풀 뽑고 손봐야 하는데, 내가 한 이틀 뒤에 올라가면 안 되겠나?"

졸음을 깨우려고 마시던 커피가 헉하고 목에 걸렸다. 고등학교 2학년 아들과 고3 딸래미. 우리 집 소중한 아이들 밥이 짐승들 밥보다 우선순위가 밀렸다. 어쩌다가 유쾌한걸과 멋지군은 이틀이나 소년소녀 가장이 되어야 했다.

6월 10일, 의무학교 세이브센터에 일찍 도착해서 교육 일정과 장소를 확인했다. 나는 공병 장교들의 구호처럼, 퍼스트인 라스트아웃(FIRST IN LAST OUT)해야 했다. 간호과장 최 소령이 후배들과 함께 왔다. 샌드위치로 버스에서 아침을 해결하고, 8시 30분에 도착했다. 잠시 쉴 틈도 없이 방호복 착용과 기도삽관, 인공호흡기 작동에 대한 교육과 실습이 종일 진행됐다. 급한 대로 문구사에서 작은 수첩도 24개 사고, 약국에서 체온계도 탈탈 털어 사 왔다. 모든 인원들이 하루 3회 각자 체온 측정을 하고, 먹은 음식, 만나는 사람 등 동선을 파악할 수 있게 기록하기로 했다. 앞으로 우리 중 혹여 누구라도 발열이나 의심증세가 있으면 역학조사가 이루어질 상황을 대비하고 시작했다. 각자의 건강이 동료들과 팀의 임무에 중대한 영향을 미친다.

　대청병원 확진자들은 충남대병원으로 이송됐고, 의료진 격리로 간호인력 부족이 심각했다. 병실 세팅과 환자 간호의 범위, 환경소독, 에어로졸 발생이 많은 시술에 대한 보호 방안, 근무자 교육 사항들…… 준비하고 결정할 것들이 많았다. 군의료지원단 24명 중에 군의관 3명, 의정장교 1명, 간호장교가 20명이다. 후배들과 함께 임무를 무사히 마치려면 단 한 명의 의료진 감염도 없어야 했다. 임무분장에 대해 고 중령, 최 소령과 토의를 마치니 자정이 훌쩍 넘었다. 새벽부터 긴장하고 움직여 피곤한데 잠이 안 왔다. 뒤척이는데 전화가 울렸다. 사령관님도 근무자들 안전을 걱정하셨다. 숙소 해결과 대외협력을 조율할 인원을 요청했다. 의료관리실 안 소령이 아침 일찍 내려와 감염관리 업무를 짚어주기로 했다. 처음 3일 정도 뜨겁게 부딪히며, 앞에서 싸우고 정리해줄 지원군이 필요했다.

　6월 11일에는 확진환자 122명, 사망 10명이 보도됐다. 질본과 상의하여 대청병원 코호트 격리 환자에 대한 전수조사(MERS PCR)를 시행하기로 했다. 안 소령은 대청병원 지하 공조실부터 병실 환풍시스템까지 꼼꼼히 현장을 확인했다. 청결구역과 오염구역의 구분과 동선 정리, 감염관리를 위한 지침과 개인보호장비 착용 범위, 병동의 훈증소독까지 준비를 마쳤다. 국군의료지원단 숙소는 스파텔로 정해졌다. 대청병원 투입 D-1일, 의무학교에서 대전시청으로 다시 파견 명령을 받았다.

'MERS 위기 극복을 위해 군 창설 후 최초로 민간병원에 투입되는 군의료지원단의 임무는 막중하다. 어린 간호장교 후배들과 함께하니, 걱정하실 부모님들의 심정이 얼마나 조마조마하실까…… 며칠 전 뉴스로 들으며 예방의학과장 엄 중령에게 전임자의 여유를 부렸던 것도 후회되고 미안하고. 외래전담병원으로 전환한 고양병원은 어떻게 꾸려지고 있는지 전화도 못 해 봤네. 내일 아침에 대천병원 들어갈 때 혹시 사진이라도 찍히면, 고3인 딸은 아직 모르는데…… 혹시 학교 친구들이 뭐라고 하지는 않으려나, 아들은 밥은 먹고 다니는지……오늘 사령부 대응반 야간 대기조는 누군가…….'

설핏 잠이 들었는데, 뿌옇게 앞이 흐린 사막 모래바람 속을 힘겹게 걷는 꿈을 꿨다.

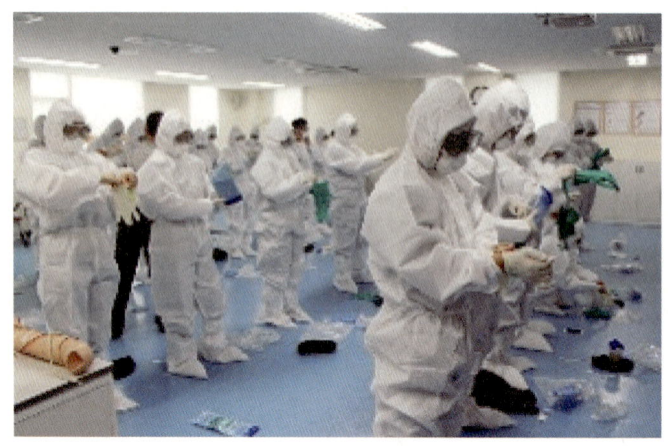

개인 보호의 착용 숙달 훈련

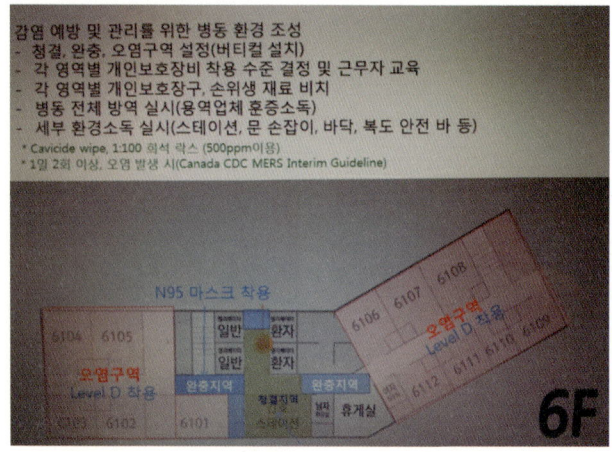

격리환자 입원 병동 구역 설정과 환경관리
: 안 소령과 함께 만든 감염관리 작전지도
(오염구역, 완충지역, 청결지역. 구획을 지키고 소독하기)

난중일기

　　　　나는 군 생활 동안, 나름 야전성 강한 전투간호장교라는 자부심이 있었다. 전·후방 오지(奧地) 근무도 많았고, 재난 현장에서 외상환자 수혈을 해가며 헬기후송도 했다. 밤을 새우며 수술에 참여할 정도의 체력도 있었다. 그러나 전자현미경으로나 보이는 마이크로미터 세계의 바이러스와의 전투는 참으로 뜨겁고 치열한 실전이었다.

　이렇게 메르스 같은 사태를 만나면, 우리가 싸워야 할 것은 단지 바이러스만이 아니었다. 마땅히 철저하게 지켜져야 할 지침과 절차들이 어디선가 생략되거나 준수되지 못한 까닭으로 사태가 생겼기 때문이다. 이를 수습하려면, 그동안의 절차들을 고집하지 않고, 오히려 어떤 것은 생략하고 현장에서 결정하게 위임하는 탄력성이 절실했다. 그러나 평소처럼 하던 습관대로 보고 절차를 강조하고, 급박한 의료현장과 소통이 안 되고 절호의 기회를 놓치는 일들로 악화되기 쉬웠다. 정확한 정보와 책임감을 가진 하나 된 의사소통 채널도 꼭 필요했었다. 매스컴에서는 또 대중들에게 얼마나 많은 불필요한 불안감과 공포를 초래했었던가.

2015년 초여름 그 시간을 겪었던 기록, 나의 난중일기(亂中日記).

> 2015년 6월 12일 금요일, 평균기온 23.2도 / 초고기온 27.3도 / 강수량 1.3mm
>
> 06시 30분에 체온을 측정하고 기록했다. 36도 9부. 레스텔 객실 청소 여사님이 너무 걱정하지 않으시도록 침대 옆에 메모를 남겼다. 다들 꺼리는 군의료지원단 객실을 관리하고 지원해주셔서 감사하다는 인사와 불안하실 것 같아, 충분히 안전하게 관리하고 있다는 내용을 썼다. 09시에 군의관 3명, 간호장교 20명, 행정장교 1명, 군의료지원단이 대청병원으로 전개했다. 대청병원 로비에는 생각한 것 이상으로 긴장감이 흘렀다. 우리를 향해 걱정과 반가움이 뒤섞인 시선이 꽂혔다. 대청 병원장님의 얼굴에 짙게 베여 있는 피로감이 마음 아팠다. 다수의 의사와 간호사가 자가 격리되어 의료 인력이 부족한 가운데에서도, 여기까지 잘 버텨 오신 것에 대해 진심으로 존경심을 표했다. 지역사회와 환자들에게 피해를 주지 않고 수습해가는 노력, 리더십의 고뇌를 느낄 수 있었다. 이제부터 우리에게 달렸다. 간호장교 선

임 오 대위를 비롯해 4개의 간호 팀장을 대위들이 맡고, 팀별로 중위와 소위들을 분산했다. 중환자간호 주특기자와 수술간호 주특기자도 골고루 편성했다. 아이들의 의견을 물어 2부 교대로 운영하기로 했다. 안 소령과 최 소령이 후배들과 함께 6층 병동 전체 소독을 마치고 19시에 숙소로 복귀했다. 내일은 환자들을 1인실로 이동해 개별 격리치료가 시작되는 중요한 날이다. 총성 없는 전쟁이 시작되었다.

2015년 6월 13일 토요일, 평균기온 24.8도 / 최고기온 30.7도 / 강수량 0

51병동에서 3명의 확진자가 나왔다. 6층 병동에 대한 구획설정 차단막 공사와 훈증소독을 마치고, 20시에 환자 이동을 시작했다. 5층에서 1명씩 올라오는 모든 침대를 소독하고, 환의와 시트도 소독하고 교환했다. 12명 모두 못 움직이는 와상환자다. 1명의 환자를 이동하려면 최소한 대여섯 번 환자를 들어 올렸다 내려놓는 동작이 반복됐다. 방호복에 고글과 마스크를 쓰고 일하니 금세 땀이 줄줄 흐르고, 숨이 턱턱 차올랐다. 누에고치 같은 하얀 방호복들이 병동 복도를 종종댔다. 새벽 2시가 넘어서야 환자 이동 작전이 끝났다.

2015년 6월 14일 일요일, 평균기온 23.5도 / 최고기온 28.7도 / 강수량 0

새벽에 뒤척이다가 5시에 눈이 떠져, 6층 병동으로 갔다. 야간 근무자인 박 대위, 정 중위, 최 소위의 방호복 착용 상태와 환자현황을 둘러보고 내려왔다. 밤새 간호장교들과 함께 처방 시간과 치료 내용을 세팅하고 환자들을 살폈던 군의관이, 탈의실 소파에 웅크리고 쪽잠을 자는 뒷모습에 마음이 울컥했다. 어제 새벽까지 환자 이동할 때 가장 앞에서 묵묵히 진행하던 심 소령도 고맙고, 고 중령은 말할 것도 없고, 유 대위까지 군의관 3명이 모두 감사하게도 좋은 팀워크이다. 안 소령은 사령부로 복귀했다. 은경이가 감염관리 큰 그림을 대청병원 간호부와 잘 정리해줬다. 덕분에 질병관리본부 협의도 짧은 시간 내에 마칠 수 있었다. 안 소령다운 추진력이 발휘되어 61병동의 환자 간호가 수월하게 시작됐다. 서로 다른 입장의 사람들이 같은 목표를 추구하는 과정은 매 순간이 전투였고 작전이었다. 어려운 상황일수록 전문가의 힘이 실감나는 멋있는 후배, 유머와 여유를 지닌 안은경이 사령부로 떠나니 마음이 허전하다.

2015년 6월 15일 월요일, 평균기온 24.4도 / 최고기온 29.7도 / 강수량 0

거동이 불편한 고령의 환자들은 전인간호 요구도가 매우

높다. 활력징후 측정, 투약과 식이섭취와 배설량 확인, 침상 목욕, 배변과 배뇨에 따른 위생간호, 영양과 식사보조, 욕창 예방을 위한 체위변경, 압박부위 마사지, 상처관리, 혈당측정, 낙상예방, 기관절개관 간호 등 모두 환자와 직접 접촉이 많은 업무다. 근무자 안전을 위해 보호의 착용과 피로도 최소화가 관건이다. 선별진료소에 군의관이 1명씩 투입되어 진료했다. 대청병원 근무자들에 대한 감염관리 현장 교육도 지원했다. 간호장교들의 젊은 에너지와 수고가 메마른 대청에 생기를 불어넣는다.

메르스 누적 확진자 150명, 사망자 18명으로 아픈 수치이지만, 하루에 10여 명씩 늘어나던 새로운 확진자 숫자가 차츰 줄기 시작했다. 기세가 조금씩 하향곡선을 타고 있어 희망적이다. 간호과장 최 소령이 고양병원으로 복귀했다. 서로를 걱정하며, 무탈하기를 기원하며 간단히 저녁 식사를 함께 했다. 간호부가 대청과 고양으로 나뉘어 모두가 고달픈 요즘이다. '앞으로 산 넘어 산이네요.' 하며 착잡한 마음을 비친다. 못내 뒤돌아보며 자꾸 출발이 늦어지는 최 소령을 보냈다. '안전 운전하고, 예방적 관찰로 일주일 격리기간 동안 푹 쉬어. 유치원생 쌍둥이들이 보고 싶겠다.' 최 소령에게 고맙고 미안한 마음만 가득하다.

2015년 6월 16일 화요일, 평균기온 24.6도 / 최고기온 30.3도 / 강수량 0.6mm

    대청병원 진입로에 응원하는 플래카드가 걸리고, 여론도 전국 의료진의 헌신을 격려하는 톤으로 바뀌었다. 우리는 모두 메르스와 싸우는 전사이다. 며칠 만에 남편과 통화했다. 오늘은 취임식 날, 가족석이 비어서 쓸쓸했겠다.

2015년 6월 17일 수요일, 평균기온 22.5도 / 최고기온 27.7도 / 강수량 0.6mm

    06시 30분 출근했다. 61병동 간호업무 수행, 감염관리, 근무자 안전, 방호복과 일회용 물품 보충, 간호근무자들 면담과 대청 간호팀 업무협조, 사령부 대응반에 상황보고를 마치니 21시가 되었다. 오 대위와 교대했다. 체온은 37도. 탈수열이 살짝 있다. 날마다 순간마다 고되고 힘든 시간이다. 오염구역을 한 번 다녀와서 방호복을 벗으면, 몸이 땀에 흠뻑 젖어 체력소모가 심하다. 대전시청과 사령부 대응반은 24시간 운영이라 새벽에도 수시로 전화가 온다. 하루 평균 수면 3시간, 오후에 탈의실 소파에 잠깐 누워 잠을 보충하는데, 창밖으로 소나기가 내렸다. 열대지방의 스콜처럼, 정말 잠깐 비가 뿌리고 그쳤다. 목소리가 갈라지고 잠긴다. 쓰러지면 안 된다.

2015년 6월 18일 목요일, 평균기온 25도 / 최고기온 31도 / 강수량 0

51병동 대청병원 간호사 1명이 고열로 입원했다. 간병인 1명도 6월 3일부터 13일까지 자가격리 후 해제되었으나, 6월 15일부터 미열이 있었는데 오늘 고열과 오한으로 입원했다. 잠복기 14일이 지난 후에 격리해제 되었을 텐데, 그렇다면 최대 잠복기 14일보다 격리를 연장해야 하나? 질본 담당자도 당황했다. 또 한 번의 혼란과 논란이 예상된다. 61병동 13명에 대해 2차 메르스 전수조사 검체를 채취했다. 51병동 대청병원 수간호사는 나와 연배가 비슷해서 자주 이야기 나누는데 오늘 종일 우울해한다. 아이가 중학생이라 초기에는 집으로 출퇴근 못 하고, 고시원에 혼자 지냈다고 한다. 가족들은 퇴사하라고 성화라고 했다. 현장을 지키며 환자를 떠나지 못하는 엄마간호사의 애환이 공감된다. 전 근무자가 긴장하고 방호복의 철저한 착용과 구획 별 소독을 강화했다. 팀원 24명 중 단 한 명도 감기도 걸려서는 안 된다. 전 근무자 체온측정, 긴장의 끈을 늦출 수 없는 나날이다.

2015년 6월 19일 금요일, 평균기온 25.1도 / 최고기온 30.5도 / 강수량 0

의학연구소 검사 결과, 61병동 환자 13명은 전원 메르스 음성이 나왔다. 22일에 한 번 더 검사하기로 했다. 레벨 D

보호장비와 일반보호의 착용이 가능한 구역을 나누어, 근무자들의 피로도를 조금 덜어보기로 했다. 부족한 N95 마스크와 장갑, 소독제를 의무사령부로 긴급 요청했다. 오전에 사령관님이 스파텔을 방문해 근무자들을 격려하셨다. 우리 아이들이 제한된 공간에서 거의 1인격리 수준으로, 매일 반복되는 식단과 한정된 동선으로 지쳐있었다. 스파텔 VIP룸에서 생과일주스와 케이크를 나누니 소위들은 인증샷을 하며 웃는다. 젊은 친구들이라 역시 회복탄력성이 좋구나 하는 안도감이 들었다. 20시에 사령부 대응반에서 연락이 왔다. 아산충무병원으로 군의료진을 파견하는데, 내일 오전에 아산에서 대청병원 세팅 노하우를 공유해달라는 지시다. 헬기를 타고 날아다니는 사령부의 속도를, 나는 운전해서 맞춰 가려면 새벽에 출발해야 하는데 잠이 안 온다.

2015년 6월 20 토요일, 평균기온 20.7도 / 최고기온 23.1도 / 강수량 16.3mm

아산충무병원에 파견될 군간호팀장 김 소령과 아산시청의 보건과장, 충무병원 간호부장 등 근무자들과 병동을 둘러보았다. 대청병원 투입 때, 안 소령이 동선과 개선점을 치열하게 정리해줬듯이, 나도 앞으로 근무할 김 소령을 대신해 뜨겁게 토론하고 싸웠다. 의료진들이 감염에 대한 두려움이 컸다. 안전한 청결구역을 확보하려면 반드시 완충구역에서 방호복을 모두 벗고, 손 소독과 바닥, 벽 등을 소독제로 닦는 것을 강조했다. 지적이 아닌 호소였지만, 듣는 사람의 입장에서는 최선을 다해 애쓰고 있는데 개선하라고 하니, 감정의 상처가 될 수도 있다.

앞으로 일할 김 소령보다는, 잠깐 협조차 다녀가는 내가 총대를 메는 게 옳았다. 도와주러 간다는 생각이 아니라, 함께 이 어려운 상황을 이겨내려는 각오였다.

대청병원으로 돌아오는 길에 비가 왔다. 모처럼 갈증을 풀어주는 비라서 더욱 반갑다.

휴게소에서 천안 호두과자를 샀다. 병동과 상황실에 나누어 주고, 커피를 함께 마시니 참 오랜만에 일상적인 느낌이 들었다. 무심하게 지나쳤는데, 일상을 잃어버리는 것이 재난이었구나.

2015년 6월 21 일요일, 평균기온 23.5도 / 최고기온 28.7도 / 강수량 0

아침 출근길, 71병동 의심환자 메르스 2차 검사에서 4명 모두 음성이 나왔다는 결과를 듣고 대청병원 간호부장과 활짝 웃었다. 병원과 1인 객실, 식당, 또다시 병원으로 동선이 한정되어 자택격리처럼 답답하고 힘든 생활이지만, 아이들은 임무와 환자들을 먼저 생각하고 행동한다. 고맙고 대견한 후배들.

2015년 6월 23 화요일, 평균기온 25도 / 최고기온 30.7도 / 강수량 0

확진자 175명, 사망 27명.

대청병원 군의료지원단 근무 기간연장 지시가 내려왔다. 질병관리본부 건의로, 최대잠복기 지나고 코호트 격리 해제 후에도 환자관찰을 3일 추가하기로 했다.

2015년 6월 25 목요일, 평균기온 21도 / 최고기온 24.9도 / 강수량 15mm

확진환자 180명, 사망 29명.

민간 환자 9명이 대전병원으로 더 입원한다고 한다. 71병동에 간이 음압시설이 들어왔고, 선별진료소는 유 대위가 진료했다. 오늘은 6·25 한국전쟁 65주년, 호국영령들께 깊은 묵념을 드리고 잠을 청해본다.

2015년 6월 26 금요일, 평균기온 20.4도 / 최고기온 22.7도 / 강수량 66.9mm

61병동은 대청간호인원과 간호장교들의 합동 근무체제로 오늘부터 인수인계를 시작했다. 아이들은 마치 오래전부터 있었던 근무지를 떠날 준비를 하듯, 환자 한 명 한 명에 대한 인계사항을 꼼꼼히 정리한다. 내 집 살림을 다른 이에게 알려 주듯이 시원섭섭한 애정이 그득하다. 대청병원 현관 로비, 문을 닫았던 커피숍도 오늘 다시 오픈했다. 비 오는 날의 커피를 한 잔씩 나누는 중에, 군의관 유 대위의 소령 진급발표가 났다. 마치 영화처럼 전장으로 날아온 반가운 승진 소식이었다. 코호트 격리 날짜는 오늘까지였지만, 안정적인 격리해제를 위해 29일에 임무를 종료하기로 했다. 뉴스에서는 강릉의료원으로 군의료인력을 파견한다고 한다.

2015년 6월 28 일요일, 평균기온 24.9도 / 최고기온 30.4도 / 강수량 0

확진환자 182명, 사망자 32명. 감염 때문에 장례절차도 제대로 못 한 채 가족을 떠나보내는 사연을 뉴스로 보면서 울었다. 체온은 계속 37도 1부. 열은 없지만 탈수가 지속되어 몸에 물기가 없구나, 했는데 한번 터진 눈물을 멈추지 못했다. 가장 긴박했던 13일 새벽, 함께 고생한 안 소령과 최 소령이 생각났다.

저녁은 군의료지원단 24명이 모여 김밥과 떡볶이로 간단히 종료 파티를 하고, 각자 짐을 챙기고 일찍 잠자리에 들었다.

2015년 6월 29 월요일, 평균기온 25.7도 / 최고기온 31.7도 / 강수량 0

09시에 대청병원 로비에서 환송식을 했다. 조용히 떠나도 좋지만, 격리해제 되는 희망적인 모습이 긍정의 메시지가 될 것 같아 기쁜 마음으로 참석했다. 어려운 격리기간을 잘 이겨내신 환자분들과 국민들께 경례, '충성!'

　우리는 부대를 향해, 본연의 임무지인 국군고양병원으로 복귀 출발했다.

2015년 7월 2일 목요일, 금요일
겨울 곰처럼 먹고 자고, 또 잤다.

2015년 7월 4일 토요일, 일요일
　엄마가 담가주신 물김치를 갖고 남편에게 왔다. '고생했어. 살아왔네.' 꽃다발을 준다. 내가 전쟁터에 다녀온 게 맞나 보다. 고등어구이와 된장찌개 아침밥을 먹는 남편이 감격스러운 표정이다. 저녁까지 있다가 김치찌개도 끓여주면 이 남자는 감동의 쓰나미로 거의 기절할 태세다. 하루 더 있을까 그냥 갈까 하고 썸 타는 그녀처럼 고민했다. 고3 엄마는 서울행 KTX를 탔다.

2015년 7월 6일 월요일, 확진환자 186명, 사망 33명. 추가 확진 0명.
　단편명령 15-4호. 'MERS 위기 극복을 위해, 민간병원에 투입되어 임무를 완벽하게 수행하고 복귀한 의료요원과 외

래전문병원으로 최선을 다한 국군고양병원은 7월 3일부로 본연의 임무를 조기에 정상화한다.'

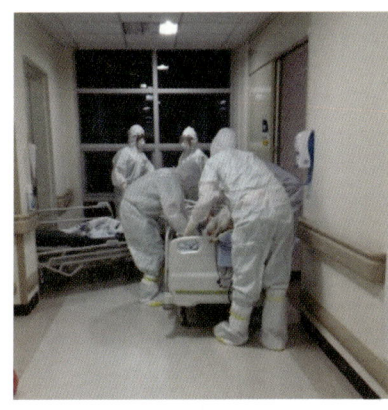

격리환자 이동.

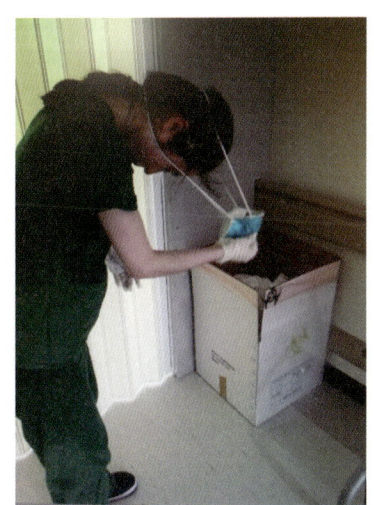

완충구역에서 나오기 전에

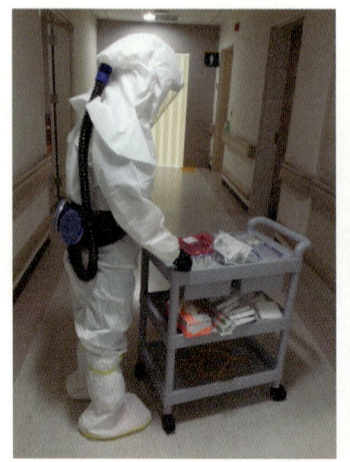
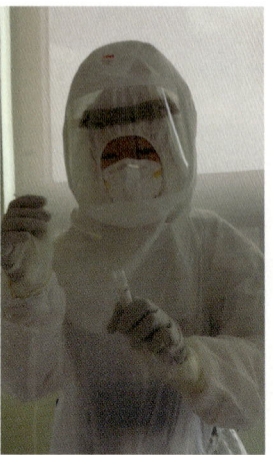

검체 채취

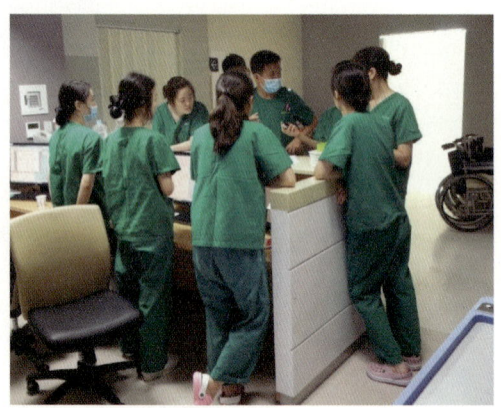

Duty 전, 후에 청결구역에서 인수인계(군의료지원단 동료들)

"국군의료지원팀의 노고 잊지 않겠습니다."
"잘 이겨 내신 환자분들과 가족들, 국민들의 응원에 감사합니다. 충성!"

위국헌신군인본분(爲國獻身 軍人本分)
군간호의 강점인 조직력과 즉응력을,
의연하고 당당한 모습으로 보여준 그 이름들…
오유리, 박은경, 남궁은혜, 추선아, 김하영, 권은혜, 박인영, 정우영, 권순호, 조예은,
최혜빈, 김은지, 이하니, 이보미, 김수영, 석민정, 노영훈, 이민희, 김아라
그리고, 최귀녀, 안은경

준엄한 실행의 용기를 가진, 멋진 후배들!

총성 없는 전쟁, 병원은 전투 중

2015년 6월 2일 화요일, 확진환자 25명에 사망 2명이 보도되었다. 국방부 상황대응반장도 보건복지관에서 차관으로 승격되었다. 의무사령부는 국군대전병원을 MERS 전담병원으로 전환해 의심환자와 밀접접촉자, 예방적 관찰 대상자를 격리하여 입원할 수 있도록 했다. 기존 입원환자들은 인근 군병원으로 전원 됐다.

  국군대전병원은 6월 5일부터 메르스 전담병원 임무를 수행했고, 그 중심에는 간호부장 이희경 중령이 계셨다. 선배님과는 신종플루 사태 때 국군일동병원에서 같이 근무했었다. 나는 중앙공급과장으로 그녀는 간호부장으로, 이동 진료반 현장 확인과 병원대응반을 함께 했다. 대청병원에 군의료인력을 파견하기로 결정되어 국군고양병원이 6월 9일부로 외래전담병원으로 전환되었을 때, 선배님은 대전병원에서 감염병동 근무 경험이 있는 간호장교 대위 2명을 보내주셨다.

대청병원 군의료지원단 업무를 준비하며 나는 두 번 울었다. 어린 후배들과 함께 수행할 임무가 태산처럼 막막하게 느껴져 힘겨울 때, 소중한 인력을 기꺼이 보내준 선배님이 고마워서 한 번. 의연하게 군의료지원단에 지원하는 후배들이 대견해서 또 한 번. 총성 없는 전쟁에서 전투에 나서며 나는 그렇게 감사의 눈물을 흘렸다.

총성 없는 전쟁, 병원은 전투 중
(이희경, 국군대전병원 간호부장)

확진자가 30명이 넘어서고 사망환자까지 발생하면서 메르스의 심각성이 전국을 뒤덮고 있던 6월 5일, 국군대전병원은 응급 및 외래진료를 전면 중단하고 메르스 접촉 등을 전담으로 수용·진료하는 '메르스 관리 전담 병원'으로 지정됐고 전 부대원은 비상 상황에 돌입했다.

군 생활 28년째, 중환자간호장교인 나는 1999년 제1연평해전, 2010년 연평도 포격 도발, 전후방 각 부대의 각종 사고 때 두렵고도 고된 간호 현장의 중심에 있었고, 2009년 신종플루의 군내 확산 때도 전방부대 곳곳을 다니며 이동진료반장으로 감염관리 활동에 앞장섰다. 의료 현장은 언제나 연습 없는 실전이었다.

이번 '메르스 관리 전담병원'으로서의 임무는 더욱 두렵고 긴장되는 것이었다. 그동안 훈련 차원에서 했던 준비태세와는 분명히 달랐다. 임무 수행을 위한 준비시간이 촉박했고, 입원환자의 안전을 고려해 연습조차 시행해볼 수 없는 상황이었다. 그럼에도 불구하고 국민의 군대로서 국민의 생명과 재산을 보호해야 하는 군병원이기에 제한된 시간 안에 300여 명의 재원환자를 안전하게 퇴원시키거나 후방 군 병원으로 긴급히 이송시켰다.

에볼라의 공포에서 벗어난 지 얼마 안 된 상황이다 보니 메르스 전담팀으로 잔류하게 된 부서원들을 독려하는 일도 쉽지 않았으며, 갑자기 하달된 명령 때문에 둘레부대 의무지원에도 차질이 빚어졌다. 두려움에도 불구하고 지원한 메르스 전담팀 31명의 간호장교는 신속히 병원으로 복귀해 언제 밀려들지 모르는 새로운 환자들을 수용하기 위해 3층부터 5층까지 1인실로 전면 재편성 했다.

외부 민간병원의 환자들이 입실하기 시작하면서 두려움은 용기와 사명감으로 바뀌었다. 1인 1실 입원이 격리 제1원칙이었지만 단독 입실이 불가능한 어린이 환자도 있었고, 거동이 불편한 재활환자들은 24시간 간병인을 필요로 했다. 군병원에서 이제껏 돌봐 온 건장한 청년 환자가 아닌, 요양이나 재활이 필요하고 기저질환을 동반한 불편한 장·노년 환자들을 돌보는 일은 또 다른 도전이었다.

갑작스럽게 물리적 격리를 받게 된 환자들의 불평은 "창문을 열어 달라, 닫아 달라, 리모컨이 안 된다. 물 좀 갖다 달라. 채식해야 한다."는 등 너무나 세세했다. 우리는 식사 보조와 전신 목욕에 이르기까지 땀에 흠뻑 젖은 보호복을 입고 벗기를 수없이 반복하면서 환자 간호에 정성을 쏟았다. 그런 노력으로 환자들의 불평불만이 "여기 오길 잘했다. 감사하다"는 칭찬과 격려로 되돌아왔다.

물리적 격리가 가져다주는 환자들의 불편함과 부서원의 안전을 고려해 최소한의 접촉으로 스스로를 보호해야 하는 의료진의 요구 사이에서 낙상과 각종 안전사고에 대한 불안을 떨칠 수 없었던 6주간의 외롭고 고된 임무를 완벽하게 끝냈다. 지난 14일부로 국군대전병원은 본연의 군 병원 임무로 정상화됐다.

새로운 환자를 기다리는 나는 오늘도 '총성 없는 전쟁'을 준비한다.

총성 없는 전쟁, 병원은 전투 중

이희경 중령
국군대전병원 간호부장

확진자가 30명이 넘어서고 사망환자까지 발생하면서 메르스의 심각성이 전국을 뒤덮고 있던 6월 5일, 국군대전병원은 응급 및 외래진료를 전면 중단하고 메르스 접촉자 등을 전담으로 수용·진료하는 '메르스 관리 전담병원'으로 지정됐고 전 부대원은 비상상황에 돌입했다.

내 군 생활 28년째, 중환자 간호장교인 나는 1999년 제1연평해전, 2010년 연평도 포격 도발, 전후방 각 부대의 각종 사고 때 두렵고도 고된 간호 현장의 중심에 있었고 2009년 신종플루의 군내 확산 때도 전방부대 곳곳을 다니며 이동진료반장으로 감염관리활동에 앞장섰다. 내게 의료 현장은 언제나 연습 없는 실전이었다.

이번 '메르스 관리 전담병원'으로의 임무수행은 더욱 두렵고 긴장되는 것이었다. 그동안 훈련 차원에서 실시했던 전투준비태세와는 분명히 달랐다. 임무수행을 위한 준비시간이 촉박했고, 입원환자의 안전을 고려해 연습조차 시행해 볼 수 없는 상황이었다. 그럼에도 불구하고 국민의 군대로서 국민의 생명과 재산을 보호해야 하는 군 병원이기에 두렵고 짧은 시간 안에 300여 명의 재원환자를 안전하게 퇴원시키거나 후방 군 병원으로 긴급히 이송시켰다.

에볼라의 공포에서 벗어난 지 얼마 안 된 상황이다 보니 메르스 전담팀으로 잔류하게 된 부서원들을 독려하는 일도 쉽지 않았으며, 갑자기 하달된 명령 때문에 둘레부대 의무지원에도 차질이 빚어졌다. 두려움에도 불구하고 자원한 메르스 전담팀 31명의 간호장교는 신속히 병원으로 복귀해 언제 밀려들지 모르는 새로운 환자들을 수용하기 위해 3층부터 5층까지 1인 1실 전면 재편성 임무에 매진했다.

외부 민간병원의 환자들이 입원하기 시작하면서 두려움은 용기와 사명감으로 바뀌었다. 1인 1실 입원이 격리 제1원칙이었지만 단독 입실이 불가한 어린이 환자도 있었고, 거동이 불편한 재활환자는 24시간 간병인을 필요로 했다. 군 병원에서 이제껏 돌봐온 건강한 청년 환자가 아닌, 요양이나 재활이 필요하고 기저질환을 동반한 거동이 불편한 장·노년 환자들을 돌보는 일은 또 다른 도전이었다.

갑자기 물리적 격리를 받게 된 환자들의 불평은 '창문을 열어달라, 담요달라, 리모컨이 안 된다, 물 좀 갖다달라, 채식해야 한다' 등 너무나 세세했다. 우리는 식사보조와 전신목욕에 이르기까지 땀에 흠뻑 젖은 보호복을 입고 벗기를 수없이 반복하면서 환자 간호에 정성을 쏟았다. 그런 노력으로 환자들의 불볼불만이 '여기 오길 잘했다, 감사하다'는 칭찬과 격려로 되돌아왔다.

물리적 격리가 가져다주는 환자들의 불편함과 부서원의 안전을 고려해 최소한의 접촉으로 스스로를 보호해야 하는 의료진의 요구 사이에서 낙상과 각종 안전사고에 대한 불안을 떨칠 수 없었던 6주간의 외롭지만 고된 임무를 완벽하게 끝냈다. 지난 14일부터 국군대전병원은 본연의 임무를 수행하는 군 병원으로 정상화되었다.

새로운 환자를 기다리는 나는 오늘도 총성 없는 전쟁을 준비한다.

메르스와의 전쟁, 승리할 수 있다

김희경 소령
국군원주병원 간호과장

메르스(MERS)와의 전쟁! 선발대 임무를 부여받은 후 '무엇을 준비해야 하나, 어떤 임무를 수행해야 하나'라는 고민을 안고 출발했다. 먼저 최초로 군 의료지원단이 파견돼 임무를 수행 중인 대청병원에 들러 감염관리를 위한 차단막 설치 상태 등 시설을 둘러보고 전반적인 운영방법을 전수받아 아산충무병원으로 향했다. 병동 내 동선을 관리하고 방호복 착용을 제대로 하는 것, 감염관리 지침을 숙지하고 그대로 행동하는 것이 중요했다.

국군의무사령부 예하 각 군 병원에서 온 팀원들을 만나고 보니 짧은 기간 동안 팀워크를 갖출 수 있을지 난감했다. 주어진 준비기간은 주말 이틀이었다. 그러나 목적이 투명하고 투철한 군인정신을 가진 우리에게 시간적 약조건은 문제가 되지 않았다. 의무기록 시스템은 군 시스템과 차이가 있었지만 군 의료에서 DEMIS(Defense Medical Information System: 장병들의 건강정보를 네트워크화한 진산의무기록)로 신속·정확한 진료 처방을 가능하게 하고 반복검사나 이중처방을 방지할 수 있는 국방의료정보체계를 사용하고 있어서 적응에 큰 문제는 없었다.

우리 팀 17명은 6월 22일부터 병원 현장에서 본격적인 임무를 수행했다. 먼저 병원의 음압시설에 대해 알아보고 클린존, 버퍼존(전실: 오염지역과 비오염지역의 중간지점)을 설정하고 구역 이동에 따른 감염관리 지침에 익숙해지도록 숙달했다. 군 병원에서 회복력이 빠른 환자를 돌보다가 질환이 있고 나이 많은 환자들을 간호해야 하는 게 다르긴 했지만 임무수행에 문제는 없었다. 혹시 모를 메르스 감염에 대비하는 것이 더 중요했다.

하지만 군에서는 이미 재난의료과정·재해교육과정 등 재난에 대비한 교육을 실시하고 있었던 터라 군 의료지원단의 현지 적응은 빨랐다. 하루 근무하고 나니 새로운 일에 대한 두려움은 거의 사라졌다.

아산충무병원은 깨끗하고 좋은 시설을 갖추고 있었으나 격리된다는 것만으로도 환자들이 많이 힘들어했다. 군 의료지원단엔 전실 구역까지 뛰어나와 울먹이던 어르신, 여기서 나가지 못하게 될 것 같다는 말기암 환자분들 모두 심리적 간호가 매우 중요한 부분이었다. 격리 기간에 마음의 상처 없이 잘 치유해 드리기 위해 최선을 다했다.

임무 종료를 앞두고 7월 1일 메르스 전수 검사를 의뢰했다. 다행히 의심환자 모두 음성으로 나왔다. 7월 2일 0시! 드디어 코호트 격리가 해제되면서 안도의 한숨을 쉬게 됐다. 메르스를 예방하고 확산을 방지하기 위해 군 의료지원단·아산충무병원·아산시청이 함께 노력한 것이 결실을 보는 순간이었다.

메르스 전쟁터에서 방호복을 입고 거리낌 없이 환자 간호에 매진해준 후배들이 자랑스럽고 어려운 순간을 함께한 아산충무병원이 하루빨리 제자리를 찾고 지역사회 거점 병원이 될 수 있기를 바란다. 또한 이번 파견으로 현장 경험이 부족한 감염병 분야에서 군 전문인력들이 지식과 노하우를 축적해 앞으로 좀 더 효과적인 의료지원이 이루어질 수 있을 것으로 기대한다.

여수밤바다

　　2015년, 가을에 감염관리 학술대회가 여수에서 열렸다. 금요일 새벽 용산에서 여수행 기차를 탔다. 차창에 부딪히는 빗방울을 통통통 눈으로 즐기며, 갈색 모카 번 한 봉지와 따뜻한 아메리카노의 여유를 누렸다. 새삼 소소한 일상이 뭉클뭉클 감사하게 느껴졌다. 학술대회 참석이 중요한 명분이었으나, 일상탈출의 기쁨이 컸었다. 선선한 바닷바람이 기분 좋게 팔에 와 닿는 감촉이 참 좋았다. '이순신 광장'을 따라 아담한 해안 산책로 곳곳에 버스킹 공연이 있는 저녁 풍경은 평화로웠다. '여수 밤바다~ 이 조명에 담긴 아름다운 얘기가 있어~ 너와 함께 걷고 싶어…….' 기타에 어울리는 노래 선율을 따라 흥얼댔다. 저마다 독특한 작은 무대들의 조화가, 잔잔한 파도의 철썩임과 바다 풍경과 어우러지는 아름다운 해안 거리였다. 걷다 보니, 광장 한가운데에 긴 칼 옆에 차고 바다를 향해 서 있는 이순신 장군 동상 그림자 아래였다. 울컥 눈물이 맺히도록 먹먹하게 가슴 저몄다. 여행처럼 다녀와야지 했던 계획과는 달리, 기억은 달리는 KTX만큼 빠르게 지난 초여름 메르스(MERS)와의 시간을 돌아보고 있었다.

하루하루가 전쟁터 같고, 산 넘어 산 같았다. 대전 대청병원의 상황이 쉽지는 않았지만, 후배들과 함께 군인이자 의료인으로서 최선을 다해 하루하루 잘 해내었다.
메르스 사태로 인해 불안과 공포감이 전국을 감쌀 때 내가 그곳에 갔던 이유는, 우리 간호장교 후배들이 가니까, 그 아이들을 돌보고 보호하기 위함이었다. 하지만 오히려, 이 친구들에게서 많은 감동과 위안을 얻는 나날이었다. 의연하고 기개 있고, 당당하고 멋진 전투간호장교들의 따뜻함이 빛났다.

숙소인 스파텔에서 우리도 환자분들처럼 1인 1실의 격리 생활을 했다. 7층에 묵으며 이동할 때는 다른 층의 손님들을 배려해 어두침침한 물류 엘리베이터를 이용했다. 세 끼 식사도 지하층의 별도 공간을 우리 근무자들만 사용했다. 각자 방에서 나오지 않고, 하루 3회 체온을 스스로 예민하게 체크했다.
2부 교대로, 8시에 낮번이 출근하고 밤번과 20시에 교대했다. 대청병원에서 스파텔로 이동하는 버스 운전기사님은, 처음에는 불안해서 눈도 잘 안 마주치셨다. 의자에 온통 축축하게 소독액을 뿌려 놓았어도 아이들은 그저 묵묵하게 앉았다가 '고맙습니다.' 인사하고 내렸다. 버스는 환기하고 살짝 닦기만 하면 될 텐데, 우리 아이들을 마치 메르스 바이러스 대하듯 꺼려서 속상했다. 오히려 후배들은 비타민 음료와 마스크, 소독제를 버스 기사님께 드리며 '안녕하세요?'하고 밝게 인사했다. 스파텔에 묵고 있는 다른 여행객들의 불안한 심리를 이해하자며 주차장까지 동선도 눈에 띄지 않게 주의하고 출·퇴근했다. 매점에 가는 것도 제한되어 생활용품 공동으로 구입해 방문 앞에 놓아줬다.

힘들고 지칠 만한데도, '격리 환자분들의 어려움을 공감하고 있습니다.' 하는 기특한 후배들. 아이들의 말이, 웃음이, 걷는 뒷모습이 날마다 나를 감동시켰다.

밤 근무(N)를 마치고 방호복속에 땀을 흘려 탈진했어도, 하루 정도 푹 자고 나면 아이들은 회복탄력성이 참 좋았다. 저녁을 먹고 간단히 차를 한 잔 마시며 팀별로 면담을 했는데 오히려 내가 치유됐다. 종알종알 풀어내는 이야기가 밝고 따뜻했다. "방호복 입고 환자분께 밥을 먹여 드리고, 기저귀 갈고 소독을 하고 나면, 온몸이 땀으로 샤워를 했어요. 호흡이 가쁘고 체력적으로 힘들었고, 처음에는 일로만 여겨졌어요. 해야 하기 때문에 한다는 생각이 컸었는데, '우리 아들 자랑 좀 해도 되나? 우리 딸이 백화점 보석 가게 사장이야. 들를 일 있음 내 얘기 하면 싸게 해 줄 거야. 우리 아들 보고 죽어야지. 우리 아들 맘 아파서 안 돼.' 이렇게 저에게 끊임없이 말을 걸어오셨어요. 모두

어머니셨습니다. 내가 환자라고 밖에 생각하지 못했던 분들은 아들, 딸 생각에 잠 못 이루시는 어머니셨어요. 이런 어머니 아버지들께 좀 더 잘해드리고 싶어요."

찻잔을 들고 뭉클하게 얘기하는 박 대위의 손이 따뜻했다.

격리로 인해 보호자들이 면회가 불가능하기 때문에, 고령 환자가 자녀를 찾을 때 안타까움을 많이 느꼈다. 후배들은 환자들을 간호하며 책임감이 더 강해지는 시기라고도 말했다.

추 중위는, 가장 기억에 나는 환자가 근위축성측색경화증으로 치료를 받고 계셨던 분이라고 했다. 모든 것을 눈으로 말씀하셨던 분. 지적 기능은 정상이지만, 신체적 활동을 못 하기 때문에 의사소통이 되지 않으면 많이 힘들어하셨다. 유일한 의사소통의 통로인 눈으로 소통했다. '불편하신 곳 있으시면 눈 깜박여보세요. 다리가 불편하시면 눈 깜박여주세요.' 모든 의사소통은 이렇게 이루어졌다. 다른 분들에 비해 의사소통하는 시간이 두 배, 세 배로 걸리지만 원하시는 것을 해드렸을 때, 얼굴에 환히 걸리던 그 미소를 오래 간직할 것 같다고 했다.

식사 보조를 할 때면, 덕분에 호강한다고 이야기해 주시고 항상 '감사합니다. 고맙습니다.' 하시는 어르신들 덕분에 아이들은 자신의 직업에 대해 자랑스러워했다.

3월에 임관해, 이제 막 프리셉터들과 한 달 동안 병원 적응을 해가던 소위들도 대견하고 의연했다. 첫 임상에서 경험을 통해 배우고 익혀가는 시기라 염려했었는데, '선배님들이 걱정하면서도 많이 챙겨주고 도와줘서 잘 할 수 있다'며, 나의 고민을 덜어줬다.

아이들은 거동이 불편한 환자분들의 머리를 감겨드리고, 빗겨드렸다. 손거울까지 보여드리니 허허허 웃으시는 모습에 방호복의 더위와 불편감이 느껴지지 않았다. 마스크와 고글 속에서 우리도 큰소리로 함께 웃었다. 정성이 담긴 간호가 진심을 통해 전달될 때 행복했고, 이런 경험을 나눌 줄 아는 후배들이 고마웠다.

방호복 안에 입은 옷은 온통 땀에 젖고, N95 마스크로 얼굴과 머리가 눌려 두통이 심했지만, 시간이 지나면서 흐르는 땀만큼이나 보람이 많았다.

사람과 사람이 주고받는 감동을 진하게 느끼는 시간이었다.

우리 간호장교들의 부모님들께서, '열심히 하고 오라'며 응원을 해주셨다.

"방호복 입은 것 보니 안심이 된다만, 의료인 감염도 있다 하니 안전에 유의해라." "의료현장을 지키는 모습이 자랑스럽고 대견하다."

군인가족들의 강인함이 느껴졌다. 자식을 불확실성이 많은 위험한 곳에 두었어도 내색하지 않으시는 부모님들 마음이 헤아려져 마음속으로 눈물이 났다. 후배들과 마음 모아 하루하루 열심히 살아냈다. '부장님, 복귀할 때까지 절대 감기도 걸리지 않게 조심하겠습니다. 위국헌신 군인본분으로 여기까지 왔으니, 지금은 내 몸이 내 것이 아니고, 개인의 건강이 곧 임무와 직결된다는 말씀 하실 거잖아요. 우리가 무사히 임무를 마치고 복귀하려면 매일매일 위국보신, 잘 먹고 잘 자고 열심히 일하겠습니다.' 하고 아이들이 말했다.

지극히 다큐멘터리 같은 나의 염려를 후배들은 재치와 에너지 넘치는 예능으로 웃으며 받아줬다. 힘들었지만 아름다운 시간, 유쾌하고 애틋한 사람들과 함께였다.

우리는 평소 준비하고 훈련한 대로 싸웠다.

그때는 몰랐으나, 시간이 지난 후에는 보였다. 학술대회는 무엇이 과잉이었고, 무엇이 부족했는지 함께 모여 돌아보는 자리였다. 앞으로 정비해야 할 제도와 장비와 물품과 개선할 지침도 넘쳤다.

'다들 외롭고 고되었다.'는 공감이 가득 찼다. '전국의 모든 병원에서도 나처럼 목마르고 절박했었구나.' 하는 위안을 나눴다. 여수 밤바다를 걷고 돌아왔다.

서울에는 광화문 광장에 비가 내렸다. 고3 딸아이 심부름으로 수능 완성 문제집을 한아름 샀다. 지하철역 입구에서 우산을 펼치는 나는 엄마군인, 시원하게 비가 내리길 기원했다.

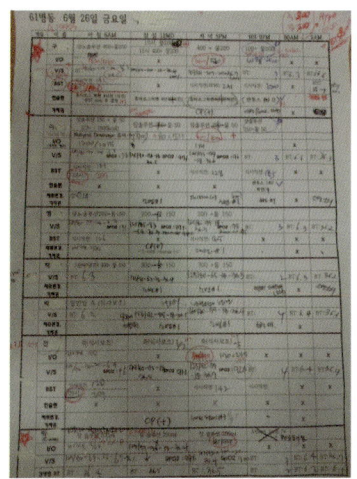

간호 근무 인계 노트

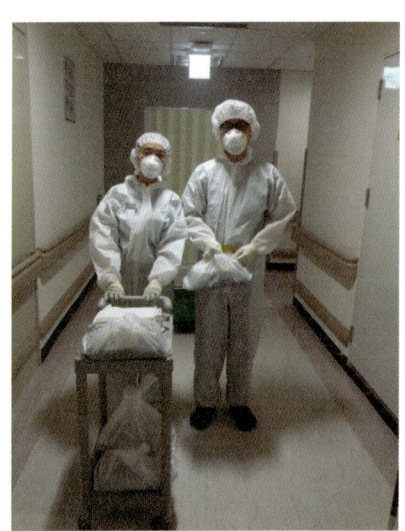

병동 환자 식사 준비

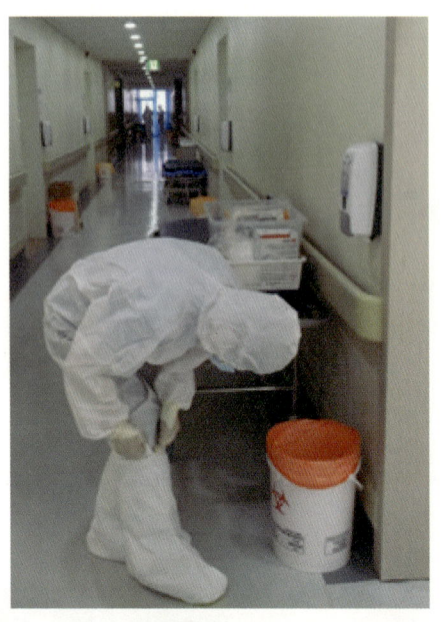

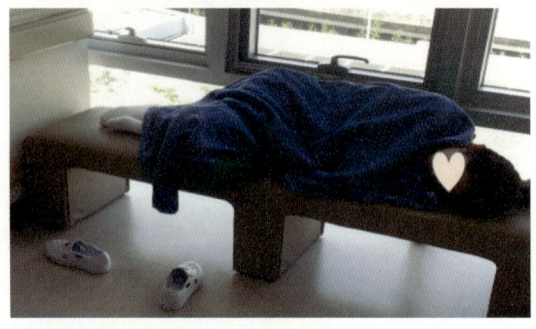

우리가 흘린 땀만큼 환자들이 잘 회복된다며 서로 격려하던 시간.
탈의실 복도에서 잠깐 휴식중인 @대위

토닥토닥 따뜻한 눈빛으로

통금시간 11시

아드님 아들놈 나의 님, 멋지군

유쾌한걸, 엄마의 만행을 꼬지르다

먼 그날 같은 오늘

통금 시간 11시

아이가 대학생이 되니, 화장를 하기 시작했다. 바쁜 아침 등교 시간에, 거울 보며 눈썹을 그렸다가 지우기를 반복하는 모습에 웃음이 났다. 양쪽 눈썹을 균형 잡아 날렵하게 샤악 그리는 것은 아직 신입생에겐 고난도였다.

"나는 눈은 엄마 닮고, 눈썹은 아빠 닮았어. 반대로 되었으면 좋을 텐데……."

거울 앞에서 아이가 투덜댔다.

"어디 보자. 예쁘기만 하네. 완벽해. 어디 한 곳 손 델 데가 없구먼."

작은 눈은 현대 의료 기술의 힘을 약간 빌리면 금세 커질 수도 있고, 눈썹도 숱을 풍성하게 그려주는 곳도 많았지만, 딸의 투정을 립서비스로 받아넘겼다.

"그렇기는 해요. 나도 거울로 내 얼굴을 보면 기분이 좋아져 이렇게 예쁘게 낳아 줘서 고마워, 엄마 일루와 내가 안아 줄게."

이 엄청난 반응은 다행이라고 해야 하나, 공주병이 있기는 했다.

단순한 것은 더욱 단순하게, 복잡한 것도 단순하게 풀어가는 '무한 밝음'이 딸의 큰 장점이었다. 이사와 전학이 잦은 전국구 삶의 어려움에도, 아이는 익숙했던 곳에 대해 아쉬움보다는 새로운 곳에 대한 기대와 설렘이 컸다. 새로 만나는 친구들과 낯선 학교 적응에 보대낄 때도 즐겁고 긍정적인 면을 먼저 말해줘서 늘 고마웠다.

입학식에 입을 단정한 코트, 책과 파우치를 넣을 수 있는 큼직한 숄더백도 하나 사고, 신입생 MT도 잘 다녀오고 순조롭게 대학 생활을 시작했다. 학점 신청부터 동아리 가입까지 유쾌한 걸음 끙끙대며 스스로 잘 선택하고 결정했다. 한 가지 약간 문제는 아빠의 귀가 시간 선언이었다.

"앞으로 우리 집의 통금 시간은 22시입니다."

"통금? 에이, 아빠는 지금이 1988년도 아닌데요. 왜 이러실까……."

누나와 공통 의견으로, '이건 아닙니다.' 하는 아들의 항의가 있었다.

"좋아요. 통금 말고, 귀가 시간으로 하자. 우리 집 귀가 시간은 23시까지입니다."

남편은 굳은 의지를 보였다. 과팅에 동아리 모임까지, 두어 번

24시 신데렐라 버전으로 늦게 뛰어 들어오다시피 했던 딸의 반대가 막강했다.

"그러면 너무 바빠요. 친구들과 커피 마시면 금세 12시예요. 걱정 안 하시게 안전에 유의해서 다닐게요. 고딩 때도 학원 마치고 집에 오면 11시였는데, 이제 대학생인데 통금은 없애주세요."

웃으며 조곤조곤 딸은 아빠에게 부탁했다.

"통금은 없고, 23시까지는 귀가해야 합니다."

물러서지 않는 아빠와 반격하는 딸이 팽팽해졌다.

"그게 통금이지 뭐. 아빠 정말 너무해요."

우리 딸 유쾌한걸의 말이 다 옳았다. 남편은 좀 너무 했다. 친구들과 간단하게 맥주도 한잔하고 이야기 하다 보면 현실적으로 23시 귀가는 불가능해 보였다.

좀 놀아본 엄마가 생각해보니 도저히 시간이 안 맞았다. 매일 노는 것도 아닌데 마음 편하게 놀게 좀 놔뒀으면 하는 생각이 들었지만, 한편으로는 안전도 걱정이 됐다. 남편이 워낙 강하게 얘기하니 아이들 앞에서 바로 반대할 수도 없었다.

"오늘은 동아리 친구들과 홍대 근처에서 저녁 먹고 들어갑니다"

친절하게 딸이 카톡으로 일정을 알려왔다.

"맛있게 먹고 재밌게 놀다 와요."

응톡을 바로 보냈다.

22시가 되자 남편이 톡으로 물었다

"출발했니?"

"30분만 연장해주세요, 11시 30분까지 집에 도착할게요. ♡."

에구 착하기도 해라, 나 같으면 일일이 얘기 안 할 텐데. 23시가 되자, 남편이 짧은 톡을 또 올렸다.

"출발?"

"10분만 있다가, 택시 타고 가면서 톡 할게요."

오고 가는 톡이 바빠진걸 보니, 12시 신데렐라 시간이 되어야 집에 도착할 듯했다.

"이 시간에는 홍대 근처에서 택시 잡기 힘드니까, 버스나 전철 있으면 타세요."

나는 답톡을 하며, '역시 좀 놀아본 사람이라야 안 봐도 그림이 그려진다니까' 하고 혼자 뿌듯해했다. 다음날 부녀지간에 통금과 귀가 시간을 놓고 격전이 일어날 줄은 전혀 생각하지 못했다.

23시 귀가시간 약속을 잘 지켰으면 좋겠다는 아빠와 어디 가서 뭐 하는지 일일이 보고도 다 했는데 자꾸 톡하고 재촉하니 힘들다는 딸은, 서로 양보 없이 팽팽했다.

안전이 걱정되는 아빠의 말이 딸에게는 간섭으로 느껴지니, 소통이 어려웠다. 국어 시간에 영어 문제를 풀고 있는 느낌이랄까. 게다가 남편과 내 생각이 아주 다르다는 엉뚱한 문제도

드러났다. 한창 놀고 싶을 때, 놀 수 있을 시기이니, 한 달에 두세 번 정도 귀가 시간 자율 쿠폰을 발행하는 게 어떨까 하고 타협안을 냈다. 웬만해선 화를 잘 안 내는 남편이 나에게 화를 냈다. 대학 신입생들의 미숙한 음주문화와 사건사고들이 대부분 밤에 늦은 시간까지 밖에 있을 때 생기는데, 엄마가 태평하다며 언짢아했다. 나는 반대로, 시간 통제는 좋은 방법이 아니라고 했다. 스스로 자기 주량도 알고 조절할 수 있는 연습도 필요하다고 말했다가, 졸지에 음주를 부추기는 불량엄마가 돼 버렸다. 부녀지간의 격전이 어느새 부부간 의견 대립으로 변해갔다.

"저는 학생이라 공부가 우선인데요. 진짜 어쩌다가 아주 가끔 친구들과 놀다가 좀 늦었을 뿐인데, 두 분 다 너무 오버 하시는 거 아닙니까?"

딸의 소심한 항의로 슬그머니 통금대첩은 마무리됐다. 하지만 '이 양반 참, 자기 기준으로는 엄청 진보적이라고 주장하는데, 내 기준으로 보면 무지하게 보수적이네' 하고 생각했다. 뒤끝이 작렬한 통금시간 후유증이 남았다.

학년이 올라가면서 전공과목 과제도 많고, 발표 준비에, 아르바이트에, 유쾌한걸은 홍대와 건대 일대에서 놀 시간이 점점 없어졌다.

"전철에서 뛰어가는 중입니다요. 30분만 연장해주세요 ♡♡♡ ^^" 하던 톡도 신입생 시절에나 볼 수 있었지, 요즘은 9시 뉴스

전에 집에서 숙제하느라 바쁜 모습이다. 일찍 잠자는 엄마아빠를 생각해서, 22시에는 굳나잇 이모티콘을 날려주시는 예쁜 딸이다. 신입생 MT 가는 딸에게 썼던 편지를 읽어보니 또 새롭다.

12시를 살짝 넘긴 신데렐라 시간에, 숨이 턱에 차도록 뛰어들어와 현관문에서 '엄마'를 부르며 안겨들던 아이가 이젠 제법 어른티가 난다.

"엄마, 아빠가 놀이터에서 귀요미들 볼 때마다 '어이쿠 이뻐라.' 하는 게 점점 이해가 돼요. 실습 갔는데, 애기들이 '쌤~'하면서 폭 안길 때 포근포근 기분 좋더라."

"애들하고 바깥에서 신나게 놀고 나면 땀나고, 세수하면 눈썹 지워져. 어떡하지?"

비비디 바바디 부~, 현대 의료와 자본의 힘을 약간 빌려 전문가를 만나봐야겠다.

첫돌이 되기 전부터 걷던 활동성,

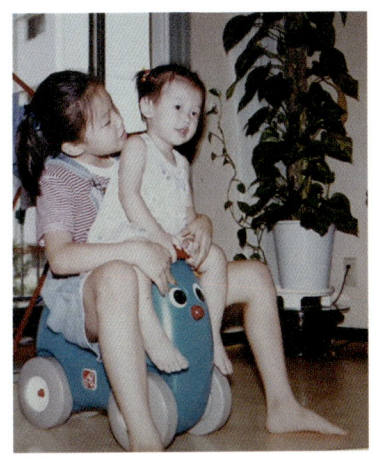

말 타고 슝~ 유쾌한걸(Girl).

무념무상으로 집중, 집중.
유쾌한걸 그녀의 취미는
활쏘기다.

아드님 아들놈 나의 님, 멋지군

　　아들이 여섯 살 때 강원도 화천에서 광주로 이사를 했다. 아이는 태어날 때부터 산으로 둘러싸인 자연에는 풀과 나무들 사이로 온갖 곤충들이 친구처럼 많았다.
　　하루 종일 모래놀이를 하며 흙에서 뒹굴던 놀이터에는 할머니가 커플처럼 곁에 있었으니, 화천 산골은 아이의 작은 왕국이었다.
　　한 살 터울 누나를 따라 한나절 유치원에서 놀다 오면, '에구 우리 강아지들' 하며, 어머니는 삶은 고구마에 아이스크림까지 간식부터 챙기셨다. TV 속 꼬꼬마 텔레토비들이 나오는 시간이면, 우리 집 두 명의 텔레토비들은 뒹굴뒹굴 누워 놀며 밥을 먹었다. '보라돌이, 뚜비, 나나, 뽀'에 빠져들어 동굴 같은 놀이텐트에서 애들이 나올 생각을 안 하면 애타는 할머니가 움직였다. 갓 지어 김이 모락모락 나는 밥에 들기름과 간장을 비벼, 참깨를 솔솔 뿌리고 김에 싸서 입에 넣어주셨다. '밥 먹자' 두 번 말해도 안 나오면 엄마는 여지없이 싹 치워 버리는데, 할머니는 따라다니며 입에 넣어 주시니, 아이들은 산골에서 새처럼 짹짹 받아먹으며 토실토실 살았다. 도시에 적응해야 하는 문제가 심각하게 다가왔다. 한없이 따뜻한 조건 없는 사랑을 듬뿍 받고 자랐으나, 생활 습관에서 부딪히는 어려움도 아이들 몫이었다.

광주로 이사를 하고, 유치원을 옮긴 첫날 아이의 표정을 살피며 물었다.
"민석아, 유치원 잘 갔다 왔어? 친구들하고 뭐 하고 놀았어요?"
"그게, 글쎄요. …… 엄마, 아쿠아리움 갖고 놀아 주세요."
녀석은 장난감 물고기로 이야기를 돌리며 딴청을 피웠다. '글쎄요.' 하는 건 뭔가 마음이 안 좋았다는 표현이었다. 별님반 선생님이랑 통화를 했다. 놀이방에서 친구들과 작은 다툼이 있었는데, 바뀐 환경에 아이가 차츰 적응해 가니 걱정하지 마시라고 한다. 밤 아홉 시가 되었다. 엄마의 압력으로 불을 끄고 모두 누웠다.
"아가들은 치카치카하고 일찍 자야 하지요. 잠을 많이 자야 쑥쑥 키가 크는 거야."
이불속에서도 속닥속닥 꼼지락대더니 누나가 먼저 코 잠이 들었다. 아들은 엄마팔베개와 발장난하고, 목마르다며 물 먹으로 몇 번 일어났다. 잘잘 생각이 없나 늦게까지 놀려나 싶었는데, 천정을 보고 누워 조그맣게 중얼댔다.

"나는 강원도 명성유치원이 그리워. 너무나 그리워……."

"…… 오늘 우리 민석이가 마음이 많이 힘들었구나. 엄마도 그래, 명성유치원 그리워. 여름에 같이 놀러 가자. 이리와 엄마가 안아줄게."

토닥토닥 잘 자라 우리 아가를 해줬다.

"이건 누나랑 아빠랑 할머니에겐 비밀이야. 저 이제 아가 아니에요."

여섯 살 남자아이가 이제 자기는 아가가 아니라고 할 때는, 그 체면을 지켜 줘야 하는 법이다. 아이는 한참을 조용히 누워 있었다. 손으로 가만가만 토닥토닥.

"이제 됐어요. 엄마도 내일 부대에 가야 하니까 그만 잠자세요. 저는 괜찮아요. 걱정하지 마시라니까요."

나는 아들의 말에 마음이 아팠고, 이런저런 걱정이 많이 됐다.

"그럼, 민석이가 엄마 잘 자라 해줄래?"

아이가 엄마를 안아주며 작은 손으로 토닥토닥, 엄마는 코 잠자는 척했다.

살그머니 돌아눕더니, 아이는 소리 없이 손등으로 눈물을 닦는다. 우리 귀염둥이, 아들은 어느새 성큼 커서 '씩씩한 싸나이' 눈물을 남몰래 훔쳤다. 포동포동 보들보들한 작은 손으로 엄마를 또닥또닥하던, 그 따뜻하고 결연한 밤을 나는 선명하게 기억한다.

초등학교 저학년 때, 아이들과 사회책에 나오는 지역으로 역사탐험 여행을 다녔다. 연년생이라 서로 지지 않고 아는 걸 자랑하고 싶어 하는 아이들은, 동화책에서 읽은 삼국유사, 삼국사기를 줄줄 읊어댔다. 신라 장군 김유신의 경주로 갈까, 의자왕의 낙화암을 가볼까 하고 머리를 맞대고 누나와 둘이 함께 여행지를 골랐다.

우리가 사는 곳에서 가까운 곳, 주말에 대전에 있는 아빠와 함께할 수 있으면 더 좋은 곳으로 부여가 선정됐다. 부소산성을 천천히 걸으며 구경하는 경치는 아름다웠고, 낙화암 바위 절경을 보며 백마강을 고요히 내려다보니 마음이 평온해졌다.

아이들은 고란사 뒤편 약수도 한 모금씩 마시고, 깡충깡충 뛰었다. 부여국립박물관에서 청동검, 토기, 금동관음보살입상, 백제 왕관 등 전시실을 조용히 잘 관람하면 아이스크림을 사주기로 했었다. 백제의 문화유산 보물들이 그득한 그곳에서 우리 아들은 '과자독립'을 했다.

"과자는 한 사람에 1개씩 만 고르는 거야."

약속대로 데려간 매점에서 아들의 고뇌. 누나가 감자 칩을 고르면 손에 집었던 새우깡을 감자 칩으로 바꾸고 한참 과자를 들여다본다. 누나가 초코송이로 바꾸면 또 한 바퀴 돌아보고 자기도 초코송이로 바꾼다. 감자 칩과 새우깡을 오가는 딸의 뒷모습. 그런데 아들이 초코송이를 들고 누나보다 먼저 계산대 앞에 섰다. 큰 결심을 한 듯 돈을 내고 먼저 나온다.

"와, 이렇게 빨리, 한 번에 딱 고르다니…… 과자독립이다"
"축하해. 우리 아들 드디어 누나랑 과자독립했네."
"기념으로, 부여박물관 앞에서 가족사진 찍자. 민석이가 제일 앞에 서고, 과자도 잘 나오게 찍자, 만세도 한번 할까?"
"과자독립 만세다. 서비스로, 아빠가 아이스크림 쏠게"

바삭한 과자는 얼마나 맛있고, 초코는 또 얼마나 달콤한가. 서로 다른 종류를 사서 나눠 먹을 때도 있지만, 나는 아껴 먹는데 상대방이 한주먹 쑥 들고 가면 서운한 게 과자의 맛이리니. 그날 두 녀석은 새우깡과 초코송이를 3대 1로 물물 교환했다. 아들의 쿨한 과자독립은, 나·당연합군의 힘을 빌린 삼국통일과는 비교도 할 수 없을 만큼 거룩한 자립이었다.

포천 일동에 살 때, 몸살감기가 왔다. 출근해서 주사까지 맞으며 간신히 근무 마치고 집에 와 약을 먹고 누웠다. 학교에서 돌아온 두 남매는 오랜만에 이른 저녁 시간에 집에 있는 엄마를 반가워했으나, 간식도 밥도 준비가 되어 있지 않았다.
"엄마 아퍼? 많이 아퍼? 열나? 호~해주게."
이마를 짚어보며, 찬 물수건을 만들어 얹어주는 딸래미가 기특했다.
"괜찮아, 주사 맞고 약도 먹었어. 조금만 누웠다가 일어날게"
몸이 무겁고 근육통까지 겹쳐서 힘들었다. 아들도 한마디 했다.

"아빠는 오늘 집으로 퇴근할 수 있나 전화해볼까요? 우리 밥은 어떻게 해요?"

아, 이게 말로만 듣던 아들들의 '밥'인가보다. 엄마가 아플 때 밥은 어떻게 하냐고 묻는 아들놈이 엄청나게 서운했다던 선배들 얘기가 농담이 아니었다. 내가 직접 겪어봐야 아는 감정이었다. 초딩 5학년 남자아이는 시시때때로 '아들놈'이 되는 게 삶의 이치로구나.

비상용 햇반과 컵라면으로 아이들 저녁은 해결되었고, 그날부터 나는 아들에게 가스레인지와 전기밥솥 사용법을 가르쳤다.

"엄마가 좀 늦을 것 같아, 밥 좀 안쳐줘."

가끔, 전화를 받는 게 누군가에 따라 밥이 달라졌다. 계량컵이 아닌 손등으로 밥물 맞추는 방법을 알려준 탓이었다. 딸이 밥을 하면 손이 가늘고 길어서 약간 고슬고슬한 밥이 되었고, 아들이 전화 받고 통통한 손으로 밥을 하면 약간 진밥이 되었다. 고슬고슬해도 질어도, 아이들 손으로 갓 지은 밥은 둘 다 기특하고 맛있었다.

엄마군인을 따라 주로 시골 동네로 이사와 전학을 다니느라, 아이들은 고학년이 될 때까지 학원과 햄버거를 몰랐다. 유치원에 다닐 때 한글 학습지를 했는데, 애들의 모국어는 할머니의 사투리였으므로 국어 공부가 난감하게 재미있었다.

"엄마, 학습지 선생님이 이상하게 가르쳐주세요."

"응? 뭐가 이상할까?"

"수제를 숟가락이라고 해요. 저분은 젓가락이래요. 우리가 쓰는 말이랑 달라요."

비가 오는 날 창밖을 보며 '비가 싸게 와요' 하던 아이들이었으니, 익숙한 남도 사투리가 표준어인 셈이었다.

상무대에서는 아파트 옆에 있는 상가에서 수영장에 다니며, 피아노를 배웠고, 엄마의 퇴근 시간에 맞추느라 태권도에 미술까지 하고 집에 왔었다. 할머니가 아프셔서 시골로 가신 뒤에는 아이들끼리 있는 시간이 많았다. 초등학생은 특히 방학 때가 고민이다. 아침 출근 시간에 아이들은 아직 잠자고 있다. 주먹밥을 만들어 보기도 하고, 과일과 볶음밥으로 점심 도시락을 식탁에 올려놓기도 했지만, 퇴근하면 식탁 위에 반도 안 먹고 그대로 놓여 있는 날이 많았다. 고민하다가, 아이들과 간단하게 점심도 해 먹고 오후까지 함께 놀아줄 대학생 과외 선생님을 모셨다. 종일 놀기만 하면 심심하니 영어를 가르쳤다. 순전히 점심밥 때문에 영어 과외를 시작했는데, 속 모르고 주변에서는 조기 영어 교육하는 극성 엄마라고 했다. 사과는 애플, 이런 간단한 단어는 생활 속에서 엄마가 가르쳐도 충분하다는 말도 들었다. 나는 그 사과를 아이들과 맛있고 즐겁게 나누어 먹을 시간이 늘 부족했고, 다행히 우리 아이들을 예뻐하고 사랑하는 좋은 선생님을 만나서 감사했다. 다만, 누군가 나쁜 의도 없이 그냥 툭 던지는 말 한마디에 가끔 눈물이 뚝뚝 맺혔다. 가까운 사람들이 나를 염려해서 하는 말이 더 상처로 느껴지는 것은, 그만큼 내가 여유 없는 고달픈 시간이기 때문이었다.

아들 녀석은 어릴 때 기관지가 약해 감기도 자주 걸리고, 폐렴도 앓았었다. 하루 이틀 콧물이 나다가, 아차 하면 바로 기침을 시작해서 고열까지 나면 입원도 했다. 아이들이 처음 감기일 때 잘 관리해주면 좋은데, 꼭 부대 일이 바빠서 야근이 겹칠 때 아이도 아팠다. 광주에서 한창 부대이전 업무로 바쁠 때였다. 아이가 일주일가량 입원해도 휴가를 길게 쓸 수 없어 간병인을 붙여 놓고 출근했다. 저녁이면 일거리를 싸 들고 소아과 병원으로 퇴근해서, 주사 맞는 아이를 재우고 휴게실에서 일을 했다. 새벽에 기침하는 아이를 비스듬히 안아 토닥토닥 재우는데, 머릿속에는 내일 아침 회의 때 토의해야 하는 부대 이전 설계도가 계속 맴 돌아 펑펑 울었다.

"양 소령, 너무 열심히 애쓰지 마, 일은 다 같이 하게 되어 있고, 애들은 또 아프면서 크는 거야. 그맘때는 우리 애들도 사흘이 멀다고 병원 다녔는데, 크면서 점점 더 잔병치레도 없어지더라. 괜찮아. 다 괜찮아."

아침에 퉁퉁 부은 얼굴로 출근한 내 손을 잡고 다독다독하며 선배가 말했다.

'괜찮다. 다 괜찮다.' 하는 말은, 그 시간을 살아 본 사람이 해

315

줄 때 힘이 있다. 초보 과장에 일은 산처럼 많고, 하필이면 부대 이전을 준비하는 시기. 앞으로 30년 후에도 사용할 병원 건물을 국가 예산으로 짓는다는 책임감은 지나치게 무겁고, 내가 아는 건 부족하고, 아이들 키우는 것마저도 서툴렀다. 사면초가 같은 심정의 내게 선배는 웃으면서 이렇게 말했다.

"지금이 한창 좋을 때야. '너의 님'을 품에 안고 토닥토닥 재울 때가 좋지. 조금만 더 커봐라, 우리 아들 녀석은 타이레놀 두 알 먹고 엄마는 근처에도 못 오게 한다. 학원 다니느라 밤늦게 오니 얼굴 보기도 힘들어. 나 혼자 저녁에 심심해."

심심함을 느껴 본지가 언제였더라, 아득했던 그때는 어서 빨리 심심해지고 싶었다. 나를 위한 오롯한 시간에, 조용한 카페에서 커피도 마시고 책도 읽고 싶었다. 잠자는 아이들을 보면, '그래, 쑥쑥 잘 크니 기특하네. 얼른 커서 혼자서도 밥 챙겨먹고, 학원도 다니고, 엄마 찾지 않아도 되면 좋겠다.' 하고 소망했다. 시간은 쏜살같아서, 아드님 아들놈, 나의 님이 중학생이 되어 교복을 입고 입학식을 했다.

"에구 멋있네! 우리아들, 멋지군." 엄마가 해준 것도 별로 없는데 언제 이렇게 훌쩍 커버렸나. 예쁘고 아까운 시간은 빨리도 지나는구나, 좀 천천히 자라면 좋겠다는 생각이 들었다. 이건 또 무슨 심리인지 모르겠으나 아이들은 너무 빨리 커버렸다.

연년생은 친구이자 남매이자 경쟁의 구도

아빠 등에서 책 읽기, 아드님과 아들놈을 넘나들던 열두 살 할머니 스웨터로 슈퍼맨 하던 아이가, 어느새 사색의 맛을 아는 소년으로

호랑이 모자를 쓰고 눈사람을 만들고 수채화를 배우던 아들, 나의 님 멋지군!

유쾌한걸, 엄마의 만행을 꼬지르다

첫 아이만큼 신기한 일이 있을까?

처음으로 끙끙대며 뒤집던 날, 밥풀 같은 하얀 이가 쏙 나오던 모습, 한 발 내디디고 또 한 발 내디며 걸음마 배우는 신통한 모습까지 모든 게 처음이었다. 한 가지씩 배워갈 때마다 아이는 참 잘도 웃었다. 장난기 많고 웃음이 넘쳐 즐거운 우리 딸은, 지루한 줄 모르고 소파에서 주르르 미끄러지며 놀던 아가 때처럼, 고3의 터널 같은 시간에도 호시탐탐 재밋거리를 찾았다.

여름방학 때 미리 자기소개서를 써두는 준비성까지 있었으니, 뭘 해도 초보인 엄마는 '에구 잘하네.' 하며 응원밖에 할 게 없었다.

'고등학교 재학 기간에 학업에 기울인 노력과 학습 경험에 대해, 배우고 느낀 점을 중심으로 기술해주시오'는 자소서 기본 문항이었다. '수험생 놀이'를 찾던 우리 딸 유쾌한걸은, 군인가족 생활 수기 공모전에 '자기소개서'를 썼다.

엄마군인 덕분에 7번의 전학을 다니면서도 열심히, 착하게 잘 컸다는 엄청난 자기 자랑으로 육군참모총장 상장을 받는 바람에 전국에 엄마의 만행이 꼬질러졌다.

하지만 안타깝게도, 수시전형의 1,000글자 모범답안 자소서는 대학의 입학사정관을 감동하게 하지 못해 정시에 또 원서를 내야했다.

우리 딸은, 군인 자녀들이 갖고 있는 엄청난 잠재역량을 알아보지 못하는 대학의 수시평가를 시급히 개선해야 한다고 투덜대며 안타까워했다. 공모전 시상 날짜가 마침 수능시험 예비소집이 있어, 나는 대리 수상하는 영광을 누렸다. 엄마군인이 저지른 그간의 온갖 만행 덕분에 상금을 탔으므로, 착한 딸은 엄마에게 맛있는 치킨을 한턱 크게 쏘며 말했다.

"엄마 아빠 덕분에 우리는 전국을 '여행'하면서 생활하는 가족이잖아. 나는 엄마가 좋아하는 나무처럼 스스로 잘 커서 아빠가 사랑하는 숲처럼 멋져야지. 기대하세요."

미안하고, 고맙고, 사랑스러운 아이를 토닥토닥 안아줬다.

비상대기가 많았던 강원도 전방 근무.
휴일 아이들의 놀이터는 부대 마당이었다.

부대 공원에서 탱크에 기대어 한 컷, 우리의 '유쾌한걸'

자소서(자기소개서)

저는 이화여고 3학년입니다. 20년이 넘게 육군 장교로 근무하시는 아버지와 어머니, 부부군인 두 분의 영향을 많이 받아, 초등학교와 중학교 시절 6번의 전학을 했습니다. 고등학교 1학년 때는 부모님의 영향이 아닌 저 스스로 결정해서, 다양한 교육프로그램과 기숙사 생활을 통해 독립적인 생활을 하고 싶어서 한성여고에서 이화여고로 전학했습니다.

수시 원서를 쓰면서 자소서를 정리하다 보니, 어릴 때부터 전국을 유람(?)했던 추억이 떠올라서, 군인 자녀의 즐거움과 어려움을 나누어 보려고 합니다.

예능 프로그램 진짜사나이에서, 특히 이기자부대 편은 거의 몰입해서 봤습니다. 강원도 화천군 사내면 사창리. TV 화면 속 풍경들이 모두 다 제가 살던 곳으로, 무박 4일로 훈련하는 정예수색대대 부대 풍경은 너무나 익숙했지요. 주말이면 김밥이랑 간식을 갖고 가서, 부대 마당에서 공차는 삼촌들 틈에서 놀았답니다.

전투복 어깨에 빨간 마크에 선명하게 붙어 있던 세글자 '이기자' 텔런트 류수영 씨가 거꾸로 하면 '자기야~'해서 하트 웃음을 터뜨렸지만, 강도 높게 잠을 자지 않고 훈련하던 독도법 코스, 산 아래 계곡은 생각만으로도 그 바람의 느낌이 생생합니다.

　화악산 촛대바위와 화악터널 아래는 특히 펜션도 많고, 토마토 농장도 있고, 차가운 계곡물이 흘러들어오는 수영장도 있었지요. 꼬불꼬불 파마머리에 앞니 두 개가 빠져서, 옥수수를 옆으로 갉아 먹는 귀여운 꼬마인 제 사진을 보면, 오리 튜브 위에서 아빠 목을 꼭 붙들고 있네요. 여름마다 할머니 생신 때는 큰아빠 큰엄마, 고모네 식구들도 오셔서 계곡에서 함께 캠핑도 하고, 관사 텃밭에서 키운 고추랑 상추도 땄었지요. 여름 저녁 해가 지기 전, 산기슭에 약간의 노을이 걸리는 시간에, 동생이랑 누가 잘하나 하고 서로 물뿌리개로 물을 옮기려고 낑낑대면, 할머니는 '우리 강아지들 잘한다.' 그러셨어요.

　비 오는 날이면 졸졸졸 놀이터 둘레 배수로에 맑은 물이 흐르고, 초록색으로 알록달록 배가 빨간 개구리가 많았어요. 우리는 이 비단개구리를 '이기자 개구리'라고 불렀답니다. 눈치채셨는지 모르겠지만, 아이돌 여가수들이 어려워하는 '다, 까, ~입니다'는 제게 너무나 친근한 생활용어랍니다.

　초등학교 1학년은 간호장교인 엄마를 따라서 광주광역시에서 살았습니다. 할머니와 동생과 저는 엄마랑 셋이 광주에서 살고, 아빠만 강원도 화천에 남았지요. 이사하기 전에 지도를 펼쳐 놓고 아빠가 길을 설명해주셨어요. 춘천, 청주, 대전 지나서 광주로 쭉 연결된 고속도로는 신기하고 신났는데, 이삿짐 차가 짐을 실을 때는 비가 부슬부슬 오고 슬펐습니다. 그래도 어른들이 바쁜 틈을 타서, 동생이랑 둘이서, 엄마 몰래 거실 벽에 걸려있던 '사랑의 매'를 쓰레기장에 갖다 버렸어요. 한 살 차이 나는 동생이랑 아침에 눈떠서 잠자는 이불속에서까지 토닥토닥 많이 싸웠는데, 엄마는 가끔 '매매할까? 호랑이한테 갈까?' 하고 겁주셨거든요. 밤에 창밖으로 보면 깜깜한 산에 호랑이가 사는 것 같아 무서운 데, 사랑의 매가 벽에 떡 걸려 있으니, 동생이 미울 때도 마음껏 꼬집지 못하니까, 큰 도시로 가면 호랑이는 못 따라올 테니 가느다란 회초리 사랑의 매만 버리면 신났겠지요. 동생과 사이좋게 우산을 쓰고 사랑의 매를 버릴 때는 한 팀이 된 느낌이었습니다.

엄마 부대에는 커다란 밤나무가 있어서, 토실토실한 밤을 주워서 삶아 먹고, 오래된 소나무 위에 다람쥐도 있었어요. '어라, 화천에서 우리를 따라왔나' 하고 신기했지요. 휴가 때 아빠가 오시면 온 가족이 놀러 다녔습니다. 보성 녹차밭, 광양 매화축제, 목포 해양사 박물관, 함평 나비축제…… '정든 곳을 떠나서 이사하기 섭섭하겠지만, 우리는 전국을 여행하면서 생활하는 가족'이라고 아빠가 그러셨는데, 정말로 여행을 많이 다녔습니다. 일 년이 좀 못되어 아빠가 상무대로 오셔서 온 가족이 모여 살게 되어, 저는 1학년 입학해서 막 친구들과 친해졌는데 전학을 가야 했지요.

다행히 상무대아파트에는 친구들이 많았고, 동네 이름도 똑같이 '사창리(社倉理)이었어요. '사창'이라는 명칭은 조선 시대 춘궁기에 곡식을 대여해 주었다가 추수가 끝나면 회수하던 사창제도에서 유래되었고, 전국에 사창이라는 지명을 쓰는 곳이 9개나 있다고 하네요. 우리 아빠는 가는 곳마다 유래와 명소를 설명해 주시는 좋은 잔소리쟁이세요.

아빠는 또 대전, 서울로 부대를 옮겨 다니시더니 경기도 철원으로, 엄마와 나와 동생은 경기도 용인으로 이사를 하였습니다. 할머니는 몸이 아프셔서 시골 큰집으로 가시고요. 에버랜드 연 회원권을 사서 매일매일 놀이공원에 갈 수 있다고 엄마가 꼬셨지만, 초등학교 5학년 예비 사춘기인 저는 세 번째 전학이 너무 싫었습니다. 더구나 수업 내용도, 진도도 달라지는 학교생활과 친구들 사귀기는 참 어려웠습니다. 평일 사람이 거의 없는 에버랜드를 뛰어다니며 동생과 둘이 놀이기구를 다 누볐지만, 뱅뱅 도는 롤러코스터처럼 제 마음도 오르락내리락 갈피를 잡기 힘들었습니다. 엄마가 일찍 퇴근해서 공부를 챙겨 주면, 잔소리 듣기 싫었고,

늦게 야근하는 날엔 '치킨 배달시켜 줄게. 동생이랑 먹고 있어.' 그러면 냉장고에 쿠폰을 모아 붙이면서 '밥도 안 챙겨 주는 나쁜 엄마'로 야속했습니다. 거의 일 년 동안 그렇게 서로 힘들게 힘겨루기하며 지내다가, 엄마가 아빠 부대 가까운 곳으로 이사할 수 있게 되었다고 하셨던 날, 저는 배가 많이 아팠어요. 낮부터 살살 아파왔는데, 엄마는 전화로만 '찬 것 너무 많이 먹었나 보다. 매실 한 잔 먹고 있어 봐.' 그러고는 밤늦게 퇴근하셨습니다. '오른쪽 아래가 더 아프고, 누를 때도 아픈데, 눌렀다가 뗄 때는 정말 아파요.' 그랬더니, 엄마는 '얘가 메디컬 드라마를 너무 많이 봤구나.' 그러시면서 제가 누웠다가 일어날 때 허리도 아프고 걔의 다리를 펴지 못하니까 응급실로 데리고 갔습니다. 피검사를 하고, CT도 찍고, 시간이 많이 지나서야 외과 선생님이 제 맹장에 염증이 생겨서 똥똥하게 부은 사진을 설명해 주면서 수술을 해야 한다고 했습니다. '아, 내 배에 구멍이 생기겠구나.' 갑자기 옆에 있던, 열나서 울던 아가처럼 저도 막 울고 싶어졌는데, 글쎄 엄마가 눈물을 줄줄 흘리며 먼저 우시는 거예요. 수술간호장교라 무서운 게 없는 우리 엄마가 '미안하다'면서 펑펑 우니까, '괜찮아요.' 그렇게 대답하면서 속으로는 '거봐라, 내가 아까 낮에부터 아프다고 했잖아요.' 하고 티 안 나게 반항했습니다. 저는 아주 많이 아픈데도 꾹 참고, 큰 주사를 잘 맞아서 수술을 했고, 급하게 외할머니가 고속버스를 타고 올라오셨고, 엄마는 출근을 했습니다. 우리 엄마는 정말 독합니다. 구멍 자리가 3개나 있어서 아주 오래오래 입원해 있고 싶은 저를, 바로 퇴원시켜서 이삿짐을 싣고 경기도 포천으로 갔으니까요. 아빠는 부대 지킨다고 병문안도 안 오시고, 어른들은 맹장수술이 얼마나 무섭고 크고 중요한 수술인지 몰라줍니다.

포천 일동에서 철원으로, 주말마다 아빠 집으로 갔습니다. 한 시간 거리이니, 주중에 한 번씩 오겠다던 아빠는 주말에도 부대에만 계셔서, 엄마랑 동생이랑 제가 자등고개를 넘어서 아빠를 만나러 갔었지요. 청색 바탕에 하얀색의 백골 모양의 마크가 처음엔 무섭게도 보였습니다. 아빠가 그 뜻을 설명해 주시길, 죽을 각오로 싸우면 반드시 산다는 '필사즉생(必死則生)의 백골 정신이요, 전우가 내 형제요, 내 자신이라고 생각하는 마음인 골육지정(骨肉之情)의 정신'이라고 하며, 죽을 수는 있어도 패할 수는 없다는 정신으로 1950년 10월 1일 날 3·8선을 가장 먼저 돌파했다고 합니다. 우리 아빠만 역사와 유래와 명소를 설명해 주시는 잔소리쟁이인 줄 알았는데, 백골성당에서는 신부님도 주일 미사 때 백골정신을 강론하시니, 정들었던 철원을 떠날 때는 불굴의 백골상도 웃는 표정으로 느껴진다고 합니다. 저는 솔직히 웃는지 우는지, 표정이 애매한 커다란 백골 상징탑 아래에서 사진 찍을 마음이 내키지 않았지만, 엄마 성화에 못 이겨 '김치~'하고 기념 촬영하고, 새로 맞춘 교복을 일학년 만 입고, 엄마를 따라서 다시 대전으로 전학을 갔습니다.

 대전 자운대는 조용하고, 넓고 또 예전에 장성 사창초등학교 때 친구 두 명을 다시 만나서, 좀 마음에 들었습니다. 담임선생님이 주민등록등본을 보시면서 조심스럽게 '엄마랑 동생이랑 셋이서만 사니?'하고 물으셔서, '네'하고 대답했는데, 나중에 선생님이 학부모 상담 때, '예진이가 많이 의지가 되지요?' 하고 얘기하셔서, 엄마가 웃으시면서 아빠가 철원에 계신다고 했답니다. 새벽에 일찍 출근하고 밤늦게 오거나, 가끔 생도 언니들이랑 일주일씩 훈련 가는 엄마와 멀리 있는 아빠로, 중학생인 동생과 저는 소년소녀 가장처럼 스스로 밥 챙겨 먹고 학교에 다녀서, 담임선생님이 많이 안쓰러워하셨습니다. 그래도 일주일에 한 번씩 아파트 단지에 서는 화요장터에서 김이 모락모락 나는 찐빵과 두부도 사고, 단골 과일가게 아주머니가 덤으로 주시는 사과도 받으며, 동생은 설거지도 하고, 저희는 씩씩하게 살림을 잘 살았습니다.

 그런데, 올봄에, 정확히 2015년 6월 8일에 엄마가 없어져 버렸습니다. 나쁜 엄마가 고3인 저와 고2인 남동생만 남겨

두고 사라져 버렸습니다.

    중학교를 3번 옮기면서도, 전방으로 갈 것 같은 엄마 때문에 고1 때 기숙사가 있는 학교로 또 전학을 하면서도 저는 웃으면서 잘하는 착한 딸인데, 엄마는 '외할머니가 곧 오실 거야. 2주간 간호사관학교로 훈련 간다.'는 문자만 남기고 연락이 안 되는 거예요. 나는 고3 수험생인데, 6월 모의평가 성적으로 담임선생님과 학부모 상담도 잡혀 있는데, 며칠간 전화도 문자도 안 되던 엄마가 TV 뉴스에 스쳐 지나갔습니다. '메르스 군 의료지원단 대청병원 지원' 이런 자막이 나오면서요. 스물네 명의 얼굴이 모두 비춰지진 않았지만, 잠깐 스쳐간 저 군복 입은 뒷모습은 분명 우리 엄마가 맞습니다. 부산에 계신 아빠께 전화를 했더니, '엄마가 너 걱정할까 봐 다 얘기 못하고, 급하게 부대 이모들과 파견 갔다.'하는데, 눈물이 줄줄 났습니다. 학교에서는 아침저녁으로 열 체크, 손 씻기하고 기침 예절 교육하고, 마스크도 챙겨주는데, 우리 엄마는 나한테 말도 안 하고 위험한 메르스 병원으로 가버리다니 섭섭하고 걱정되고 불안해서 공부가 잘 안 되는 거예요. '엄마를 자랑스럽게 생각하자. 남들이 꺼리는 힘든 일을 하고 있잖니'하는 외할머니 말씀도 들리지 않았습니다. 어렵게 통화가 되어, '걱정하지 말고 열공 즐공하고 있어라. 이모들 챙겨주고 안전하게 잘 있다 갈게. 미안.' 하는 엄마에게 '엄마가 챙겨야 하는 아이는 나랑 동생이란 말이에요.' 하고 속으로만 말했습니다. 마치 누에고치처럼 온통 하얀 방호복을 입고 있는 엄마 사진을 보니, 떼쓰기가 미안했어요. 다행히 3주가 지나고 무사히 부대 이모들과 원래 자리로 돌아왔고, 그 사이 아빠는 상무대로 또 옮기셨습니다. 요즘은 KTX를 타고, 한 주는 엄마가, 또 한 주는 동생과 제가 번갈아 아빠를 만나러 갑니다. 냉동실에 작게 포장된 곰탕과 1인분으로 얼린 불고기와 멸치볶음과 가끔은 시금치무침, 아빠가 좋아하는 향 좋은 커피 한 봉지를 담은 아이스 가방도 함께요. 아빠 말씀대로 전국을 여행하면서 생활하는 가족이라, 기차여행 하는 기분으로 서울과 전라남도 장성을 오갑니다. 초등학교 때 생활하던 상무대아파트는 다시 가보니, 놀이터도 상가도 모두 그대로인데, 나무들이 많이 자란 게 느껴졌습니다. 이젠 전국구 여행을 완성하고 복습으로 들어갔네요. 그 사이 저도 많이 자랐겠지요?

저는 세상 어디를 가도 말이 통하는 가장 큰 조건은 '진심'이라는 것을 생활 속에서 경험으로 배웠습니다. 우리 반에 미국에서 온 교환학생이 있었는데, 낯선 환경에서 어떤 도움과 배려가 필요한지, 저는 그간의 이사 경험으로 눈빛만 봐도 그 친구가 무엇을 필요로 하는지 알게 되었습니다. 봉사활동 참여도 함께 하고, 가족과 한국 정서에 대해 많이 이야기 나누며, 언어가 다른 게 소통의 벽이 되지 않는다는 것을 친구와의 생활로 깨달았습니다. 또 이화학사 기숙사에서 다른 친구들과 어울리지 못하는 친구가 눈에 띄면, 자연스럽게 기회를 만들고, 룸메이트들과 갈등이 생겼을 때는 자존심을 내세우기보다는, 먼저 대화를 시작하여 오해를 풀기 위해 노력합니다. 상대방의 마음을 이해하고, 나의 감정과 상대방의 생각에 공감할 수 있는 소통의 힘을 키울 수 있는 것은 군인가족 생활 여정이 제게 준 소중한 재산입니다. 인생은 여행이라는 아빠 말씀을 새깁니다. 살면서 가끔은 어떤 동네는 지명을 나직이 불러 보는 것만으로도 특별해집니다. 그 시간과 공간 속에 '내'가 '더불어' 있었기 때문이라고 엄마는 말씀하세요. 어릴 때 이사 가며, '사창리야, 잘 있어라. 그동안 고마웠다' 하고 떠났던 것처럼, 오늘 다시 인사합니다. '사창리야, 반가워 오랜만이다. 잘 부탁해'. 엄마 아빠 사랑해요.

먼 그날 같은 오늘

전후방 각지를 옮겨 다니며, 전국구 삶을 사는 그 시간은 늘 20대 청년들이 함께였다. 내가 어릴 땐 군인아저씨였고, 군인친구였다가, 나이를 먹어가면서 군인동생, 군인조카, 군인아들이 되었다.

엄마군인과 함께 전국으로 이사와 전학을 다니며 여행하듯 살면서도, 잘 자라준 나의 아들 멋지군이 논산훈련소에 입소했다. 늦가을 날씨, 이제부터 찬바람이 시작인데 까까머리 아들의 목덜미가 허전했다. '덩치만 컸지 체력이 약해 환절기에는 여차하면 기침에 폐렴까지 가던 녀석인데. 뒹굴뒹굴 책보며 노는 게 취미인 아이가 줄 맞춰 걷고, 뛰고, 훈련하려면 몸살이나 안 나려는지……'

입소대대 용사의 홀(Warrior Hall)로 걸어가는 아들을 오랫동안 바라봤다. 에구, 저 Baby들이 이제 용사가 되는구나. 하며 마음이 짠했던 시간.

무리 지어 걸어가는 아들들의 뒷모습이 멀어졌다.

'함께 서서 사이좋게 자라는 나무들처럼, 오늘 논산훈련소에서 인연 맺어지는 청년들과 같이 성장하는 시간이길.'

'아프지 말고, 다치지 말고. 잘 먹고 잘 자고. 안전하게 훈련 잘 받아라. 우리아들.' 모든 엄마들의 마음이 간절하다. 훈련소 입구부터 대연병장으로 가는 길, 성당에서 연대까지 이어지는 가로수, 의무실, 화생방 훈련장, 사격장과 행군로 … 소위 때 일했던 낯설지 않은 곳이라 나는 괜찮을 줄 알았었다.

아들을 군에 맡기는 그 마음. 나도 '군인엄마'는 처음이다.

아이를 훈련소에 데려다주고 돌아오는 풍경은 가을을 지나 성큼 벌써 초겨울이다. 지난주에는 코스모스가 남아 있었고, 국화가 피면서 노랗게 물든 은행잎이 차례로 계절 색깔을 보여줬는데, 어느새 흐리고 춥고 낙엽이 보였다.

집 현관을 여니 썰렁하고 으슬으슬하다. 보일러를 켰다가 다시 껐다. 처음 만나는 사람들, 처음 접하는 공간, 훈련소 생활관도 아직은 난방을 하는 시기가 아니었다.

스웨터를 꺼내 겹쳐 입고 아들 방을 서성인다. 아이가 읽다 만 책이며, 노트북, 맡겨 주던 핸드폰… 충전기를 꽂았다. 금방이라도 '엄마 내 핸드폰 어딨어?' 할 것 같았다.

아들이 용사의 문에 들어섰으니, 나는 씩씩하고 담담한 엄마여야 한다.

오래된 책을 정리했다. 한수산의 『먼 그날 같은 오늘』을 다시 읽었다. '사막에서 쓴 편지'의 한 구절에 오래도록 머문다.

'…… 이제 잊어야 할 시간이다. 살아가면서 많은 것과 헤어져야 하듯이 또 그렇게 우리는 많은 것을 잊지 않으면 안 된다. 살아가기 위해서이다. 슬픔만이 아니다. 기쁘고, 복받치는 감동도 조금씩, 조금씩 잊으면서, 우리는 살아가야 한단다. 내일은 늘 새날이니까. 잘 있거라. 가만히 그렇게 말했다. 새벽어둠 속으로 모습을 드러내는 사막을 향해. 아니, 여기에서 행복에 감싸였던 나를 향해.
잘 있어.
잘 있거라. 사막이여. 네 안에서 행복했었다. 그리고 이제 떠난다.
그렇게 중얼거리며 돌아섰다.
이런 헤어짐에 눈물겨워 하지는 않으리라. 다만 오래오래 네가 내 안에 남아서 살아 있기를 바란다. 뒤꼍 어딘가에 이끼가 자라듯, 그렇게 네가 내 가슴의 어딘가에 푸릇푸릇 살아 있기를 바라면서, 이제 헤어짐을 받아들인다.'

보고 싶은 아들, 나는 엄마군인을 졸업하고 오늘부터 군인엄마 1일이다.

논산훈련소에서 편지가 왔다. 수능 추위가 오는 날씨에, 씩씩하고 밝게 열심히 훈련하는 아들 모습이 그려져 대견했다. 녀석은 엄마가 사준 우표를 놓고 갔다가, 일주일 이상 걸리는 '군사우편'으로 편지를 보내왔다. 요즘 같은 초스피드 시대에, 한참 전에 쓴 아들의 편지를 받으니 시간이 30년 전으로 거슬러 간 것도 같다.

'보고 싶네, 우리 아들~'

저녁마다 남편과 나는 '더 캠프'에 열심히 편지를 썼다.

"오늘 저녁에 쓰면 내일 오후에 전달된대. 출력해서 전해준다네. 낮에 훈련 마치고 저녁에 쉴 때 편지 읽으면 정말 반갑겠지."

"오늘 영화 본 거랑, 전에 아들하고 갔었던 맛집에서 밥 먹은 얘기 쓰자."

사랑하는 우리 아들 민석아~!
오늘도 어김없이 저녁이 찾아왔다. 하루의 고단함과 피로가 막 몰려올 시간이지. 오늘은 어떤 훈련을 했고, 받을 만했는지도 궁금하다.
날이 차가워져서 감기에 걸린 동기들도 많을 듯하구나. 따뜻한 물 마시고 마스크 착용이 좀 도움이 될 거야.
아버지는 오후에 자동차 정기검사와 엔진오일 교체 등을 했다. 새 차는 출고 후 4년이 지나면 정기검사를 하고 이후에는 2년마다 하게 되지. 차는 평소에 관리를 쭉 잘해서 상태는 양호하다. 저녁때는 어머니가 두부전과 닭 안심 미역국을 했다. 맛있게 먹었는데 아들 생각이 나더구나. 쌀쌀한 계절에 미역국이 좋은데…….

우리가 살아가면서 재점검, 정비해야 될 때가 있지. 자동차를 주기적으로 검사하듯 사람 또한 마찬가지다. 훈련소 생활이 어쩌면 정비의 시간이 되겠구나. 여태까지는 학생으로서 살았다면 지금은 대한민국의 민주 시민으로서 의무를 다하는 시간이다. 병역의 의무를 하면서 지금까지의 자신도 되돌아보고, 독서를 통해 새롭고 다양한 간접 경험도 하면서 자신을 재점검하는 소중한 기회란다. 통제된 시간과 생활로 피곤하지만, 군 복무 기간 동안 많은 것을 배우고 느끼기를 바란다.

오늘 3차 소대 단체 사진이 밴드에 올라왔다. 아들 얼굴이 더 탄탄해지고 작아졌다. 살도 빠진 것 같다. 어머니와 누나가 네 편지를 무척 반가워한다. 바쁜 가운데 사진을 올려준 훈련소 분들께 감사의 마음을 전한다.

오늘 밤도 따뜻하고 포근한 밤이 되길 기원한다.

-아버지 보냄

민석아, 엄마야!

우편함에서 아들의 편지를 꺼내 계단을 올라오는데 뭉클하고 반갑더구나. 우리아들이가 보구시프다아 ^^

행군, 각개전투 훈련, 화생방까지…… 열심히 했을 아들 모습이 그려진다.

고단할 텐데 짬짬이 엄마 아빠 생각해주고, 반가운 군사우편 편지까지, 고마워.

오늘은 아빠랑 영화를 봤어. '82년생 김지영' 다음에 아들이랑 한 번 더 봐야지.
새벽부터 비가 내려 땅이 촉촉해졌다. 날이 쌀쌀하니 길에서 아빠랑 붕어빵을 사 먹었다. 영화관 앞 신호등 건너기 전에 그 집, 1천 원에 2개 하는 붕어빵. 아빠는 계속해서 아들이 붕어빵 좋아한다고 하면서 민석이 보고 싶어 하시더라. 엄마는 냠냠 다 먹고 나서야 아들 생각났다. ㅋㅋ
내일, 월요일도 비가 온다는데 우리 아들 감기 들까 봐 걱정이다. 아들아~^^ 비 오고 날씨가 추워도 엄마는 우리 민석이를 생각하니 마음이 그윽하고 따뜻해.
민석아~ 우리 민석이가 엄마 아들이라 고맙고 감사하다. ^^
넓고 넓은 이 세상에서 성질 사나운 엄마를 만나 고생 많았지? 엄마를 보들보들, 우아하고 연약하게 만들어 주는 우리 아들 미안하고 고마워. ㅎㅎㅎ
오늘은 밴드에서 1소대 2분대 사진을 보았다. 모두들 건강하고 밝은 표정이라 더 반갑더구나. 우리 아들은 더 멋지고 의젓해졌고, 특히 민석이 표정이 자신감 있고 밝아서 엄마 마음이 안심되더라. 생각나니?
'표정이 스펙이다.' 송수용 쌤의 DID 교실에서 보았던 문구~~
오늘은 컴에 남아 있는 아들의 낭독 목소리도 찾아서 들었다.
'진주조개도 진주를 품어야 진주조개다(제목 읽을 때 아들 목소리의 힘! 좋아).
진주조개라고 해서 진주를 꼭 품고 싶어 할까요. 아마 그건 아닐 것입니다. 인간이 상처받고 싶지 않듯이 진주조개 또한 상처받고 싶지 않을 것입니다. 고통의 씨앗이 들어왔을 때, 그것을 어떻게 받아들이느냐 하는 스스로의 선택에 따라 달라집니다.'
아들과 낭독하던 정호승 님의 <내 인생에 용기가 되어준 한마디>

를 다시 펼쳐본다.
상황을 긍정적으로 해석하고 스스로 발전적으로 성장하는 힘이 강한 우리 아들~
아름다운 청년으로 잘 성장하는 우리 아들 멋지군, 늘 응원하고 기도한다!

오늘은 두부에 소금 한 꼬집 뿌려 들기름에 지지며 '아들이랑 같이 먹으면 좋겠다' 하는 생각이 더 많이 났단다. 요리할 때 옆에서 봐주는 사람이 없으니 심심하고, 식탁은 쓸쓸하다.
그래도 날마다 아빠랑 같이 산책도 하고 영화도 보며 둘이 사이좋게 놀아 볼게. ^^
민석아, 훈련소 생활하면서 혹시 아프거나 힘들거나 하면, 소대장님과 간부들께 필요한 도움을 요청하렴. 너희들이 건강하고 안전하게 훈련을 잘 마치도록 도움을 주려고 늘 그 자리에 있는 분들이라는 거 알고 있지? 분대원들과도 서로 배려하고 양보하며, 함께하는 친구들이랑 좋은 인연을 만들렴.
우리 아들 씩씩하게 잘하고 있으리라 믿고, 오늘 하루도 감사기도로 마무리한다.
인생의 중요한 통과의례를 최선을 다해 열심히 잘 해내고 있는 우리 아들 멋지군!
사랑을 전하며…….

-엄마가.

날마다 편지 거리를 위해서라도, 재밌고 새롭게 보냈다. 효자다. '오늘은 혹시 아들 전화 올까' 하고 종일 기다렸는데, 조용한 며칠이 지나갔다. 아쉽지만, 무소식이 희소식인 날들. 그래도 날씨가 추워지니 걱정이 됐다. 괜스레 핸드폰을 만지며 '이번 주에는 훈련이 바쁜가 보네.' 하는데, 딱 전화벨이 울렸다.

토요일 오전 11시, 혹은 일요일 오후 6~7시에 문득 걸려오는 0705076~~전화.

3분 통화가 어찌나 애잔한지. 줄을 길게 서서 뒷사람들이 기다리는 걸 느끼며 하는 짧은 통화. 속사포처럼 말이 많고 빠르다. 아들의 새로운 모습을 발견했다.

"어머니, 장거리 운전하지 마시고, 가스 잘 잠그고, 컴퓨터 많이 하지 마시고, 자주 스트레칭하세요. 저는 잘 있어요. 아버지랑 두 분이 사이좋게 재미있게 지내세요."

폭풍 잔소리꾼! 아들의 목소리에 힘이 느껴져서 마음이 놓였다.

"아들~ 집 걱정은 말고, 감기조심 해라. 사랑해."

"저도요, 시간이 다 되어서요. 다음에 통화할게요. 전화 대기 잘하세요."

어이쿠~, 날마다 나는 아침저녁으로 전화기를 열었다 닫았다 하며 만진다. 아들 전화 기다리느라, 주말에는 목욕탕도 안 갔다 녀석아. ㅎㅎ

… 슬픔만이 아니다. 기쁘고, 복받치는 감동도 조금씩, 조금씩 잊으면서, 우리는 살아가야 한다. 내일은 늘 새날이니까….

나는, 다시 시작되는 사랑의 여행을 출발한다.

어릴 때 아들이 선물해준 결혼기념일 카드와 군사우편 편지

아기독수리, 날개를 펼치다. 멋지군!

우리아들 멋지군이 까슬까슬 까까머리를 하고 논산훈련소에 입소했다. 나는 '군인엄마'가 되었다. 먼 그날 같은 오늘이다.

글을 마치며

따뜻한 사랑의 여정

제주도 올레길을 걸었습니다.

순례길의 작은 나뭇가지에 걸려, 바람을 타고 날리는 보라색 리본을 보았어요.

제 글이, 누군가 길을 잃고 방향을 고민할 때 도움이 되는 작은 리본일 수 있기를 소망하며, 책으로 묶어 용기를 내어 세상으로 내보냅니다.

국화꽃 화분에 물을 주던 어느 날, 출산휴가 중인 후배가 카톡 동영상을 보내왔습니다. 배냇저고리 입고 잠자고 있는 아가의 모습이 꼬물꼬물 예뻤습니다.

"훈육관님, 저는 산후조리원에 들어 왔슴다. 아가랑 똑같이 먹고 자고, 자고 먹고만 있어요. ㅠㅠ"

"그래, 그러렴. 지금은 잘 먹고 잘 자야 해. 아가는 쑥쑥 크고,

엄마는 푹 쉬는 게 그대의 과업이니, ㅠㅠ 말구 ㅋㅋ 이어도 괜찮단다. 덥다고 찬바람일랑 쐬지 말구 땀내고 있어라. 애기가 하품도 예쁘게 하네. 이제 하루씩 크면서 자기 방귀 소리에 깜짝 놀라 울기도 하고 그래.ㅎㅎ 드디어 엄마놀이 시작했구나. 축하해요."

"엄마놀이라 하시니, 좀 힘이 납니다. 앞으로 부대 출근하면서 이 아가를 어떻게 키워야 하나 하고 걱정거리가 태산 같아요."

영특하고 지혜로운 후배는, 출산 전부터 업무와 육아에 있어서 여러 가지 경우를 치열하게 분석하고 계획을 세웠겠지요. 때때로, 삶은 나의 계획과 다르게, 뜻하지 않은 어려움에 부딪히고, 또 예상치 못한 좋은 인연을 만나게 되기도 합니다. 아직 어리고 젊은 엄마군인의 좌충우돌이 행복하기를 온 마음으로 기원했습니다.

담담히 살았던 '엄마군인'의 길은, 발걸음이 무겁고 등에 진군장처럼 마음의 짐에 눌릴 때가 많았습니다. 부대는 혹한기 훈련을 나가야 하는데, 아이가 감기에 걸려 열이 나던 그런 날이 있었지요. 내 몸은 하나인데 마음이 여러 갈래로 나뉘어 고단하고, 발걸음이 무거워질 때는, 고개를 들고 주변 풍경을 보았습니다. 앞서 걸어간 이들이 따뜻이 건네는 작은 힌트들이 찾아지기도 했습니다.

20대에 군인의 삶을 시작하여 30년간 입었던 군복을 벗고, 노안이 정점에 달하는 사회초년생이 되었을 때, 오랜만에 만난 선배가 제게 이런 말을 해줬습니다.

"50은 뭔가를 그만두기에 딱 좋은 나이야. 그리고 뭔가를 시작하기에도 참 좋은 그런 나이지. 노안은 조금의 지혜를 주고, 가끔 시려오는 무릎은 느린 삶의 속도를 선물로 주더라. 무엇보다 먼저 찬찬히 나를 돌아볼 일이다. 전역 축하해."

쉬엄쉬엄 하루를 간신히 꾸려 가던 그때, 많은 위로와 힘이 되는 말이었습니다.

'엄마군인'이기에 해야 했고 간호장교라서 할 수 있었던 일을 돌아보니, 감사하고 행복한 사랑의 기억이 그득합니다. 삶의 계절에서 지금 저는 어디쯤일까요?

누구에게나 처음은 서툴고 애틋하여 더욱 그리운 시간, '설렘의 봄'은 사관학교 생도 시절과 소위, 중위 적응기였겠지요. '뜨겁고 치열한 열정의 여름'은 아마 메르스 군 의료지원단의 생생한 기록이 말해 줄 것입니다. 오늘도 전국의 군 병원, 의무실의 간호장교와 간호과장은 그들의 뜨거운 열정을 녹이고 있겠지요.

'가을은 고독한 성장의 시간'입니다. 서부사하라 PKO 의료지원단은 간호장교로서 값진 경험이었고, 6개월의 사막 생활은 개인적인 내적 성장의 시간이기도 했어요.

군 의료현장에서 만났던 환자분들과 그 가족들, 저도 함께 아프며 성장했습니다.

'겨울'은 나무들이 뿌리에 에너지를 보존하며, 봄을 준비하는 시간. 제 삶의 뿌리인 가족들과 양가 부모형제께 받은 그 사랑에 감사함을 어찌 다 표현할 수 있을 지요.

스스로 묻기를, '너는 앞으로 어떤 삶을 살고 싶으니?' 하며 고민합니다.

그동안 역할에 충실히 하고자 애썼던 삶을 내려놓고, 온전히 '나'로 서는 나력(裸力)의 성장통을 견디고 있어요. 다시 봄, 순환하는 계절은 '따뜻함'을 전해옵니다. 따뜻함은 생명이지요. 저의 삶은 사랑을 펼치고 실천하는 방향으로 이루어져 왔습니다. 때로 심술궂은 꽃샘추위처럼, 쌀쌀맞고 제멋대로 천방지축 실수투성이가 제 모습이네요. 포근하고 좋은 분들과 감사한 인연 덕분에 좋은 새봄입니다.

겨울 동안 글을 쓰고 모아 다듬는 2020년은 봄이 더디게 왔습니다. 현미경으로 보면 뾰족하고 삐죽삐죽한 생김새가 왕관과 비슷한 코로나바이러스가 우리의 일상을 위협했습니다. 처음 겪는 낯선 봄, 온 지구촌이 '사회적 거리 두기'를 하며 함께 '코로나19'에 맞섰습니다.

불투명한 상황과 과도한 공포, 악화된 여론, 긴박한 의료현장에서 우리가 싸워야 할 것은 단지 바이러스만이 아니었지요. 불안과 의심을 이기는 작은 용기로, '친밀하고 따뜻한 마음 나누기'를 실천하는 평범한 사람들이 '사회적 신뢰 자본'을 만들어 내는 봄이기도 했습니다. 어김없이 잎눈 돋고 꽃눈 피우는 계절처럼, 우리 삶도 제자리를 찾아갑니다.

올봄에는 사람들이 많이 모이기 어려운 형편이라, 학교마다 졸업식을 간단하게 하고 유튜브로 중계했습니다. 사관학교 임관식도 동영상이 올랐습니다.

어깨에 소위 계급장을 달던 그 시절, 친구들 모습을 다시 떠올려보니, 발그레한 볼처럼 설렜던 기억… 3월, 임관식은 매운 꽃샘추위와 함께였지요. 걱정이나 불안, 기대와 두려움, 이런 말들의 다른 표현이 설렘이었을 것입니다.

'늘해랑' 소위 75명이 코로나19(COVID-19) 대응 현장에 투입되는 뉴스를 봤습니다. 임관식 날짜를 앞당기고, 방호복 숙달과 감염병 대응훈련에 집중하고, 휴가도 없이 곧바로 실전 현장으로 떠나는 모습이 뭉클했습니다. 의료인으로, 사회인으로 내딛는 첫발이 막중한 임무라 애틋한 마음이 들었어요.

크림전쟁 야전병원에서 등불 밝히며 뚜벅뚜벅 걸었던 나이팅게일처럼, 한나예(한국의 나이팅게일의 후예) 60기 신임소위 75명의 첫 부임지는 대구.

어린 전사(戰士)들을 임지로 떠나보내며, 인재를 키우던 훈육진과 교수들도 함께 비장했을 마음이 느껴졌어요. '군인 본분을 다하는 모습이 멋지다'고 응원하시는 부모님의 기도가 얼마나 간절하실까 헤아려 봤습니다.

　새봄의 기운처럼 기개 높고, 의연하며 강건한 소위들의 안녕을 날마다 기원해요.
　많은 직업들이 저마다 필요에 의해 생겨나고 또 없어지고 하는 과정이 있겠지만, 대한민국에서 '간호장교'는 위기 상황에 국가적 필요성에 의해 처음 시작됐습니다. 지금까지 변함없이 국가가 필요로 할 때, 필요한 곳에 있는 조직이고 직업입니다.
　준엄한 실행 용기를 가진 멋진 후배님들이 고맙고 애틋합니다. 군 간호의 강점인 조직력과 즉응력을 배우고 훈련한 대로 잘 펼치시길. 그리하여, '헬스케어라는 강을 건너면서 걱정하고 무서워하는 환자들'과 따뜻한 간호의 등불을 나누시길.
　연둣빛 잎들이 새록새록 자라는 계절엔, 전국의 임지를 향해 찬란히 이별하시기를. 애틋하고 아름다운 '늘해랑' 소위들이 강녕하시길, 엄마의 마음으로 기도합니다.
　때로 누군가의 처음에, 저의 용기가 작은 힌트가 되기를 조심히 소망해봅니다. 잊지 말고 기억하시길, 우리는 모두 각자의 빛으로 반짝이는 별들입니다. 눈부시고 애틋한 당신이 걷는 그 길을 축복합니다. 바람의 자유와 숱한 길에서의 만남을 만끽하며, 숨겨진 보물을 찾아가는 우리들의 오늘을 응원하며, 저의 길에서 받았던 그 사랑을 전해드립니다.
　고맙습니다.

흐르는 강물처럼 함께 하는 시간, 아름다운 후배들(한나예)

국군대구병원은 1948년 5월 1일 육군 최초의 군병원으로 서울 대방동에서 창설되어, 한국전쟁 기간 중에는 대구로 이전해 지속적으로 환자 입원치료를 했던, 역사와 전통에 빛나는 'The 1st Hospital'(제1병원)이기도 합니다.

※ 늘해랑 : 국군간호사관학교 60기 소위들 애칭
(늘 해와 함께 밝다는 뜻의 순우리말)

2020년, 코로나19로 우리들은 처음 겪는 봄을 경험했습니다.
사회적 거리두기로 사람들의 일상은 멈췄지만,
계절은 꽃피고 잎이 나고, 제 시간을 묵묵히 살아냈지요.
혹독하고 아름다운 그 봄을 한 자락 담아 봅니다.

※ 그림 : 양성숙
※ 진달래(참꽃), 꽃말 : 사랑의 기쁨

※ 참고한 책과 동영상

리빙북 　『5가지 사랑의 언어』 게리 채프만

세바시 　『서로 다른 우리는 어떻게 공감할 수 있을까?』 우명훈
　　　　『당신이라면 할 수 있습니다』 최재웅
　　　　『내게는 생일이 두 번입니다』 김형수
　　　　『엄마이기 때문에 가능한 사랑』 양정숙
　　　　『서로 잘 만지고 계신가요?』 김지윤
　　　　『너무 바빠서 사랑을 잃어버린 우리에게』 박신영
　　　　『스스로 그러하도록』 이정화